AF368609

LE MANS

EXPOSITION RÉGIONALE

1857

LE MANS

EXPOSITION RÉGIONALE

1857

RAPPORTS

DU JURY D'EXAMEN

publiés sous la direction de

M. LÉON CHEVREAU, PRÉFET DE LA SARTHE

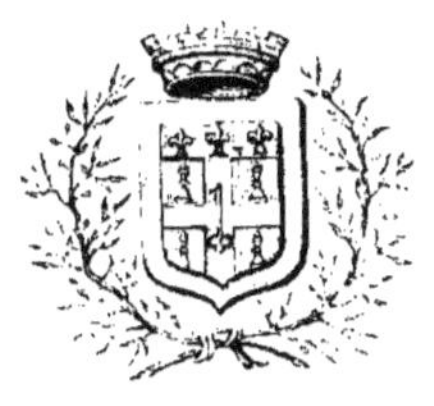

LE MANS

MONNOYER, IMPRIMEUR LIBRAIRE

1857

INDEX

DOCUMENTS OFFICIELS.

Pages

Arrêté de M. le Préfet de la Sarthe relatif à l'ouverture et à l'organi-
sation d'une Exposition agricole, horticole, industrielle et artistique. 1
Nomination de la Commission d'organisation. 6
Circulaires diverses.. 8
Nomination des membres du Jury d'examen. 10
Liste générale des membres du Jury d'examen.. 12
Relation de la distribution des récompenses aux Exposants. 15
Liste générale des récompenses. 23

RAPPORTS DU JURY.

Exposé général.. 41

DIVISION DE L'INDUSTRIE.

Classe I. — Agriculture et Machines.

Exposé.. 53
Charrues.. 54
Herses.. 57
Rouleaux. 57
Semoirs. 58
Houes à cheval.. 60
Buttoirs.. 62
Machines à moissonner. 62
Machines à battre. 63
Machines à égrener le trèfle. 68
Moulins à farine.. 70
Appareils pour la meunerie.. 72
Tarares et cribles.. 74
Coupe-racines, hache-pailles. 76
Concasseurs, lave-racines.. 78
Chaudière Stanley. 79

VI

Barattes. 79
Produits agricoles. 80
Objets divers.. 80
Machines à tuyaux et outils de drainage. 81
Machines à vapeur. 83
Machines mues par l'eau. 84
Machines mues par le vent. 84
Machines à élever l'eau. 85

Classe II. — Substances minérales; Arts métallurgiques, etc.

1re SECTION. — SUBSTANCES MINÉRALES.

Houille, anthracite. 113
Charbons coagulés. 115
Tourbe. 116
Bitumes. 119
Marbres. 121
Ardoises. 127
Meules. 130

2e SECTION. — FONTES, FERS.

Renseignements généraux.. 133
Exposants. 135
Coopérateurs.. 140

3e SECTION. — ALLIAGES ET TRAVAIL DES MÉTAUX.

Cloches. — Machines d'ateliers. 142
Fontainerie. 144
Alliage de cuivre, horlogerie d'Allemagne, quincaillerie. 148
Tissus métalliques. 150
Boulons.. 151
Fils de fer, fers à repasser, etc. 152
Limes et râpes. 152
Taillanderie. 152
Meubles en fer.. 153
Ouvrages en zinc.. 153
Orfèvrerie d'église. 153
Coutellerie.. 153

Classe III. — Arts chimiques et Arts de précision.

1re SECTION. — INSTRUMENTS OU APPAREILS.

Instruments de mesure.. 155
Appareils destinés à l'enseignement. 160

VII

Instruments pour l'emploi économique de la chaleur. 161
Instruments et appareils divers. 164

2e SECTION. — PRODUITS CHIMIQUES, ENGRAIS, ETC.

Substances alimentaires. 165
Produits chimiques. 174
Engrais. 176
Chaux et ciments 180
Terres façonnées.— Briques, pavés ou carreaux, tuyaux de drainage. 181
Poterie proprement dite 181
Produits divers. — Papiers et cartons, cire, stéarine et suifs, résine,
   colophane. 182

Classe IV. — Tissus.

Toiles de lin et de chanvre, écrues et blanches. 187
Fils de chanvre, écrus et blanchis.. 192
Cordages.. 193
Dentelles.. 193
Tissus de coton 194
Tissus de laine. 194
Tissus imperméables. 195
Crins. . . , ... 196
Instruments employés pour la fabrication des fils et tissus.. 197

Classe V. — Cuirs et Carrosserie, etc.

Cuirs et peaux. 198
Chaussures.. 200
Fourrures. 201
Harnais. 201
Voitures. 202

Classe VI. — Constructions civiles. Ameublements, Objets divers.

Constructions civiles. 205
Meubles et ébénisterie, etc. 210
Objets de décoration et d'ameublement. 213
Papiers peints, etc. 215
Confection des articles de vêtements, etc. 217
Lithographie, imprimerie, reliure, etc. 222
Instruments de musique. 226
Objets divers.. 229
Expériences sur la résistance des bois. 233

VIII

DIVISION DES BEAUX-ARTS.

Exposé. 250
Peinture. 256
Aquarelles et dessins. 258
Vitraux, émaux et peinture sur porcelaine. 259
Photographie. 260
Sculpture. 260

DOCUMENTS OFFICIELS.

ARRÊTÉ de M. le Préfet de la Sarthe, relatif à l'ouverture et à l'organisation d'une Exposition Agricole, Horticole, Industrielle et Artistique, en 1857, au Mans.

Nous, Préfet du département de la Sarthe, Chevalier de la Légion d'honneur,

Vu l'arrêté de S. Exc. le Ministre de l'Agriculture, du Commerce et des Travaux Publics, du 14 août 1856, portant : que « Le Concours d'animaux reproducteurs, d'instruments et « de produits agricoles, institué chaque année dans les prin- « cipaux centres de la région comprenant les départements « du Finistère, des Côtes-du-Nord, du Morbihan, d'Ille-et- « Vilaine, de la Loire-Inférieure, de la Mayenne, de la « Sarthe et de la Vienne, se tiendra en 1857 dans la ville du « Mans ; »

Considérant qu'il est tout à la fois convenable et conforme aux véritables intérêts de l'art et de l'industrie de faire concorder avec la décision de Son Excellence le retour d'une Exposition industrielle et artistique en même temps qu'agricole ;

Vu l'allocation votée, sur notre demande, par le Conseil Général, pour les frais d'une nouvelle Exposition en 1857 ;

Vu également l'allocation votée par le Conseil municipal du Mans pour le Concours régional ;

Vu les propositions d'organisation qui nous ont été présentées par la Société d'Agriculture, Sciences et Arts de la Sarthe;

ARRÊTONS :

ARTICLE PREMIER.

Une Exposition agricole, horticole, industrielle et artistique, aura lieu au Mans en 1857. Elle s'ouvrira le lundi 18 mai, et durera un mois.

ART. 2.

Les départements faisant partie de la région agricole et ceux limitrophes sont appelés à concourir à cette Exposition; ce qui comprend, outre la Sarthe :

Le Finistère, les Côtes-du-Nord, le Morbihan, l'Ille-et-Vilaine, la Loire-Inférieure, la Mayenne, Maine-et-Loire, la Vendée, les Deux-Sèvres, la Vienne, l'Orne, Eure-et-Loir, Loir-et-Cher et Indre-et-Loire.

ART. 3.

Seront admis et participeront aux récompenses, non-seulement les produits obtenus ou fabriqués dans ces départements, mais aussi les instruments, machines, outils, plantes, semences, et tous autres objets qui y auraient été simplement introduits, si leur importation est reconnue utile dans la région.

ART. 4.

Les personnes nées dans ces départements, quoique résidant actuellement dans d'autres parties de la France, ou même en pays étrangers, seront également admises à exposer et à concourir pour les prix à distribuer.

ART. 5.

Pourront encore être reçus les tableaux, dessins, gravures, lithographies et autres œuvres d'art des artistes de tous pays qui le désireraient; mais ils ne pourront prétendre qu'à des mentions honorables.

Art. 6.

Une Commission nommée par nous sera chargée de recevoir et d'admettre les objets envoyés par les Exposants : elle veillera à leur placement convenable et à leur conservation.

Art. 7.

Les personnes qui désireront exposer devront faire connaître avant le 15 avril 1857 (délai de rigueur) leurs intentions à MM. les Préfets de leur département, et en outre à la Commission de classement.

Les lettres devront être affranchies.

La déclaration contiendra :

1° Les nom, prénoms (ou raison sociale), profession et domicile ou résidence des Exposants ;

2° La nature, le nombre et la quantité des objets qu'ils désirent exposer ;

3° L'espace qui leur est nécessaire en hauteur, largeur et profondeur ;

4° Tous autres renseignements propres à éclairer sur le mérite des objets et servir à leur énonciation dans le livret, notamment leur prix de vente.

Art. 8.

Les divers envois seront reçus à partir du 1er mai, et devront être parvenus au plus tard le 10. Ils seront inscrits, à leur date de réception, sur un registre spécial.

Il en sera donné récépissé à l'Exposant ou à son mandataire.

Art. 9.

Les caisses renfermant les objets destinés à l'Exposition seront adressées à M. le président de la Commission chargée de classer les objets, et devront porter en caractères lisibles et apparents :

Le lieu de l'expédition ;

Le nom de ou des Exposants ;

La nature et le nombre des produits inclus.

MODÈLE D'ADRESSE.

A Monsieur le Président

de la Commission de classement pour l'Exposition générale,

AU MANS (*Sarthe*).

Envoi de M

demeurant à

Les objets envoyés sont des

au nombre de

ART. 10.

Les Exposants ne seront assujettis à aucune espèce de rétribution ; ils recevront une carte spéciale qui leur permettra d'entrer à toutes les heures, à l'exception de celles réservées pour les mesures d'ordre et de propreté.

Les tables ou comptoirs, les planchers, clôtures, barrières et divisions entre les diverses classes de produits, seront fournis gratuitement.

Les arrangements et aménagements particuliers, tels que gradins, supports, vitrines, draperies, peintures et ornements, seront à la charge des Exposants.

ART. 11.

Tous les objets exposés, même ceux qui auront été vendus, ne seront enlevés qu'après la clôture de l'Exposition, à moins que l'Exposant n'ait déclaré, lors de l'envoi, ne vouloir les faire figurer qu'au Concours régional ou à l'Exposition horticole.

Art. 12.

Un Jury, composé d'hommes spéciaux de tous les départements conviés à concourir, sera chargé d'apprécier les objets exposés.

Les membres du Jury qui voudraient exposer seront mis hors de concours pour les récompenses à décerner.

MM. les Exposants seront appelés à donner au Jury, lorsqu'il examinera leurs produits, tous les renseignements qu'ils croiront utiles pour les faire apprécier.

Art. 13.

Dans une séance solennelle qui aura lieu à la fin de l'Exposition, il sera décerné des récompenses aux Exposants qui en auront été jugés dignes, ainsi qu'à leurs coopérateurs, contre-maîtres et ouvriers.

Ces récompenses consisteront en primes, médailles d'or, d'argent et de bronze, et en mentions honorables.

Art. 14.

Un livret, publié par les soins de la Commission de classement, indiquera les objets exposés, et fera connaître les noms et adresses des Exposants.

Il sera publié, en outre, un extrait des rapports du Jury et la liste des prix décernés.

Art. 15.

Indépendamment de cette Exposition générale, il en sera fait une particulière de tableaux anciens et modernes, ainsi que d'objets d'art et de curiosités.

Toutes les personnes qui possèdent des objets susceptibles

d'y figurer sont priées de le faire connaître à la Commission de classement.

Les frais qu'occasionnera leur port (aller et retour) seront payés sur les fonds affectés aux frais de l'Exposition.

Les plus grandes précautions seront prises pour le placement et la conservation de ces objets.

Art. 16.

Un droit d'entrée sera perçu pour visiter ces objets. Son produit, réuni à celui qui pourra être établi pour admissions, à certains jours réservés, à l'Exposition générale, sera employé, après les frais payés, en œuvres de bienfaisance.

Fait au Mans, hôtel de la Préfecture, le 10 décembre 1856.

Le Préfet, A. PRON.

Nomination de la Commission d'organisation.

Nous, Préfet du département de la Sarthe, Chevalier de la Légion d'honneur,

Vu notre arrêté de ce jour, relatif à l'organisation, au Mans, pour 1857, d'une Exposition agricole, horticole, industrielle et artistique, spécialement l'article 6 ;

Considérant qu'en attendant la formation du Jury de l'Exposition, il convient de nommer une Commission chargée de prendre les premières mesures ;

ARRÊTONS :

Article Premier.

Sont nommés membres de la Commission préparatoire de l'Exposition :

MM Surmont, conseiller général, président de la Société d'Agriculture, Sciences et Arts, et de la Société d'Horticulture du Mans ;

MM. D'Espaulart, adjoint au Maire de la ville du Mans, membre de la Société d'Agricult., Sciences et Arts;

Ch. Thoré, Président de la Chambre Consultative des Arts et Manufactures, membre de la Société d'Agriculture, Sciences et Arts;

De Hennezel, Ingénieur en Chef des Mines, *id.* ;

Ricour, Ingénieur ordinaire des Ponts et Chaussées, *id.* ;

Hucher, membre correspondant des Ministères de l'Instruction Publique et de l'Intérieur, membre de la Société d'Agriculture, Sciences et Arts ;

Vétillart fils, Marcel, juge au tribunal de Commerce, *id.* ;

Pellier, Alfred, fabricant de conserves alimentaires, membre de la Société d'Horticulture ;

De Villiers-de-l'Isle-Adam, fils, membre de la Société d'Agriculture, Sciences et Arts;

Bouchet, Paul, architecte départemental adjoint;

Doré, mécanicien au Mans;

Bollée, fondeur de cloches au Mans.

Art. 2.

La Commission est chargée d'organiser l'Exposition, de se mettre en communication avec les comités locaux, de prendre les mesures propres à éclairer et à stimuler le zèle des Exposants, de surveiller la disposition des locaux et de pourvoir au placement des objets.

Art. 3.

Les travaux de la Commission sont dirigés par un bureau composé d'un président, d'un vice-président et d'un secrétaire, qui sont élus à la majorité des suffrages.

Fait au Mans, hôtel de la Préfecture, le 10 décembre 1856.

Le Préfet, A. PRON.

Le 5 janvier 1857, cette Commission s'est réunie sous la présidence de M. le Préfet de la Sarthe, Président d'honneur, et, conformément à l'article 3 de l'arrêté qui précède, a nommé pour son bureau :

MM. SURMONT, *président ;*
  D'ESPAULART, *vice-président ;*
  RICOUR, *secrétaire ;*
  DE VILLIERS-DE-L'ISLE-ADAM, *secrétaire-adjoint.*

Circulaires diverses.

A MM. les Membres correspondants et aux industriels, pro-priétaires et fermiers qui désireraient exposer.

La Commission chargée d'organiser l'Exposition a décidé qu'une force motrice serait mise gratuitement à la disposition de MM. les Exposants, pour faire fonctionner les diverses machines qui pourraient l'exiger.

Il en sera de même pour l'eau et la vapeur qui leur seraient utiles.

Afin que l'installation à faire soit en rapport avec les machines qui seront envoyées, MM. les Exposants qui auraient le désir d'employer soit cette force motrice, soit l'eau ou la vapeur, devront faire connaître sommairement, au moins avant le 31 janvier, quelles sont les machines, rentrant dans cette catégorie, qu'ils doivent exposer, et indiquer la force et l'emplacement qui leur seront nécessaires ; après cette date, il ne sera plus possible d'assurer tout le bénéfice de cette mesure.

Comme la vitesse de rotation de l'arbre moteur sera constante et que les diverses machines exigeront des vitesses différentes, chaque Exposant devra fournir la poulie nécessaire pour utiliser la force motrice.

L'arbre moteur aura 8 centimètres de diamètre et une vitesse de rotation de 50 tours environ par minute.

Nous appelons tout particulièrement l'attention sur l'article 3 de l'arrêté de M. le Préfet ; cet article, sans être limitatif, a surtout en vue de favoriser l'importation, dans les départements admis à concourir, des instruments et autres objets utiles à l'agriculture. Les propriétaires, fermiers et toutes autres personnes, pourront donc, comme les industriels, participer aux récompenses qui seront décernées en vertu de cet article.

Ils devront, toutefois, comme les inventeurs ou fabricants, produire des certificats d'origine délivrés par le Maire de leur commune, pour les objets destinés à concourir pour les récompenses.

Nous devons aussi faire connaître que la Société d'Agriculture, Sciences et Arts de la Sarthe, encouragera par des primes les achats d'instruments agricoles qui seront faits pour rester dans le Département.

Toutes les personnes qui recevront ce programme sont priées de vouloir bien lui donner la plus grande publicité possible.

Le Président de la Commission,

P. SURMONT.

A MM. les Présidents des neuf départements ayant des Sociétés savantes, et à MM. les Préfets des cinq autres départements.

Une Exposition de l'industrie et des arts s'ouvrira au Mans le 18 mai prochain. Les départements appelés à y concourir sont ceux de la Sarthe, du Finistère, des Côtes-du-Nord, du Morbihan, d'Ille-et-Vilaine, de la Loire-Inférieure, de la Mayenne, de Maine-et-Loire, de la Vendée, des Deux-Sèvres, de la Vienne, de l'Orne, d'Eure-et-Loir, de Loir-et-Cher, d'Indre-et-Loire.

Une Commission est chargée de préparer tout ce qui se

rattache à cette exhibition ; elle désirerait adresser des invitations d'exposer à tous les artistes et amateurs des départements ci-dessus désignés ; mais elle ne les connaît pas, et je viens, comme président de la Sous-Commission des beaux-arts, réclamer votre obligeance pour faire remettre à toutes les personnes s'occupant d'art dans votre pays, sous quelque forme que ce soit, une circulaire sollicitant leur concours. Si vous voulez bien, ainsi que je l'espère, accepter cette mission, j'aurai l'honneur de vous envoyer le nombre de circulaires que vous m'indiquerez, m'en remettant à votre obligeance pour y apposer les adresses et les faire parvenir. Je n'ai pas besoin d'ajouter que, dans le cas où cette distribution donnerait lieu à quelques frais, nous vous en tiendrions compte.

Enfin, si, plutôt que de prendre vous-même le soin d'envoyer les invitations en question, vous préférez nous donner une liste complète avec les adresses des artistes et amateurs de votre localité, nous vous serons encore très-reconnaissants. Le temps nous presse beaucoup : permettez-moi donc de solliciter une réponse aussi prompte que possible.

Veuillez agréer, etc.

Le Vice-Président de la Commission,

A. D'ESPAULART.

Nomination des Membres du Jury d'examen.

Arrêté de M. le Préfet de la Sarthe relatif au Jury et à ses travaux.

NOUS, PRÉFET DU DÉPARTEMENT DE LA SARTHE, CHEVALIER DE LA LÉGION D'HONNEUR,

Vu notre arrêté du 10 décembre 1856, relatif à l'organisation au Mans, en 1857, d'une Exposition agricole, horticole, industrielle et artistique, spécialement l'art. 12, portant :

« Un Jury, composé d'hommes spéciaux de tous les départe-
« ments conviés à concourir, sera chargé d'apprécier les objets
« exposés ; »

ARRÊTONS :

ARTICLE PREMIER.

Sont nommés membres du Jury chargé d'apprécier les objets
exposés...

(Tous les noms qui devraient suivre sont implicitement
compris dans la liste générale du Jury, qui se trouve plus loin.)

ART 2.

Les membres des autres départements et toutes autres personnes de la Sarthe pourront être ultérieurement nommés
membres du Jury, s'il est reconnu nécessaire.

ART. 3.

Les travaux du Jury auront lieu sous notre présidence et
seront dirigés par un bureau composé de deux vice-présidents,
d'un secrétaire et d'un secrétaire-adjoint.

ART. 4.

Le Jury se subdivisera en sections pour l'appréciation des
diverses catégories de produits, et sera, autant que possible,
composé de membres de divers départements.

Chaque section fera son rapport en séance générale.

ART. 5.

Le Jury, réuni en assemblée générale, arrêtera les bases de
l'attribution des récompenses et le nombre des médailles à
distribuer. Il statuera, au rapport des sections, sur l'attribution de ces médailles.

Art. 6.

Le Jury, réuni en assemblée générale ou par sections, pourra s'adjoindre, à titre d'associés ou d'experts, une ou plusieurs personnes compétentes sur quelques-unes des matières soumises à son examen. Ces personnes auront seulement voix consultative et seront, comme tous les membres du Jury, hors de concours pour les récompenses.

Fait à La Flèche, hôtel de la sous-préfecture, le 16 mai 1857.

Le Préfet, en tournée de révision,

A. PRON.

Liste générale des Membres du Jury d'examen.

Par suite de l'arrêté qui précède et de divers autres successivement pris par M. le Préfet de la Sarthe, en conformité de l'art. 2 de son arrêté du 16 mai 1857, le Jury d'examen a été composé des membres dont les noms suivent (1) :

MM.

1. SURMONT, ✻, membre du Conseil général, président de la Société d'Agriculture, Sciences et Arts, et de la Société d'Horticulture du Mans ;
2. THORÉ (Charles), ✻, président de la Chambre de commerce du Mans, membre de la Société d'Agriculture, Sciences et Arts ;
3. COTTIN, aîné, ✻, manufacturier au Breil (Sarthe) ;
4. DE HENNEZEL, ✻, ingénieur en chef des mines, au Mans, membre de la Société d'Agriculture, Sciences et Arts ;
5. CAPELLA, ✻, ingénieur en chef des ponts et chaussées, au Mans, membre de la Société d'Agriculture, Sciences et Arts ;

(1) Tous les noms précédés d'un numéro d'ordre appartiennent à MM. les membres qui ont participé aux travaux du Jury. Pour les autres membres, leurs noms sont précédés des lettres *Abs.*

MM.

6. MILLE, ✳, ingénieur en chef des ponts et chaussées, au Mans, membre de la Société d'Agriculture, Sciences et Arts ;

7. D'ESPAULART, adjoint au maire de la ville du Mans, Vice-Président de la Société d'Agriculture, Sciences et Arts ;

8. DE CHOUSSERIE, O ✳, chef d'escadron au 2ᵉ régiment de chasseurs au Mans ;

9. MARTIN, ✳, ingénieur des ponts et chaussées, au Mans, membre de la Société d'Agricult., Sciences et Arts ;

10. THORÉ, ingénieur des ponts et chaussées, au Mans ;

11. HUCHER, membre correspondant des Ministères de l'Instruction publique et de l'Intérieur, membre de la Société d'Agriculture, Sciences et Arts ;

12. RICOUR, ingénieur des ponts et chaussées, au Mans, membre de la Société d'Agricult., Sciences et Arts ;

13. VÉTILLART, Marcel, juge au tribunal de commerce du Mans, membre de la Société d'Agriculture, Sciences et Arts ;

14. DE COURCY, maire et agriculteur à La Milesse (Sarthe) ;

15. DELAPORTE, propriétaire et agriculteur à Oizé (Sarthe);

16. PELLIER, Alfred, fabricant de conserves alimentaires et membre de la Société d'Horticulture, au Mans ;

17. DE VILLIERS-DE-L'ISLE-ADAM, membre de la Société d'Agriculture, Sciences et Arts, au Mans ;

18. BOUCHET, Paul, architecte départemental adjoint, au Mans ;

19. DORÉ, fondeur au Mans ;

20. BOLLÉE, mécanicien, fondeur de cloches au Mans ;

21. CHARPENTIER, professeur au Lycée impérial du Mans ;

22. GUÉRANGER, Edouard, membre de la Société d'Agriculture, Sciences et Arts au Mans, et de plusieurs Sociétés savantes ;

MM.

23. Chatel, artiste peintre au Mans ;
24. Verdier, fils, docteur-médecin au Mans ;
Abs. Sortais-Tuffier, marchand de cuirs au Mans ;
25. Darcy, architecte de la ville du Mans ;
26. de Saint-Remy, ✳, directeur de l'Asile des aliénés au Mans ;
27. Dugasseau, conservateur du Musée au Mans ;
Abs. Descepeaux, président honoraire de la Société de l'Industrie de la Mayenne ;
28. Lefizelier, secrétaire de la même Société ;
29. Chamaret, ✳, président de la Société de l'Industrie de la Mayenne ;
Abs. Chrétien, directeur de la ferme-école de Camp, près Laval ;
Abs. Hardyau, père, propriétaire à Saint-Calais (Sarthe) ;
Abs. Delaville-Leroulx, président de la Société d'Agriculture d'Indre-et-Loire ;
Abs. de Beauregard, O ✳, président honoraire à la Cour impériale d'Angers, président de la Société d'Agriculture de Maine-et-Loire ;
Abs. Guillory, ✳, président de la Société Industrielle d'Angers ;
30. Dauban, directeur du musée de peinture et de sculpture à Angers ;
31. Dufresne, ✳, ingénieur en chef des ponts et chaussées à Alençon ;
Abs. Mouchel, négociant à Laigle (Orne) ;
Abs. Haugoumart des Portes, propriétaire et agriculteur (Côtes-du-Nord) ;
Abs. Malaguti, ✳, doyen de la Faculté des Sciences de Rennes ;
Abs. Marteville, chimiste, secrétaire de la chambre des manufactures de Rennes ;

MM.

32. Perrigault, minotier et mécanicien à Rennes ;
Abs. Jamet, agriculteur délégué de la Société d'Agriculture
    de Rennes ;
Abs. Bobierre, chimiste à Nantes ;
Abs. Delozes, agronome et directeur de la ferme-école de
    Saint-Gildan-des-Bois (Loire-Inférieure).

Le bureau du Jury était composé de la manière suivante,
conformément à l'art. 3 de l'arrêté du 16 mai 1857 :

MM. Pron, Préfet de la Sarthe, *président* ;
    Surmont et d'Espaulart, *vice-présidents* ;
    Ricour et de Villiers-de-l'Isle-Adam, *secrétaires.*

Relation de la distribution des récompenses aux Exposants.

La distribution des médailles aux lauréats de l'Exposition
industrielle et artistique du Mans a eu lieu le 19 juin 1857,
dans la salle des Actes, au Lycée impérial.

A 3 heures, M. le Préfet, qui présidait la cérémonie, est
entré dans la salle, accompagné de MM. les vice-présidents et
membres du Jury. M. le Préfet prend place sur l'estrade réser-
vée aux autorités ; M. le Général commandant le Département,
Monseigneur l'Évêque du Mans, M. le Maire de la ville, M. le
Colonel du régiment, et un grand nombre de hauts fonction-
naires occupent des siéges disposés sur l'estrade.

L'assistance est nombreuse. La tribune du fond est occupée
par la musique du 2ᵉ chasseurs.

M. le Préfet ouvre la séance par l'allocution suivante :

Messieurs,

« Il y a un mois à peine, dans une autre enceinte, devant
une nombreuse et honorable assemblée, dont la plupart des
membres se trouvent aujourd'hui réunis de nouveau, nous nous

félicitions des bons résultats qu'avait produits le Concours agricole régional. Nous disions que ces grandes assemblées, auxquelles assistent les représentants d'une contrée entière, provoquent plus de progrès que toutes les théories et tous les livres. Nous disions que la vue, l'examen, la comparaison des animaux et des machines produisent une impression plus vive et plus salutaire sur l'esprit des cultivateurs que les paroles les plus éloquentes et les conseils les plus sagement prodigués. Nous disions enfin que le Concours du Mans avait été complet, et que notre ville devait être fière d'avoir été le centre d'un si beau spectacle.

« Depuis lors, l'opinion publique s'est chargée de ratifier nos sentiments et nos paroles. Il n'est pas un des témoins de cette grande fête, étranger ou indigène, intéressé ou désintéressé, qui n'ait déclaré, ici comme ailleurs, que le Concours du Mans a été vraiment remarquable.

« Le même succès que nous étions heureux de constater à cette époque en l'honneur de notre exhibition d'animaux, nous aimons à le proclamer aujourd'hui au profit de l'Exposition horticole, industrielle et artistique.

« Onze départements seulement figuraient au Concours régional ; quinze ont été convoqués à l'Exposition départementale. La courtoisie, comme l'intérêt bien entendu, nous faisait un devoir d'associer à notre entreprise ceux de nos voisins que les exigences des délimitations régionales auraient tenus écartés de notre chef-lieu. Chacun de ces départements a répondu à notre appel et a fourni sa part ; de telle sorte que rien de ce que nous pouvions souhaiter n'a manqué à nos désirs. Pour ce qui est de l'effet produit sur la population pendant le mois qu'a duré l'Exposition, plus de 60,000 personnes ont visité les galeries. En pareille matière, l'empressement et la curiosité du public fournissent, sans contredit, la meilleure mesure de la valeur de l'entreprise. Aussi, nous pouvons dire avec un légitime orgueil, avec une égale confiance, cette fois comme la première, que nous avons réussi et bien réussi.

« Pour parler d'abord de l'Exposition horticole, la première en date, comme la plus courte en durée, vous n'avez pas, Mesdames (car c'est à vous surtout que nous nous adressons, à vous les bienveillantes protectrices et patronnes de notre Société) ; vous n'avez pas, disons-nous, perdu le souvenir de ce charmant enclos, où s'entassaient à l'envi les délicieuses collections des fleurs les plus variées ; vous n'avez pas oublié ces massifs d'azalées, de géraniums, ces corbeilles ravissantes, qui, pendant quatre journées, ont été exposées à vos regards. Vous savez également que le premier prix de ce concours a été décerné à M. Tassin, et que ce prix acquiert une valeur exceptionnelle par l'auguste personne qui a daigné l'accorder. C'est en effet à S. M. l'Impératrice, notre gracieuse Souveraine, qu'est due la magnifique médaille d'or attribuée au plus méritant.

« Le Jury avait regretté, dans l'origine, de ne pouvoir donner qu'une simple médaille de vermeil à M. Guibert, le digne émule de M. Tassin. Cette lacune a été comblée, grâce à l'obligeante intervention d'un éminent fonctionnaire, M. Dubessey, notre ami, notre compatriote par le cœur et par ses alliances de famille. M. Dubessey a demandé à M. le Ministre de l'Agriculture et il a obtenu pour nous une médaille d'or qui doit être attribuée à M. Guibert, et qui complétera de la manière la plus favorable la série de nos récompenses. Vous serez heureuses, Mesdames, d'apprendre ces résultats, et vous applaudirez avec nous aux efforts et aux mérites de nos deux principaux horticulteurs.

« Après le séduisant prélude que nous avait fourni l'horticulture, venait la grande Exposition industrielle de la Halle aux toiles. Ici, Messieurs, si nous voulions vous faire un compte-rendu fidèle, nous aurions besoin d'autant d'heures qu'il nous est donné d'y consacrer de secondes. Retracer devant vous la variété des produits, la valeur des machines, serait une tâche hors de notre compétence, et comme un défi jeté à votre patiente bienveillance. Comment, en effet, parler en ce moment,

et devant cette assemblée, des semoirs, des coupe-racines, des
machines à battre, des machines à faire des tuyaux de drainage, des toiles de Fresnay, des marbres de Solesmes, des horlogerie et tissus de Mayet, des produits du Mans, de ceux qui
nous ont été envoyés par nos voisins et nos émules, sans tomber dans une nomenclature aride et fatigante? Nous préférons
bien mieux laisser aux juges compétents le soin de développer,
dans des rapports spéciaux et qui seront livrés à l'impression,
les motifs des décisions du Jury et les résultats obtenus. Nous
nous bornerons à constater que la plupart des machines exposées ont trouvé des acquéreurs dans le pays, et qu'ainsi notre
agriculture profitera dès à présent des découvertes et des
importations les plus récentes. Nous en appellerons d'ailleurs
au souvenir des excursions que vous avez faites dans les galeries de la Halle aux toiles, et aux impresions favorables que
vous en avez rapportées.

« Notre Exposition départementale aurait été incomplète,
si les Beaux-Arts n'étaient venus la couronner. Ici encore,
Messieurs, nous avouons notre parfaite incompétence. Sauf
quelques œuvres qui ont frappé nos yeux, et qui nous ont
paru d'un mérite incontestable, nous ne saurions nous faire
juge dans une matière si délicate et qui nous est si étrangère.
Qui ne sait, d'ailleurs, qu'en fait de peinture le public peut souvent se tromper, et que, dans les grands Concours de Paris
eux-mêmes, quelques toiles seulement ont le pouvoir d'attirer
le regard des profanes et de mériter la vogue? Par bonheur,
nous avions dans le Jury, dont le travail sera publié, des hommes d'esprit et des juges experts qui rendront à chacun la part
qui lui est due.

« En somme et en résumé, Messieurs, notre entreprise a été
bonne, notre succès est de franc aloi.

« Depuis quinze ans, rien de pareil ne s'était vu au Mans,
et l'Exposition de 1857 sera l'heureux prélude de celles qui se
produiront désormais à des époques fixes et régulières.

« En terminant, Messieurs, qu'il me soit permis de rendre

un public hommage au zèle et au dévouement de MM. les membres de la Commission préparatoire et du Jury. Ce qu'il a fallu pendant six mois d'efforts, de soins, de persévérance à l'honorable M. Surmont, président de la Commission préparatoire, pour diriger et mener à bien cette Exposition si multiple et si variée, nul ne saurait le dire, et nous ne lui rendrons qu'un juste tribut de reconnaissance en le priant de recevoir nos remercîments et nos éloges. Nous savons d'ailleurs qu'il voudra les partager avec chacun de ses collègues, et que commissaires, organisateurs, membres du Jury, trouveront leur plus belle récompense dans le sentiment d'un service réel rendu au pays.

« Un mot encore, Messieurs. A d'autres époques et dans des circonstances pareilles à celles où nous nous trouvons, le pays aurait été livré à la plus grande agitation. Dans deux jours, en effet, les élections auront lieu. Dans deux jours, neuf millions d'électeurs viendront prendre part au scrutin et renouveler le mandat de leurs députés. Et cependant le plus grand calme règne partout ; les agriculteurs se livrent tranquillement à leurs travaux, espérant une récolte plus favorable que celle des années précédentes ; les industriels sont préoccupés de leurs affaires, le pays n'est plus livré à ces fièvres périodiques qui font du mal à tout le monde et ne profitent à personne. A qui sommes-nous redevables de tant de bienfaits, si ce n'est au génie tutélaire à qui la Providence a confié les destinées de l'Empire, et qui l'a rendu si fort et si glorieux ? Aussi, Messieurs, est-ce un devoir d'associer dans sa pensée le souvenir des bienfaits et le nom du bienfaiteur. Ne terminons donc pas cette imposante cérémonie sans reporter nos cœurs et nos esprits vers la personne de S. M. l'Empereur, qui travaille constamment à la gloire et à la prospérité de la France.

« Maintenant, Messieurs les lauréats, à nous de vous céder la place. Vous êtes impatients, à juste titre, d'entendre proclamer les vainqueurs, et d'applaudir à leurs succès. Nous aurions scrupule de mettre plus longtemps à l'épreuve votre légitime impatience. Nous finissons en vous disant que nous sommes heureux et fier d'être appelé à vous remettre des récompenses que vous avez si bien méritées. »

Après ce discours, M. le Préfet donne la parole à M. le président du Comité d'organisation de l'Exposition, qui s'exprime ainsi :

« Dans les deux divisions de l'Industrie et des Beaux-Arts, nous devons vous signaler avant tout, comme ne pouvant participer aux récompenses, en leur qualité de membres du Jury, des industriels et des artistes bien connus de vous tous, et dont les œuvres se sont trouvées, comme toujours, classées dans les meilleurs rangs ; ce sont :

MM. COHIN. — Pour les toiles.

VÉTILLART. — Pour les fils blanchis.

DORÉ. — Pour les belles fontes de la maison Doré et Chevé.

BOLLÉE. — Pour ses machines d'atelier, pour ses cloches, etc.

PELLIER frères. — Pour leurs conserves alimentaires.

SURMONT. — Pour ses robinets appliqués aux conduites d'eau de la ville.

CHATEL, peintre au Mans. — Aquarelle, dessins, cartons de vitraux, vitrail.

DUGASSEAU, conservateur du Musée du Mans. — Trois tableaux de fleurs et fruits.

DARCY, architecte au Mans. — Projet de restauration de l'église du Pré.

HUCHER, au Mans. — Calques des vitraux peints de la cathédrale du Mans, eaux fortes.

VERDIER, au Mans. — Tableaux de fleurs et fruits.

M. le président du comité d'organisation fait connaître ensuite que le Jury, pour apprécier complétement tous les produits exposés, et permettre aux membres étrangers au Département de venir prendre part au vote sur les récompenses, n'a pu les décerner définitivement que dans la séance de la veille, 18 juin. Il ajoute que, par suite, une partie des médailles demandées à la Monnaie n'ont pas été reçues, et comme le nom des lauréats n'a pu être gravé sur aucune, elles ne seront délivrées que plus tard.

Un des secrétaires du Jury, M. Ricour, ingénieur des ponts et chaussées, se lève ensuite et s'exprime en ces termes :

« Avant de prononcer les noms des lauréats, nous devrions peut-être motiver les choix du Jury : le temps ne nous le permet pas et nous laissons aux rapports écrits, qui sont destinés à l'impression, le soin de préciser les mérites de chaque objet récompensé.

« Disons toutefois que l'Exposition du Mans a réuni l'élite des machines agricoles qui, lors du mémorable Concours de 1855, avaient attiré l'attention du monde entier.

« Les arts métallurgiques ont brillé d'un éclat tout nouveau, de vastes usines sont organisées, et se classent au premier rang par la beauté de leurs produits. L'industrie marbrière se distingue également, et l'on peut dire qu'un large succès couronne de mâles efforts.

« La mécanique de précision, l'horlogerie, sont noblement représentées. Les arts chimiques et céramiques, ces derniers surtout, sont en voie de prospérité. A côté de vieilles industries qui n'ont pas déchu, de nouvelles industries prennent racine ; la papeterie, par exemple, et la fabrication de la fécule, quoique à leur naissance, se développent et grandissent avec une rapidité prodigieuse. Les belles toiles de la Sarthe ont gardé leur vieille réputation, c'est-à-dire qu'elles occupent une bonne place parmi les toiles du monde entier. En même temps un immense progrès a été accompli ; le tissage mécanique, qui naguère encore paraissait un problème insoluble, s'est introduit dans le département de la Sarthe, et produit dès à présent de magnifiques résultats.

« Tous les arts relatifs à la construction et à l'ameublement ont témoigné d'une vivacité, d'une ardeur d'émulation, qui promet beaucoup. La marqueterie fine a atteint une perfection dont la Sarthe peut à juste titre s'enorgueillir. Des usines importantes, dans la ville même du Mans, donnent au bois un emploi très-étendu, et fournissent notamment des coins pour coussinets à une partie des chemins de fer de la France.

« Les Beaux-Arts ont réalisé des progrès remarquables : chacun a pu constater une supériorité réelle sur toutes les expositions qui ont précédé.

« Ajoutons enfin que l'Exposition de l'Horticulture a obtenu un brillant succès par l'heureux choix du local, le bon goût du dessin du parterre où étaient disposées les plantes exposées, enfin l'excellente ordonnance et la beauté des collections formant l'objet des Concours. Cette Exposition a fait apprécier à une haute valeur les services déjà rendus au pays par la Société d'Horticulture de la Sarthe.

« Espérons que les récompenses qui vont être décernées aux vainqueurs, dans cette lutte pacifique, deviendront un nouveau motif d'émulation pour tous, et que cette émulation aura pour effet de faire progresser encore, avec le même éclat qui nous frappe aujourd'hui, l'agriculture, l'industrie et les arts. »

Il est procédé immédiatement après à la distribution des récompenses, et MM. Ricour et de Villiers-de-l'Isle-Adam, secrétaires du Jury, donnent successivement lecture des noms des lauréats. Chaque Exposant, à l'appel de son nom, vient recevoir le diplôme qui lui confère la médaille qu'il a méritée.

Le nombre et la valeur de ces diverses récompenses votées par le Jury sont répartis comme il suit :

15 médailles d'honneur en vermeil, plus un rappel ;

53 médailles de 1re classe en argent, plus 8 rappels ;

93 médailles de 2e classe en bronze, plus 5 rappels ;

106 mentions honorables.

LISTE GÉNÉRALE DES RÉCOMPENSES.

DIVISION DE L'INDUSTRIE.

PREMIÈRE CLASSE. — AGRICULTURE ET MACHINES.

Médailles de vermeil.

Renaud et Lotz, de Nantes. — Locomobile avec cylindre intérieur à la chaudière, machines à battre à vapeur et à manége, machines à battre en travers, machine fixe de six chevaux.

Bodin, de Rennes. — Collection d'instruments agricoles remarquables par leur solidité, leur excellente exécution et leur bon marché.

Pinet, à Abilly (Indre-et-Loire). — Manége hors ligne, belle collection d'instruments agricoles installés autour d'un régulateur à force centrifuge, machines élévatoires.

Colonie de Mettray (Indre-et-Loire). — Services rendus à l'agriculture par l'Institution ; collections d'instruments bons et solides.

Brethon, de Tours. — Machines à fabriquer les tuyaux de drainage.

Rappel de médaille d'or.

Lotz aîné, de Nantes. — Machines à battre à vapeur, avec appareils de nettoyage, machines à battre en long, à vapeur et à manége séparé, locomobiles, machines fixes de trois chevaux, tarares.

Médailles d'argent.

Fusellier, mécanicien à Montreuil-Bellay (Maine-et-Loire). — Moulin à égrener le trèfle avec appareil de nettoyage, appelé à rendre dans le Département les plus grands services.

Besnard, à Saint-Branches (Indre-et-Loire). — Machines à battre et à manéges.

Pouteau, curé de Saint-Berthevin-lès-Laval. — Semoir.

Baillargeon, de Rennes. — Appareil de nettoyage pour les grains.

Mauzaize, de Chartres. — Boitard lubrifieur et système d'engrenage et de déblayage.

Fontaine et Brault, de Chartres. — Turbine.

Petit et Riер, de Tours. — Machines à battre en long et en travers, broie-ajoncs, instruments agricoles.

Legris, du Mans. — Buttoir d'une excellente construction.

Rappels de médailles d'argent.

Pasquier, de Saint-Calais. — Importation d'instruments anglais hors ligne.

Lebled et Brouard, d'Angers. — Machine à égrener le trèfle.

Le Pellec, à Saint-Brieuc. — Produits agricoles ; collection de racines.

Saluden, à Landerneau (Finistère). — Produits agricoles, beaux blés.

Letessier, à Laval. — Instruments agricoles, rouleaux, houe à cheval.

Derrien, à Chantenay, près Nantes. -- Rouleau squelette

Médailles de bronze.

Cocu et Benoist, mécaniciens au Mans. — Importation de la fabrication des machines à vapeur dans le Département.

Pellier, Ed., agriculteur à Yvré-le-Pôlin (Sarthe). — Importation d'un bon choix d'instruments agricoles, charrue Parquin, araire Grignon, houe à cheval Bodin, chaudière Stanley.

Lévêque et Normand-Dupont, à Alençon. — Machine à fabriquer les tuyaux de drainage à mouvement continu.

Passedoit, à Saumur. — Machine à battre.

Paturel, au Mans. — Moulin à farine.

Van Beckstal, à Cuissay, près Alençon. — Moulin-bouchon (médaille de collaborateur).

Michardière et Martin, mécaniciens au Mans. — Presse à extraire l'huile des grains, d'une très-bonne construction.

Duval, à Paris. — Machines à percer, recommandables par leur bonne exécution et leur bas prix.

Secard, à La Flèche. — Pompe à double effet, cylindre tritureur pour les papeteries (avec lames de fer de Suède); très-bonne exécution.

Mahoudeau, agriculteur à Saint-Epain (Indre-et-Loire). — Houe circulaire, baratte, brouette à ensacher.

Bataille, mécanicien à Chartres. — Cylindre trieur, crible pour le nettoyage du blé et de l'avoine, coupe-racines.

Bardet, à La Flèche. — Pompe à jet continu très-ingénieux.

Quéru, à Torcé (Sarthe). — Charrue.

Charlot, du Mans. — Charrue.

Rappels de médailles de bronze.

Pineau, mécanicien à Laval. — Machine à battre.

Rimbert, à Cénon, près Châtellerault. — Machine à battre portative.

Carreau, à Angers. — Machine à battre.

Hervé, Armand, propriétaire au Mans. — Pompe.

Mentions honorables.

Dinocheau, à La Ferté-Bernard. — Parc à moutons, râteau faucheur (Le Comité regrette que les instruments exposés par M. Dinocheau n'aient pas permis de récompenser plus dignement ses louables travaux, sa persévérance et son amour pour l'agriculture).

Le Pontois, à Lorient. — Semoir.

Souché, à Cherré (Sarthe). — Importation d'un excellent tarare anglais.

Houssaye, docteur-médecin à Pont-Levoy (Loir-et-Cher). — Ruche blésoise.

Foucault, au Mans. — Outils de drainage.

Budan, à Tours. — Diverses pompes.

Liger, meunier à Rouez-en-Champagne (Sarthe). Anille mobile.

Richard, aux Etilleuls, près Nogent-le-Rotrou (Eure-et-Loir). — Perfectionnement à la monture des faulx.

Chevallier, herboriste, à La Flèche. — Rayonneur, plantes médicinales.

IIe CLASSE. — MÉTALLURGIE, MINÉRAUX, ETC.

Médaille de vermeil.

Roussel, propriétaire de forges, à Orthe. — Très-belle exposition de fontes moulées et de fers. — M. Roussel a été le premier à réaliser des progrès importants dans les procédés métallurgiques du pays.

Médailles d'argent.

Landeau, Noyers et Cie, à Sablé-sur-Sarthe. — Belle exposition de marbres du pays. — L'exploitation de M. Landeau et Cie est importante et la plus ancienne du département de la Sarthe.

Société Marbrière et Industrielle du Maine, au Mans et à Paris. — Marbres très-beaux et très-variés. — Création d'une grande industrie marbrière qui a amélioré les formes et abaissé les prix. — Fabrication intéressante de charbons coagulés.

Société anonyme des ardoisières de Chattemoue-en-Javron (Mayenne). — Belle exposition d'ardoises et de produits divers en schiste ardoisier.

Fouré-Buon, maître de forges à Vibraye (Sarthe). — Bonne fabrication de fers variés. — L'usine rend de grands services par les pièces de grosse forge qu'elle fabrique sur modèle, et qu'on se procurerait difficilement ailleurs.

Bienvenu frères, à Connerré (Sarthe). — Création d'une importante fabrication de tissus métalliques, obtenus par des procédés simplifiés ; ces tissus sont très-recherchés par les grands ateliers de construction de machines.

Guillet, à Rennes. — Belle fabrication de boulons, fondée par l'Exposant. — Produits d'une bonne qualité et d'un prix très-modéré.

Lœffler, fondeur de cuivre, fabricant d'horloges d'Allemagne et de quincaillerie, au Mans. — Établissement important créé par l'Exposant. — Belle exposition de produits variés et à bon marché.

Médailles de bronze.

Michel et Cie, à Sablé-sur-Sarthe. — Exploitation nouvelle et déjà assez importante de marbres.

Legrand, au Mans. — Établissement de marbrerie fondé par l'Exposant. — Bons produits en marbres ordinaires, de bonne qualité.

Moriceau, directeur de l'usine à gaz, au Mans. — Fabrication, établie au Mans, de bitume et d'asphalte artificiels, reconnus d'un très-bon usage pour les trottoirs, chapes de pont, bassins, etc.

Leveau-Baudry, à Villaines-la-Gonais (Sarthe). — Bonnes meules. — M. Leveau a le premier établi l'exploitation du silex meulière à Villaines.

Crinière. à Villaines-la-Gonais (Sarthe). — Bonnes meules. — M. Crinière a puissamment concouru à faire adopter les meules de Villaines par le commerce. — Sa fabrication est la plus importante de la localité.

Brisgault frères, à Cinq-Mars-la-Pile (Indre-et-Loire). — Bonnes meules. — Fabrication soignée.

Faivre et fils, ingénieurs civils, à Nantes. — Inventeurs d'un robinet ingénieux pour les conduits d'eau et de gaz.

Mme veuve Pirard, propriétaire de l'usine de Matheflond (Maine-et-Loire). — Fils de fer, charnières, fiches en fer, fers à repasser, etc. Produits bien fabriqués et d'un prix très-modéré.

VAIDYE, ferblantier au Mans. — Ouvrages en zinc fabriqués à la main, avec beaucoup de goût et d'adresse, pour la décoration extérieure des édifices.

Mentions honorables.

POIRIER, marbrier, au Mans. — Une cheminée. — L'atelier, déjà ancien, est estimé pour ses produits.

JALODIN et Cⁱᵉ, marbriers, au Mans. — Deux cheminées bien travaillées.

LECONTE et Cⁱᵉ, à Saint-Léonard-des-Bois (Sarthe). — Ardoises de divers échantillons. — Exploitation nouvelle, digne d'être encouragée.

DROUAULT, à Lesigny (Vienne). — Meules de bonne qualité et bien fabriquées.

THIBAULT-BOILESVE, propriétaire à Cinq-Mars-la-Pile (Indre-et-Loire). — Exploitation assez importante de pierre meulière.

CORNU, maître de forges, à Chemiré-en-Charnie (Sarthe). — Assortissement de fers de diverses espèces, à l'usage du pays.

BRAITEAU, à Pontlieue, près le Mans (Sarthe). — Modèles de robinets. — Recherches intéressantes qui méritent d'être encouragées.

DAVID-LUCET, au Mans — Fabrication nouvelle de pièces d'horlogerie et d'horloges dites d'Allemagne.

PIGOURY père et fils, à l'Aigle (Orne). — Limes en acier fondu, reconnues d'une très-bonne qualité.

NEVEU, au Mans. — Pelles, louchets et autres articles de taillanderie. — Fabrication assez considérable.

BUISNEAU, serrurier, à La Flèche (Sarthe). — Lits et autres meubles en fer, surtout recommandables par le bas prix.

DENIS-MORIN, doreur et argenteur sur métaux, au Mans. — Orfévrerie d'église. — L'atelier jouit depuis longtemps d'une bonne réputation.

Mᵐᵉ veuve CHEMIN, au Mans. — Articles de coutellerie d'une bonne fabrication courante.

Préel-Raux, au Mans. — Articles de coutellerie d'une bonne fabrication courante.

RÉCOMPENSES DÉCERNÉES AUX COOPÉRATEURS.

Médailles de bronze.

Crucier, Louis, contre-maître de l'exploitation tourbière de MM. Vétillart, à Pontlieue. — Ouvrier laborieux, actif, expérimenté dans son état. Il a rendu un véritable service au pays par le grand nombre de tireurs de tourbe qu'il a formés, et qui se sont répandus dans tout le Département.

Cossé, Julien, mouleur aux forges d'Orthe (Mayenne). — Mouleur habile, remplissant ses devoirs avec conscience, attaché à l'établissement depuis plus de dix ans.

Pioger, Pierre, contre-maître à la fonderie de Saint-Pavin, au Mans. — Très-entendu dans la direction du moulage de la fonte. Il est attaché à l'établissement depuis sa création et y rend des services dévoués.

Pioger, Joseph, premier mouleur de la fonderie de Saint-Pavin, au Mans. — Ouvrier laborieux et habile, attaché à l'établissement depuis quinze ans.

Boisard, Lucien, chef modeleur de la fonderie de Saint-Pavin, au Mans. — Bon ouvrier, d'une intelligence remarquable pour la confection des modèles, et d'un dévouement éprouvé.

Gadois, Constant, ouvrier à la forge de Vibraye (Sarthe). — Très-bon forgeron, ouvrier plein de zèle et d'intelligence, rend d'excellents services pour le forgeage des pièces difficiles.

Autreux, premier fondeur de cloches à la fonderie de M. Bollée, au Mans. — Il travaille depuis vingt ans sous la direction de son maître, et remplit ses devoirs avec un zèle et une assiduité très-dignes d'éloges.

Mentions honorables.

Héron, forgeron et mécanicien aux forges d'Orthe (Mayenne). — Ouvrier intelligent, laborieux et très-dévoué.

Sennequin, Jacques, dit Georges, mouleur en poterie aux forges d'Orthe (Mayenne). — Très-bon mouleur, laborieux, d'une conduite irréprochable.

Saillant, Isidore, maréchal à la forge de Vibraye (Sarthe). — Ouvrier très-méritant, signalé au jury par le chef de l'établissement.

Blanchouin, ouvrier marbrier de l'atelier de la Compagnie marbrière du Maine, au Mans. — Ouvrier intelligent et habile ; c'est lui qui a sculpté la cheminée la plus ornée exposée par la Compagnie marbrière.

Courvasier, François, sous-chef de l'atelier d'ajustage de MM. Doré, Chevé et Cie, au Mans. — Ouvrier très-recommandable, ayant neuf ans de bons services dans l'établissement ; il a surtout contribué très-utilement à la fabrication des plaques tournantes pour chemins de fer.

Chemin, Constant, ouvrier coutelier chez Mme Chemin, au Mans. — Intelligent et adroit ; il a importé de bons modèles dans l'industrie locale et a fabriqué quelques-unes des meilleures pièces qui sont exposées.

Malet, Pierre, mouleur de cloches chez M. Bollée, au Mans. — Il est signalé au Jury par le chef de l'établissement pour son extrême assiduité et pour les bons et loyaux services qu'il rend depuis très-longtemps.

Tessier, Louis, contre-maître mouleur au fourneau d'Anthoigné (Sarthe). — Il a commencé par être mouleur dans cet établissement ; c'est un ouvrier adroit, d'une excellente conduite et très-dévoué.

IIIe CLASSE. — ARTS CHIMIQUES ET DE PRÉCISION.

Médailles de vermeil.

Blanchard, fabricant de papiers à Nantes. — Belle qualité de papier.

Gourdin (père et fils), horlogers à Mayet. — Horloges publiques, appareils de transmission.

Médailles d'argent.

Boëteau, horloger au Mans. — Horlogerie de précision, horlogerie électrique.

Chevallier, fabricant de produits chimiques au Mans. — Magnésie et sels de magnésie.

Goubin, propriétaire à Daoulas (Finistère). — Fabrication de porcelaine.

Quetin-Bezard, à Poncé Sarthe`. - - Bonne qualité de papier, papier bulle.

Tonnellier, à La Flèche. — Grande fabrication de papier.

Médailles de bronze.

Baligand jeune, et Lory, au Mans. — Belle série d'amidon, amidon à dragées (de leur usine de La Suze).

Besnier, fabricant au Mans. — Bon chocolat, grande fabrication.

Busson-Lacroix, propriétaire à Soulitré. — Tuyaux de drainage et manchons pour idem.

Cador et Laumonier, fabricants à Malicorne. — Grès et poterie.

Carême, mécanicien à Saint-Pavin. — Machines pour tailler les roseaux.

Mme veuve Chaloigne dit Janvier-Dinochau, au Mans. — Cartons.

Combier-Destre, fabricant à Saumur. — Bonne fabrication de liqueurs.

Compagnie Marbrière et Industrielle du Maine, à Paris — Calorifère forme cheminée.

Dunial, mécanicien au Mans. — Perfectionnements de bascules et de balances Roberval, grande fabrication.

Fayon, fabricant à Rennes. — Pâtes alimentaires d'une très-belle qualité.

Lelong fils, fabricant à Cré-sur-le-Loir. — Belle fécule.

Morin, poëlier au Mans. — Fourneaux en fonte pour cuisine bourgeoise.

Paisant, fabricant à Pont-l'Abbé (Finistère). — Iodes et iodures.

Renou, à la Guétrie (Maine-et-Loire). — Colophane et essence.

Tulasne, fabricant au Mans. — Vernis.

Rappel de Médaille de bronze.

Michel, fumiste à Rennes. — Appareil à cuire les légumes.

Mentions honorables.

Baligand, fabricant au Mans. — Amidons.

Bedeau, horloger au Mans. — Pièces d'horlogerie

Cador-Béatrix, à Malicorne. — Bel émail.

Cléset, constructeur à Mayenne. — Petits fourneaux économiques.

Dubas-Guyet, à Saint-Léonard. — Tuyaux de drainage.

Duperray, ferblantier à Fontevrault. — Brûloir à café.

Guiller, fabricant au Mans. — Grande et bonne fabrication de cire et bougies.

Habel, agent des cours d'eau au Mans. — Conduits d'eau en béton.

Joniaux, Armand, fondeur au Mans. — Instruments de physique.

Langlois, fabricant de produits chimiques au Mans. — Citrate de magnésie.

Malapert, pharmacien à Poitiers. — Sulfate de soude et de magnésie.

Molina, fabricant au Mans. — Bon chocolat, petite fabrication.

Morin, fabricant au Mans. — Huile de pied de bœuf et résidu.

Passin-Maunxion, à Sainte-Colombe. — Colle forte.

Pineau, fabricant de fécule au Mans. — Racahout artificiel.

Poilvilain, au Lude. — Fécule.

de Renancourt de la Ribalière, fabricant à Nantes. — Pâtes alimentaires.

Turqué, à Doix (Vendée). — Fromage.

Venot, fondeur de suif au Mans. — Suifs fondus du pays.

IVᵉ CLASSE. — TISSUS.

Médailles de vermeil.

Bary jeune et Cⁱᵉ du Mans. — Toiles.

Cornilleau, aîné, du Mans. — Toiles (coopérateur).

Richer-Lévêque et Terry, d'Alençon. — Filature de chanvre.

Médailles d'argent.

Verdier, Henri, de Fresnay. — Toiles.

Renard-Gayet, de Fresnay. — Toiles.

Grêlé et Thoury, d'Yvré-l'Évêque. — Filature de chanvre.

Mˡˡᵉ Mary dit Lépine, d'Alençon. — Dentelles.

Mᵐᵉ Quentin, veuve, de Bessé. — Cotonnades.

Jouannaux, Gustave, de Coëmont. — Ouates.

Coisnon et Borel, de Nogent. — Lainages.

Rappel de médaille d'argent.

Rousseau, Paul, de Fresnay. — Toiles.

Médailles de bronze.

Jouet-Dubois, de Parigné. — Toiles.

Blanchard, de Sillé. — Toiles.

Bance, de Mortagne. — Toiles.

Bruneau et Heurtebise, du Mans. — Blanchiment.

Morin, du Mans. — Cordages.

Métais et Décourt, du Mans. — Machine à filer la corde.

Les Religieuses de l'Ouvroir du Pré. — Dentelles.

Nourry et Diot, de Flers. — Cotonnades.

P. Guiller, de Saint-Denis-les-Ponts. — Couvertures.

Husson-Labiche, de Chartres. — Bonneterie.

Degaigné et Cⁱᵉ, d'Angers. — Imperméabilisation des tissus.

A. Béranger, du Mans. — Imperméabilisation des tissus.

Mentions honorables.

Bouttevin, de Mayet. — Toiles.

Bonnejent, du Mans. — Toiles.

Lesiourd et Maillard, d'Alençon. -- Blanchiment.

Fournier-Bouttevin, de Mayet. — Étoffes de laine.

Desbois-Richard, d'Angers. —Imperméabilisation des tissus.

Foucher aîné, tailleur de Rennes. — Imperméabilisation des tissus.

Bouttier dit Pavace, de Pontlieue. — Rouet.

Cransac, de Tours. — Bobineuse.

Lecomte fils aîné, du Breil. — Peignes à tisser.

Lecomte, du Mans. — Peignes à tisser.

Lecomte frères, de Nuillé. — Peignes à tisser.

Hubert, du Mans. — Peignes à tisser.

Breslay, d'Ysseau (Deux-Sèvres). — Crins.

Vᵉ CLASSE. — CUIRS ET CARROSSERIE, FOURRURES, CHAUSSURES.

Médaille de vermeil.

Pouriau fils, carrossier au Mans. — Voitures et harnais.

Médailles d'argent.

E. Leroux, tanneur à Rennes. — Cuirs forts.

Legoue, Charles, corroyeur au Mans. — Cuirs lustrés.

Leprout-Vérité, tanneur au Mans. — Cuirs de cheval lissés et effleurés.

Bodeau, bourrelier à Massilly-sur-Maulne (Indre-et-Loire). — Colliers perfectionnés.

Médailles de bronze.

Corniquel, tanneur à Vannes. — Veaux cirés et veaux gris.

P. Brisou fils aîné, tanneur à Rennes. — Cuirs forts et lissés.

Barrabe et Doret, tanneurs à Rennes. — Cuirs forts.

Th. Thouin, fourreur au Mans. — Bonne confection de ses fourrures.

Chazelle et Cⁱᵉ, fabricants de chaussures à Tours. — Chaussures clouées.

Nouet, carrossier au Mans. — Serrurerie de voitures.

COOPÉRATEUR.

Trollier, Joseph, forgeron chez M. Pouriau, au Mans. — 24 ans de bons et intelligents services.

Mentions honorables.

Albert-Havard, tanneur à La Flèche. — Bons produits de sa fabrique.

Hardy frères, tanneurs à La Flèche. — Cuirs à courroies.

Basile, corroyeur à Châteaubriand. — Peaux de vaches bien corroyées.

A. P. Bourdon, tanneur à Argentan (Orne). — Cuirs façon Hongrie.

Vannier, Alphonse, corroyeur au Mans. — Brides et veaux.

Bellanger, bourrelier à Pontlieue. — Courroies de transmission.

Mémin, fabricant de chaussures au Mans. — Souliers et bottines.

Carré, formier au Mans. — Formes de chaussures.

Poirier, René, carrossier à La Flèche. — Voiture à quatre roues.

Chauvellier, carrossier à Angers. — Tilbury dit télégraphe.

VIe CLASSE. — CONSTRUCTIONS CIVILES, AMEUBLEMENT, OBJETS DIVERS.

Médailles de vermeil.

Cornevin, de La Flèche. — Marqueterie fine sur bois.

Bachmann, de Tours et Angers. — Pianos droits à chevilles modératrices et pédales d'amortissement.

Médailles d'argent.

Lége, Alex., du Mans. — Pour l'ensemble des produits de ses scieries mécaniques, et spécialement pour ses beaux spécimens de bois de placage.

Diot-Gilmat, du Mans. — Pour l'ensemble de ses produits de scierie mécanique, et spécialement pour ses beaux spécimens de parquets.

Bertin-Lamare, du Mans. — Pour l'ensemble de ses ouvrages de tapissier, siéges garnis, rideaux de fenêtres, etc.

Hermant, de Rennes. — Pour l'ensemble de ses papiers peints.

Millanvois, du Mans. — Pour ses remarquables spécimens de peintures imitant le bois.

Houdemon, de La Flèche. — Pour l'ensemble des produits de sa fabrique de gants, comprenant la teinture des peaux.

Julien, Lanier, Cosnard et C^i, du Mans. — Pour l'ensemble des produits de leur imprimerie.

Monnoyer, du Mans. — Pour l'ensemble des produits de son imprimerie.

Simier, d'Yvré-l'Evêque, mais demeurant à Paris. — Pour l'ensemble de ses reliures.

Pinot-Barrier, du Mans. — Pour l'ensemble de ses reliures.

Rappel de médaille d'argent.

Hubert, du Mans. — Pour son modèle d'escalier.

Médailles de bronze.

Genauzeau, de Fontenay-le-Comte (Vendée). — Pour les douves de tonneau provenant de sa scierie mécanique à traits courbes.

Trottier frères, Schweppé et Cie, d'Angers. — Pour leurs tuyaux en bois et coltar combinés.

Leguay, de Nantes. — Pour son billard à blouses dissimulées.

Jaffré, de Lorient. — Pour ses charmants spécimens d'encadrements en passe-partout.

Bourdelois, du Mans. — Pour ses papiers peints.

Bigot, du Mans. — Pour l'ensemble de sa fabrique de chapeaux d'hommes.

Gorski, du Mans. — Pour l'ensemble de sa fabrique de chapeaux d'hommes.

Bélin, du Mans. — Pour l'ensemble de ses travaux en cheveux.

Bié, du Mans. — Pour sa fabrication de peignes en écaille et en buffle.

Galot, aîné, du Mans. — Pour l'ensemble de sa brosserie ordinaire très-solide.

Guichard, de Rennes. — Pour ses pipes en bois.

Deneau-Lagroie, du Mans. — Pour ses registres de commerce et sa fabrication de papier de verre et d'émeri.

Bresseau et Gillet, d'Angers. — Pour leurs pianos droits à pédale d'amortissement.

Davoust, d'Alençon. — Pour ses cartouches de fusil de chasse.

Chalopin, de Briosne (Sarthe), demeurant à La Chapelle-Saint-Denis, près Paris. — Pour son bouche-bouteille mécanique.

COOPÉRATEURS.

Garnier, Adolphe, contre-maître de l'usine de M. A. Légé. — Pour son dévouement intelligent et plein de zèle.

Daguet, François, contre-maître de l'usine de M. Diot-Gilmat. — Pour son intelligence et sa rare exactitude dans l'accomplissement de ses devoirs depuis quinze ans.

Terrault, Michel, contre-maître des compositeurs dans l'imprimerie de M. Monnoyer. — Pour ses longs et bons services dans l'établissement auquel il est attaché depuis trente ans.

Bouttier, François-René, imprimeur, conducteur des mécaniques, chez MM. Julien, Lanier, Cosnard et Cⁱᵉ. — Pour son excellente conduite et ses soins assidus depuis onze ans.

Mentions honorables.

Choplain, du Mans. — Pour ses bons spécimens de stuc.

Mariette, du Mans. — Pour un bon et joli spécimen de grille en fer.

Fournier, de La Flèche. — Pour la bonne garniture de ses siéges en soie et en cuir gaufré.

Gaudray, de Sablé. — Pour sa fabrication de chaises en canne.

Allain, de Rennes. — Pour ses bois de fauteuil, notamment pour une disposition spéciale de fauteuil de malade.

Mauduit, du Mans. — Pour le travail considérable et personnel de son exposition.

K'vella fils, de Rennes. — Pour ses lanternes d'illumination.

Mme Lebatteux, du Mans. — Pour sa fabrication de gants.

Mme Maillet, du Mans. — Pour sa disposition ingénieuse d'attache dans les corsets.

Jourdain, du Mans. — Pour ses ouvrages de tapisserie à l'aiguille et au crochet.

Thevenin, du Mans. — Pour ses objets en cartonnage.

Picard et Cie, de Rennes.—Pour ses pipes ordinaires en terre.

Barassé, d'Angers. — Pour ses lithographies de monuments, etc.

Duperray et Demay, du Mans. — Pour leurs jolis spécimens de gravure sur pierre.

Guilory, commis greffier à La Flèche. — Pour son verbographe.

Bressler fils, de Nantes. — Pour ses pianos droits.

Duchesne, du Mans. — Pour ses fusils.

Dumergue, du Mans. — Pour ses diverses pièces empaillées (oiseaux et têtes de bêtes fauves).

Lenormand, de Nogent-le Rotrou. — Pour ses diverses pièces empaillées (oiseaux, etc.).

Bardet, du Mans. — Pour sa fabrication, introduite au Mans, d'articles de voyage.

COOPÉRATEURS.

Cottereau, Louis, chauffeur-mécanicien de l'usine de M. Légé, au Mans. — Pour ses bons services dans l'établissement, auquel il est attaché depuis vingt ans, et le bon état de propreté et d'entretien de la machine qui lui est confiée.

Pottier, Louis-Jean, coupeur de parquets chez M. Diot-Gilmat, depuis vingt-trois ans. — Pour son adresse intelligente dans la conduite des scies mécaniques.

Barouille, Casimir, correcteur dans l'imprimerie de MM. Julien, Lanier, Cosnard et Cie, au Mans. — Pour ses excellents services depuis onze ans.

Mauclair, Louis, contre-maître des pressiers dans l'imprimerie de M. Monnoyer. — Pour ses bons services depuis trente-six ans.

DIVISION DES BEAUX-ARTS.

CLASSE UNIQUE.

Médaille de vermeil.

Karl et Küchelbecker, Frédéric, peintres verriers de l'atelier des dames Carmélites du Mans. — Pour leur vitrail.

Médailles d'argent.

Suan, peintre au Mans. — Pour ses pastels.

Damiens, sculpteur à Paris. — Pour l'ensemble de son exposition.

Mme de Saint-Albin, peintre à Paris. — Pour sa table en porcelaine peinte.

Avisseau, fils, modeleur-émailleur à Tours. — Pour ses plats émaillés.

Delatouche, peintre à La Flèche. — Pour ses tableaux de genre.

D'Andiran, peintre à Nantes. — Pour ses paysages.

Marionneau, peintre à Nantes. — Pour ses paysages.

Ulysse, peintre à Blois. — Pour ses tableaux de genre.

Queroy, peintre à Vendôme. — Pour deux tableaux de genre.

Messager, peintre à Laval. — Pour des dessins.

Tom Drake, peintre à Angers. — Pour ses dessins et ses tableaux.

Gourdel, sculpteur à Rennes. — Pour des sujets sculptés en terre.

Médailles de bronze.

LACHAISE, peintre à La Flèche. — Pour ses tableaux de nature morte.

BELŒUF, peintre à La Flèche. — Pour ses tableaux de fleurs.

GUEYRARD, peintre à La Flèche. — Pour ses paysages.

BLIN, peintre au Mans. — Pour son paysage.

DE MONTZEY, à La Flèche. — Pour deux miniatures et un médaillon en plâtre donné au Musée par l'auteur.

DANLOUX, au Mans. — Pour deux aquarelles.

MOTET, inspecteur de la Compagnie du gaz, à Paris. — Pour des dessins d'industrie, d'architecture et d'ornements.

LEBLOND et DEFAS, peintres-verriers, au Mans. — Pour un vitrail, décoration mosaïque.

FIALEIX, peintre-verrier à Mayet (Sarthe). — Pour deux vitraux.

BERTHAUT, photographe à Angers. — Pour ses photographies.

GAUME, photographe au Mans. — Pour ses photographies.

Mentions honorables.

LE BRETON, architecte paysagiste, à Paris. — Pour dessins de parcs et jardins.

MARTIN, Jules, du Mans. — Petites études peintes.

CRONEAU, à Challes (Sarthe). — Pour des copies.

PAPIN, à Mayet. — Pour ses sculptures en bois.

LEMAY, au Mans. — Pour ses restaurations de vieux meubles.

Mentions Honorables.

Accordées, en vertu de l'article 5 de l'arrêté d'organisation du 10 décembre 1856, aux artistes étrangers à la région.

CORNILLET, graveur à Paris. — Pour deux gravures.

WACHMUTH, peintre à Versailles. — Pour un tableau de marine.

CELLIER, peintre à Paris. — Pour ses portraits.

JAZET, graveur à Paris. — Pour une gravure.

RAPPORTS DU JURY.

EXPOSÉ GÉNÉRAL.

L'Exposition qui s'est ouverte le 18 mai 1857, dans le chef-lieu du département de la Sarthe, n'est pas la première qu'ait vue la ville du Mans, et déjà en 1836 et 1842 l'Industrie et les Beaux-Arts avaient brillamment répondu à l'appel qui leur avait été fait à ces deux époques. Hâtons-nous de dire que, cette fois encore, notre contrée s'est montrée digne de ses précédents, et que si l'Exposition de 1842 avait constaté les progrès réels du Département dans la carrière industrielle depuis 1836 (1), la nouvelle tentative de 1857 a démontré que ces progrès ont continué et se sont élevés.

Par une heureuse circonstance, la ville du Mans avait été désignée, le 14 août 1856, par son Excellence le Ministre de l'Agriculture, du Commerce et des Travaux Publics, pour la tenue, en 1857, du Concours d'animaux reproducteurs, d'instruments et de produits agricoles, institué chaque année dans les principaux centres de la région qui, de la Sarthe, s'étend jusqu'à la Vienne, la Loire-Inférieure, le Finistère et les Côtes-du-Nord.

Tout aussitôt M. Pron, Préfet de la Sarthe, avec ce zèle éclairé qu'il sait si bien mettre au service des intérêts du département

---

1 Lettre de M. le Préfet de la Sarthe, du 27 août 1842, insérée dans le *Recueil des Actes administratifs* n° 25 pour 1842.

qu'il administre, s'est empressé, dans son rapport du 25 août suivant, de saisir le Conseil Général d'une proposition relative à une nouvelle Exposition coïncidant avec le Concours régional. Ce haut fonctionnaire s'exprimait en ces termes (1) : « Il m'a semblé, Messieurs, que, surtout à la suite de l'Exposition Universelle de Paris, il serait avantageux de profiter de la circonstance du Concours régional, pour renouveler les Expositions de l'Industrie et des Arts qui ont eu lieu au Mans en 1836 et en 1842. »

Ces paroles ne pouvaient demeurer stériles, et la Société d'Agriculture, Sciences et Arts de la Sarthe, consultée par M. le Préfet, s'empressa de lui présenter un aperçu de projet d'organisation, qui, selon le même rapport, parut bien entendu à notre premier Magistrat. Grâce à la haute initiative que nous venons de signaler, quatorze départements voisins furent appelés à concourir à cette lutte pacifique de l'industrie et des arts, qui allait s'ouvrir dans la Sarthe (2), et une Commission d'organisation entrait bientôt en fonctions.

M. le Préfet avait autorisé l'installation de l'Exposition d'Horticulture dans une des cours de la Préfecture, et prêté la grande salle des séances du Conseil Général, dans le même hôtel, pour l'Exposition des Beaux-Arts.

M. Chalot-Pasquer, Maire de la ville du Mans, mettait, avec le plus généreux empressement, le beau local de la Halle aux toiles à la disposition de la Commission d'organisation. Il donnait en même temps les ordres nécessaires pour le prompt établissement de la conduite des eaux de la ville jusqu'à cette Halle. Cette dernière disposition, excellente en cas d'in-

---

1 Rapport de M. le Préfet de la Sarthe au Conseil Général, à l'ouverture de la session de 1856 (page 99).

2 Les quatorze départements comprennent ceux faisant partie de la région agricole en dehors de la Sarthe, et ceux limitrophes. Ce sont : le Finistère, les Côtes-du-Nord, le Morbihan, l'Ille-et-Vilaine, la Loire Inférieure, la Mayenne, Maine-et-Loire, la Vendée, les Deux-Sèvres, la Vienne, l'Orne, Eure-et-Loir, Loir-et-Cher et Indre-et-Loire.

cendie, a permis en outre d'établir des réservoirs d'eau et des
générateurs de vapeur, qui ont si utilement servi à faire fonctionner les diverses machines exposées. On a pu remplir ainsi,
dans une Exposition de province, cette condition du mouvement, si importante pour l'étude des machines à vulgariser,
et qui semble désormais indispensable depuis les exemples
donnés par les mémorables Expositions de Londres et de Paris,
en 1851 et 1855.

D'un autre côté, le Conseil d'administration des chemins de
fer de l'Ouest s'était empressé de répondre à la même Commission que l'Exposition du Mans jouirait sur ses chemins des
réductions de tarifs dont avaient joui les transports destinés à
l'Exposition Universelle de Paris (1).

Chacun se mit résolûment à l'œuvre, et, disons-le à sa
louange, grâce à l'activité et au dévouement sans bornes de
son honorable président, M. Surmont, grâce au zèle infatigable
de son secrétaire, M. de Villiers-de-l'Isle-Adam, la Commission triompha successivement de toutes les difficultés maté-
rielles qui ne peuvent manquer de surgir dans une pareille
entreprise. Tout fut préparé pour accueillir sans retard les
nombreux Exposants qui venaient se faire inscrire, et faisaient
ainsi présager la réussite complète que nous sommes heureux
de pouvoir constater ici.

Le 18 mai, les portes de l'Exposition industrielle et celles de
l'Exposition artistique se sont exactement ouvertes au public,
et l'empressement de celui-ci, qui ne s'est pas ralenti pendant
toute la durée des Expositions, a suffisamment témoigné
que les efforts qui avaient été faits se trouvaient couron-
nés de succès. Cette curiosité intelligente et réfléchie qui s'était
montrée dans les premiers jours pour le magnifique Concours

(1) Toutes ces lettres, ainsi que les procès-verbaux des nombreuses réu-
nions de la Commission d'organisation, etc., sont consignées officiellement
sur un registre spécial, qui est resté déposé dans les Archives de la Préfecture, où il sera toujours facile de le consulter. — Voir la lettre de M. le
Maire page 19 et celle de M. le Directeur de l'exploitation des chemins de
fer de l'Ouest page 20.

régional et pour la charmante Exposition d'horticulture qu'on avait ouverts en même temps (pour trop peu de jours malheureusement), nous est un sûr garant que nos Expositions porteront des fruits sérieux dans nos départements de l'Ouest, soit par elles-mêmes, soit en montrant combien elles sont goûtées par nos braves et intelligentes populations. Nous n'en voulons d'autre preuve que les chiffres des visiteurs, constatés pendant la durée des Expositions de l'Industrie et des Beaux-Arts, qui ont été closes officiellement le 20 juin au soir. Le contrôle a pu enregistrer, en dehors des Exposants et des membres du Jury bien entendu, le nombre de 66,405 visites pour l'Industrie, et de 18,538 pour les Beaux-Arts (1).

Ce sont là, nous le disons avec joie, de bons résultats, qui prouvent que tous ont bien compris le but de l'Exposition, et que son exemple justifiait l'empressement de chacun.

Le nombre total des objets exposés ne pouvait être facilement relevé et n'offrirait du reste qu'un médiocre intérêt ; mais nous dirons que le nombre des Exposants a été de 358 pour la division de l'Industrie, et de 57 pour celle des Beaux-Arts.

A ces nombres nous pourrions ajouter encore 3 Exposants pour l'Industrie, qui, n'appartenant pas à la région, n'ont pu

---

1) Conformément à l'article 16 de l'arrêté du 10 décembre 1856, placé en tête de notre publication, un droit d'entrée avait été fixé par la Commission d'organisation pour les différents jours de la semaine, à l'exception du dimanche, pour lequel l'entrée est restée gratuite. On payait 0,50 c. les lundi, mardi et samedi; 0,10 c. les mercredi, jeudi et vendredi. Les portes étaient ouvertes pendant cinq jours de 9 heures du matin à 4 heures du soir; et les lundi et samedi, seulement de midi à 5 heures, par suite des mesures de nettoyage, etc.

Les machines fonctionnaient aux frais de l'Exposition pour le combustible et l'eau, de midi à 3 heures, chacun des trois jours à 0f. 50 c., ainsi que le vendredi, par suite du marché qui amène plus spécialement, ce jour-là, nos populations rurales au Mans.

Dans les nombres de visiteurs donnés ici, nous ne comptons pas ceux du 21 juin, parce que, ce dimanche, on n'a ouvert que par exception et en faisant payer au profit des Petites Sœurs des pauvres, par une faveur spéciale due à M. le Préfet.

concourir, quoique les objets envoyées par eux eussent été reçus.

On a vu, dans les documents officiels qui précèdent, que le nombre total des récompenses décernées par le Jury s'était élevé à 161 médailles des 3 catégories (1), 14 rappels de médailles et 106 mentions honorables. Nous avons cru utile de donner la répartition de ces récompenses pour chacun des 15 départements de la région, en regard du nombre des Exposants.

(1) La Commission d'organisation avait décidé qu'il y aurait 3 catégories de médailles, toutes du même module, de 0,059 de diamètre; qu'elles porteraient uniformément, d'un côté, l'effigie de l'Empereur, et de l'autre une couronne de chêne et de laurier, entourée des mots : *Exposition du Mans Sarthe*, et qu'enfin les noms des lauréats et le millésime seraient ultérieurement gravés dans l'espace limité par cette couronne. Les trois catégories étaient ainsi divisées : Médailles d'honneur, en vermeil ; Médailles de 1re classe, en argent ; et Médailles de 2e classe, en bronze.

DÉPARTEMENTS de LA RÉGION		MÉDAILLES OU RAPPELS DE MÉDAILLES						MENTIONS honorables.	TOTAUX des récompenses par CATÉGORIES.		NOMBRE des Exposants par CATÉGORIES.		RAPPORT des nombres de récompenses et D'EXPOSANTS.		OBSERVATIONS.
		en VERMEIL.		en ARGENT.		en BRONZE.			Indus-trie.	Beaux-Arts.	Indus-trie.	Beaux-Arts.	Indus-trie.	Beaux-Arts.	
		Méd.	Rap.	Méd.	Rap.	Méd.	Rap.								
(1)		(2)	(3)	(4)	(5)	(6)	(7)	(8)	(9)	(10)	(11)	(12)	(13)	(14)	(15)
FINISTÈRE	Industrie..	»	»	1	1	1	»	»	3	»	7	»	0 43	»	
	Beaux-Arts.	»	»	»	»	»	»	»	»	»	»	»	»	»	
CÔTES-DU-NORD	Industrie..	»	»	»	1	»	»	»	1	»	1	»	1	»	
	Beaux-Arts.	»	»	»	»	»	»	»	»	»	»	1	»	»	
MORBIHAN	Industrie..	»	»	»	»	2	»	1	3	»	3	»	1	»	
	Beaux-Arts.	»	»	»	»	»	»	»	»	»	»	»	»	»	
ILLE-ET-VILAINE	Industrie..	1	»	4	»	4	1	4	14	»	20	»	0 70	»	
	Beaux-Arts.	»	»	1	»	»	»	»	»	1	»	2	»	0 50	
LOIRE-INFÉRIEURE	Industrie..	2	1	»	1	2	»	3	9	»	13	»	0 69	»	
	Beaux-Arts.	»	»	2	»	»	»	»	»	2	»	3	»	0 66	
MAYENNE	Industrie..	1	»	2	1	1	1	3	9	»	9	»	1	»	
	Beaux-Arts.	»	»	1	»	»	»	»	»	1	»	3	»	0 33	
MAINE-ET-LOIRE	Industrie..	1	»	»	1	7	1	4	14	»	22	»	0 63	»	
	Beaux-Arts.	»	»	1	»	1	»	»	»	2	»	4	»	0 50	
VENDÉE	Industrie..	»	»	»	»	1	»	1	2	»	5	»	0 40	»	
	Beaux-Arts.	»	»	»	»	»	»	»	»	»	»	»	»	»	
DEUX-SÈVRES	Industrie..	»	»	»	»	»	»	1	1	»	1	»	1	»	
	Beaux-Arts.	»	»	»	»	»	»	»	»	»	»	»	»	»	

OBSERVATIONS (15) :

RÉCAPITULATION.

15 Médailles en Vermeil.
53 Id. en Argent.
93 Id. en Bronze.

161 Médailles.

106 Mentions honorables.

RAPPELS.

1 Médaille en Vermeil.
8 Id. en Argent.
5 Id. en Bronze.

14 Rappels.

VIENNE	Industrie. .	»	»	»	»	»	1	2	3	»	10	»	0 30	»
	Beaux-Arts.	»	»	»	»	»	»	»	»	»	»	»	»	»
ORNE	Industrie. .	1	»	1	»	6	»	3	11	»	13	»	0 84	»
	Beaux-Arts.	»	»	»	»	»	»	»	»	»	»	1	»	»
EURE-ET-LOIR	Industrie. .	»	»	3	»	2	»	1	6	»	11	»	0 51	»
	Beaux-Arts.	»	»	»	»	»	»	»	»	»	»	2	»	»
LOIR-ET-CHER	Industrie. .	»	»	»	»	»	»	1	1	»	2	»	0 50	»
	Beaux-Arts.	»	»	2	»	»	»	»	»	2	»	3	»	0 66
INDRE-ET-LOIRE	Industrie. .	3	»	4	»	3	»	3	13	»	23	»	0 50	»
	Beaux-Arts.	»	»	1	»	»	»	»	»	1	»	4	»	0 25
SARTHE	Industrie. .	5	»	26	3	53	1	70	158	»	218	»	0 72	»
	Beaux-Arts.	1	»	4	»	10	»	9	»	24	»	34	»	0 70
TOTAUX		15	1	53	8	93	5	106						

TOTAL GÉNÉRAL des récompenses de toute nature............ **281**

Totaux pour l'Industrie...............................   248 | » | 358 | »
Totaux pour les Beaux-Arts...........................   » | 33 | » | 57

TOTAUX GÉNÉRAUX des récompenses de toute nature et des Exposants de la Région.....................   **281** **415**

Rapport particulier pour l'Industrie..................   0 69 | »
Rapport particulier pour les Beaux-Arts..............   » | 58

RAPPORT GÉNÉRAL, sans distinction de Catégories, pour l'ensemble de l'Exposition........   **0 68**

On a compris dans les nombres du département de la Sarthe les Exposants qui, habitant hors de la Région, ont pu cependant concourir, soit comme appartenant à ce département par leur naissance, soit comme remplissant l'une des conditions spéciales précisées par l'arrêté d'organisation du 10 décembre 1856.

Il ressort de ce tableau que la proportion des récompenses de toute nature, par rapport au nombre total des Exposants, est de 0,68. Sans aucun doute, c'est là un chiffre élevé, et cependant quelques-uns des concurrents auront peut-être gémi des jugements portés par le Jury, en les attribuant uniquement à une sévérité trop rigoureuse à leurs yeux.

Nous justifierons d'abord le Jury de l'appréciation contraire, qui pourrait tendre à l'accuser d'une trop grande indulgence ; il nous suffira de faire remarquer que, pour certaines catégories d'objets, il n'a trouvé souvent qu'un seul Exposant ou deux au plus, et qu'alors, si une récompense était jugée méritée, le rapport ci-dessus devait se trouver immédiatement relevé. Nous ajouterons aussi, à l'honneur de tous nos Exposants, qu'ils sont heureusement la cause de cette indulgence apparente, par suite des qualités réelles qui ont généralement distingué l'ensemble des produits envoyés. Tous les visiteurs de notre Exposition absoudraient donc au besoin le Jury de ce premier reproche, si cela pouvait être nécessaire. Quant à l'accusation de sévérité, il ne sera pas plus difficile de l'en disculper ; seulement, comme à nos yeux il doit ressortir de nos Expositions un enseignement, un encouragement à mieux faire, et qu'elles ne doivent laisser après elles ni mécontentement ni même apparence d'une blessure à l'amour-propre de qui que ce soit, nous nous étendrons un peu plus sur cette seconde partie de la question.

Les rapports spéciaux qui vont suivre font ressortir avec soin les motifs qui ont dicté les divers jugements portés par le Jury ; mais avant d'entrer dans les détails qui justifient pleinement, nous le croyons, les récompenses accordées, nous rappellerons quelques-unes des considérations générales qui ont dirigé le Jury dans ses appréciations. Nous désirons qu'elles puissent arriver jusqu'à nos intelligents industriels, pour les guider plus sûrement lors des prochaines Expositions, ici ou ailleurs.

Dans beaucoup de cas, sans aucun doute, l'utilité directe

d'un produit doit seule être appréciée ; mais tout le monde sent
que pour certains objets, assez nombreux aussi, l'on doit surtout satisfaire aux justes exigences du goût. Or, sous ce
rapport, nous dirons sans hésitation comme sans faiblesse, et
cela dans l'intérêt de l'avenir, qu'en général les produits ressortant de cette dernière catégorie n'ont pas complétement
répondu à notre légitime attente. Il y a de trop sérieuses tentatives chez nos industriels, pour que nous ne les trouvions
pas dignes d'entendre cette vérité ; sûrs que nous sommes qu'ils
peuvent très-facilement faire mieux. Qu'ils étudient avec plus
d'attention, et ils éviteront ces défauts, ces confusions des styles,
qui s'opposent d'une manière absolue à d'heureuses créations.

Le champ de l'Industrie est assez vaste pour tous. Aux
ouvriers des grandes villes, les travaux de luxe ; à ceux des
villes moindres, les travaux répondant plus directement aux
besoins du plus grand nombre : mais que tous remontent aux
bonnes sources, pour y puiser des inspirations pures et saines.
Si les diverses parties de nos ameublements, par exemple,
doivent se trouver, en province, plus simples de matières et de
formes, il en sera toujours mieux qu'elles soient bien dessinées
et bien établies d'après les règles d'un goût éclairé.

A côté de cette question du goût doit se placer celle des prix.
Lorsque l'industrie de province, préoccupée de la recherche
du bien dans la simplicité, aura amélioré cependant ses formes
et n'abordera que successivement les travaux d'un luxe plus
élevé (car nous ne voulons rien lui prescrire), alors elle
pourra, par suite des conditions qui lui sont propres, livrer
ses produits à des prix en rapport avec les ressources de sa
clientèle la plus nombreuse. Dans ce partage, chacun de nos
besoins se trouvera satisfait, et, tout en développant le goût en
province, on y maintiendra facilement les industries, en évi-
tant la centralisation absorbante des capitales, sans chercher
à l'établir, bien entendu, dans chaque chef-lieu de département. Qu'on nous pardonne ces considérations ; nous avons
voulu surtout bien indiquer les mobiles de nos appréciations,

afin que MM. les Exposants puissent être bien convaincus que, si nous paraissons avoir été sévères, c'est uniquement dans l'intérêt de nos bonnes provinces, qui peuvent faire très-bien, à en juger par tout ce qu'elles ont déjà produit, non pas seulement ici, mais encore à l'Exposition Universelle de 1855.

Nos exhibitions départementales porteront des fruits sérieux, en se répétant successivement à certains intervalles. Mais, pour cela, qu'il nous soit permis d'exprimer encore ce vœu, que lorsqu'un appel est fait à ses voisins par l'un des départements d'une région, tous veuillent bien s'empresser d'y répondre. Il y aura ainsi une noble émulation, un véritable et sérieux enseignement, qui tourneront à l'avantage de tous. Ce sont là des luttes pacifiques qui élèvent le niveau du travail et de l'intelligence; et, comme on l'a dit à propos de notre Concours régional : « S'il y a des vainqueurs, il n'y a jamais de vaincus. »

Que notre Département donne donc l'exemple aux Expositions de ses voisins, et que tous nos arrondissements répondent plus complétement aussi, à l'avenir, aux appels qui leur sont faits. Nous avons vivement regretté des absences, et nous avons voulu le dire ici pour montrer la bonne opinion que nous avons de ceux qui auraient pu venir, et qui malheureusement n'ont pas jugé devoir le faire. Des comités spéciaux, institués dans les diverses localités, eussent pu rendre de véritables services, en stimulant le zèle des industriels et des artistes. Malheureusement ces comités locaux n'ont fonctionné que par exception sur quelques points, et tout naturellement cette absence d'initiative, en dehors des chefs-lieux, a privé notre Exposition du contingent de bien des industries.

Quant à nos Exposants, qu'ils soient bien persuadés que tous leurs produits ont été consciencieusement examinés, et que si tous ne sont pas mentionnés ici, c'est que dans une Exposition les produits doivent non-seulement atteindre un bien relatif, mais offrir des qualités sérieuses à tous les points de vue. Nos exhibitions d'aujourd'hui doivent généralement livrer aux regards du public des produits de fabrication cou-

rante répondant à des besoins directs et intellectuels ou matériels, et se tenant, autant que possible, dans des limites
convenables de prix. Les chefs-d'œuvre nécessaires au moyen
âge ne peuvent être examinés de nos jours que comme un gage,
une promesse, de ce que l'ouvrier pourra faire lorsqu'il sera
utilement dirigé vers une application pratique, et ne peuvent
aspirer aux récompenses, quel que soit le mérite qu'on leur
accorde. Nous dirons donc aux braves ouvriers dont les produits, quoique dénotant une main fort habile, ont été passés
sous silence, qu'ils ne doivent point se décourager, mais appliquer plus utilement les bonnes qualités qu'ils possèdent. Le
succès les attendra certainement au bout de ces voies nouvelles,
dans lesquelles leur intelligence saura bien les guider quand
ils voudront.

Nous avons de sérieux motifs pour penser ainsi, et nous les
avons trouvés dans l'examen attentif des travaux pour lesquels
les dignes coopérateurs, contre maîtres et ouvriers de divers
ateliers, ont été signalés à notre attention.

Avant d'aller plus loin, nous consignerons, à ce sujet, le vif
regret éprouvé par le Jury de n'avoir pas été mis plus de fois
en mesure d'examiner le mérite de ces aides intelligents et
indispensables de toute industrie. Nous serions heureux qu'à
l'avenir MM. les chefs d'établissements voulussent bien combler ces lacunes et mieux seconder les vues libérales qui avaient
été manifestées sur cette question, dès l'ouverture des travaux
d'examen.

Toutes les fois que l'occasion lui a été offerte de pouvoir
récompenser ces modestes auxiliaires, le Jury l'a saisie avec
joie, et les rapports de chaque classe, en donnant les décisions
motivées relatives à ces récompenses, montreront à ces utiles
coopérateurs les qualités principales que la société réclame
de chacun d'eux. Ils verront aussi que, pour mériter de pareils
témoignages, leur conduite doit être aussi bonne au dehors et
dans leurs familles que dans leurs ateliers.

Ces rapports détaillés, que le Jury a cherché à rendre aussi complets que possible, nous dispensent de rien ajouter à cet exposé général, trop long déjà. Nous indiquerons seulement, en terminant, la classification suivie.

Pour accomplir la tâche assez lourde qui lui avait été confiée, le Jury ne pouvait mieux faire que de s'inspirer de ce qui avait été pratiqué lors de l'Exposition Universelle de Paris, qui a laissé de si admirables enseignements, et entre autres documents une publication des plus précieuses, celle de tous les rapports du Jury mixte international.

Nous avons donc cherché, sous la réserve de la différence des deux Expositions, à suivre ces précédents, en adoptant une classification analogue.

La division de l'Industrie a été subdivisée en *six* classes, à chacune desquelles correspond un rapport détaillé.

La division des Beaux-Arts n'a formé qu'une classe unique, comprenant la peinture, la sculpture, les dessins et les photographies.

Pour les *six* classes de l'Industrie, elles ont été désignées sous les titres généraux suivants, qui se subdivisent chacun, conformément aux détails de l'index qui précède cet exposé.

PREMIÈRE CLASSE. — Agriculture et machines.

SECONDE CLASSE. — Exploitation des substances minérales, arts métallurgiques, alliage et travail de métaux.

TROISIÈME CLASSE. — Arts chimiques et de précison.

QUATRIÈME CLASSE. — Filature et tissus.

CINQUIÈME CLASSE — Cuirs et peaux, chaussures, fourrures et carrosserie.

SIXIÈME CLASSE. — Constructions civiles, ameublements, objets divers.

Juillet 1857.

DIVISION DE L'INDUSTRIE.

CLASSE I.

AGRICULTURE ET MACHINES.

EXPOSÉ.

Dans l'industrie, la condition essentielle d'une production bonne, rapide et économique, c'est l'application de machines ou d'instruments spéciaux pour chaque nature d'opération : les animaux, l'eau, ou la vapeur se substituent à la force musculaire de l'homme, qui n'intervient plus que pour régler le travail des machines.

Aucune industrie n'embrasse un ensemble de travaux plus variés que l'agriculture, et cependant, jusqu'à ces dernières années, aucune industrie ne présentait un bagage plus simple, un matériel plus imparfait. L'Exposition a révélé à bien des cultivateurs, qui l'ignoraient encore, que beaucoup de travaux exigeant une main-d'œuvre coûteuse peuvent être exécutés avec une perfection plus grande, et à moins de frais, par ces machines qu'ils auraient peut-être regardées avec indifférence, s'il ne les avaient vues, pendant la durée de l'Exposition, fonctionner chaque jour avec une précision et une régularité vraiment remarquables.

Dans le but d'apprécier avec plus de certitude les mérites relatifs des nombreux objets soumis à son examen, le Jury a procédé à des expériences directes et publiques, toutes les fois que les circonstances l'ont permis (1).

CHARRUES.

Essai des Charrues. — Les charrues ont été essayées sur une prairie d'un hectare et demi environ, nouvellement fauchée. La nature du terrain était argilo-siliceuse sur une partie, et graveleuse sur une autre. Les charrues désignées pour les essais étaient au nombre de 20, chacune avait devant elle une zone de 6 mètres de largeur : des jalons indiquaient la direction à suivre.

Araires. — Deux araires, imités de l'araire de Dombasle, ont été soumis aux expériences : l'un était exposé par la colonie de Mettray, l'autre par M. Bodin, l'habile directeur de l'école d'agriculture de Rennes.

Araire Bodin. — Ces deux araires se font remarquer par une construction également solide. A l'épreuve, c'est l'araire Bodin qui a labouré avec le plus de régularité, tout en paraissant exiger moins de tirage. La largeur des raies a été de 0^m 34 avec une profondeur moyenne de 0^m 14 : la forme du versoir est très-bonne.

Araire de Mettray. — L'araire de Mettray a moins bien déversé la terre. La largeur moyenne des raies a été de 0^m 32 et la profondeur du labour de 0^m 16.

Le Jury a pensé que les araires conviennent spécialement au labour des terres très-homogènes. L'absence d'avant-train ou de sabot régulateur rend très-difficile le maniement de l'araire toutes les fois que le terrain est de composition variée, et surtout lorsqu'il est pierreux.

Charrues ordinaires. — **Charrues Ransomes et Sims.** — Parmi les charrues ordinaires à avant-train, le Jury a placé

(1) Le Jury s'est adjoint, pour l'examen des machines, M. Lefèvre, contre-maître des ateliers de MM. Doré, Chevé et Cie. Il se plaît à rendre ici un public hommage aux connaissances théoriques et pratiques de cet habile mécanicien.

en première ligne l'excellente charrue anglaise de MM. Ransomes et Sims , introduite dans le Département par M. Pasquier, de Saint-Calais. — Cet instrument en fer est véritablement parfait : la forme du versoir est surtout remarquable : la bande de terre découpée par le coutre et le soc, légèrement relevée avant d'être retournée, ne subit aucun frottement, aucune torsion inutile ; la charrue ne fait que ce qu'elle doit faire, elle coupe et retourne la terre sans empiéter sur les fonctions de la herse, qui est destinée à l'ameublir. — La disposition de l'avant-train et le mode de réglementation ne laissent rien à désirer. — Pendant les expériences, la charrue a été dirigée par un homme qui la maniait pour la première fois. La largeur moyenne des raies a été de 0^m 28 et la profondeur de labour de 0^m 18.

Charrue Bodin. — Immédiatement après la charrue Ransomes, et bien près d'elle comme perfection de travail, vient se placer la charrue Bodin, avec l'avantage d'une simplicité plus grande et d'un prix plus modéré. Cet instrument, comme tous ceux de la belle collection de M. Bodin, se distingue par une solidité à toute épreuve, qualité précieuse pour tous les instruments de labour.

Deux expériences successives ont eu lieu, en choisissant, pour la deuxième, le terrain le plus dur et le plus graveleux. Deux fois la profondeur du labour s'est maintenue avec une grande régularité à 0^m 18 ; le fond des raies était net et bien horizontal et la terre bien retournée. La largeur moyenne des raies a été de 0^m 32. Il est à remarquer que les deux premières raies ont été aussi nettement découpées et curées que les suivantes.

Charrue Parquin. — M. Ed. Pellier, agriculteur à Yvré-le-Pôlin, a exposé une charrue Parquin avec versoir en bois. Pour la bonté du travail, cette charrue se place après la charrue Bodin. Elle verse presque aussi bien la terre, mais elle cure moins bien la raie, et le soc ne tranche pas bien horizontalement : en enlevant à la pelle la terre remuée, on reconnaît que le labour est un peu en crémaillère. — La profondeur moyenne a été de 0^m 16 et la largeur moyenne des raies de 0^m 30.

(M. Pellier a exposé en outre une charrue Grignon d'une bonne et solide construction.)

Charrue Letessier. — Une charrue entièrement en fer, exposée par M. Letessier (de Laval), a travaillé avec une grande régularité à une profondeur bien uniforme de 0^m 17, sur une largeur de 0^m 25. — Cette charrue est très-solide et d'une bonne exécution. On peut lui reprocher une trop grande complication dans les organes, et le prix élevé qui en est la conséquence.

Deux autres charrues méritent encore d'être mentionnées : l'une d'elles était exposée par M. Quéru, de Torcé, et l'autre par M. Charlot, du Mans.

Charrue Quéru. — La charrue Quéru se distingue par un soc large et arrondi, et par une solidité éprouvée; le versoir en bois ne retourne pas la terre d'une manière uniforme.

Pendant les expériences, la charrue Quéru, attelée de deux chevaux vigoureux, a ouvert des raies de 0^m 34 sur 0^m 17 de profondeur moyenne. Essayée ensuite au labour en billons, elle n'a pas fait un aussi bon travail qu'au labour à plat.

Charrue Charlot. — Les charrues exposées par M. Charlot, du Mans, sont solides : elles font très-bien le labour en billons. Au labour à plat, elles sont inférieures aux précédentes : la raie n'est pas bien évidée et le soc ne tranche pas horizontalement.

La profondeur moyenne du labour n'a été que de 0^m 13 sur 0^m 23 de largeur.

Les deux charrues Quéru et Charlot, malgré leurs imperfections, constituent cependant un véritable progrès pour les localités où elles sont construites. — C'est pour ce motif que le Jury a décerné une médaille de bronze à ces deux constructeurs.

Charrue de M. de Courcy. — Enfin, on ne peut passer

sous silence une charrue exposée par un honorable membre du Jury, M. de Courcy, et mise hors concours pour ce motif. — C'est une charrue normande très-bien construite et dont plusieurs organes ont reçu des perfectionnements. La forme du soc, à pointe allongée et à tranchant légèrement évidé, est étudiée avec soin : cette pièce est en fonte et peut facilement être remplacée.

Résumé. — En résumé, le type de la charrue Dombasle et celui des charrues anglaises à long versoir conservent sur tous les autres une incontestable supériorité. — L'industrie locale produit des instruments d'autant plus défectueux qu'ils s'éloignent davantage de ces deux types. De grandes améliorations sont possibles, espérons qu'une prochaine Exposition les verra réalisées.

HERSES.

Herses parallélogrammiques. — A la charrue succèdent la herse et le rouleau.

Les herses parallélogrammiques accouplées, exposées par M. Ed. Pellier, constituent une bonne importation dans le Département. — La théorie et la pratique s'accordent pour donner aux herses parallélogrammiques à dents inclinées une grande supériorité sur les herses triangulaires, dont les dents s'engorgent plus vite et qui, souvent, écartent les mottes à la manière d'un coin, sans les pulvériser.

ROULEAUX.

Rouleau Croskill. — Le rouleau brise-mottes avec disques en fonte, exposé par M. Bodin, est le meilleur de ceux qui ont figuré à l'Exposition. Aucune motte ne résiste au passage de ce rouleau, et la disposition des disques rend impossible tout engorgement.

Rouleau-squelette Derrien. — M. Derrien, de Chantenay, près Nantes, a exposé un rouleau-squelette, muni d'un râteau décrotteur, qui est solidement construit, et mérite de fixer l'attention.

Rouleau Letessier. — Le rouleau construit par M. Letessier se compose de deux tambours cylindriques indépendants et formés de barreaux de fer scellés sur des disques en bois. — Dans les terres argileuses, on peut craindre les engorgements, surtout par un temps humide. — Il présente l'avantage d'arracher beaucoup moins les jeunes plantes que les rouleaux de bois ordinaires, en tournant à l'extrémité d'un champ : dans ce cas, les deux tambours indépendants roulent en sens inverse : l'un recule quand l'autre avance.

SEMOIRS.

Semoirs. — Lorsque la terre a été préparée par la charrue, la herse et le rouleau, il faut l'ensemencer.

La méthode la plus répandue consiste, on le sait, à jeter à la main la semence à la surface du champ et à la recouvrir ensuite par un coup de herse.

Qu'arrive-t-il? La graine est mal distribuée : une partie reste à la surface et devient la proie des oiseaux ; une autre partie se trouve trop enterrée ou tombe dans les raies des billons, où l'humidité la fait périr. Il est même à noter que c'est dans ces parties creuses que l'action de la pesanteur tend à accumuler le plus de graine ; c'est ainsi, par exemple, que dans les champs drainés, où le labour à plat n'est pas encore substitué au labour en billons, on remarque que c'est précisément au fond des raies que le blé se lève le plus serré. Il n'est pas nécessaire, après cela, d'insister sur la haute utilité des instruments qui ont pour but de placer chaque grain de semence sur une ligne déterminée à la profondeur la plus favorable à la germination.

Leurs avantages immédiats sont une économie de semence, accompagnée d'un accroissement de produit; l'air circule plus efficacement entre les tiges également espacées, les sarclages et les binages sont rendus plus faciles et plus économiques, parce que le travail de l'homme peut être remplacé par le travail des machines.

Semoir Pouteau. — Parmi les semoirs exposés, le Jury place en première ligne l'instrument, si simple et si ingénieux à la fois, exposé par M. Pouteau, curé de Saint-Berthevin. Un problème difficile a rarement reçu une plus heureuse solution. Sans entrer dans une explication détaillée , que des figures pourraient seules rendre intelligible, il suffit de dire que la distribution de la graine est parfaite, soit qu'on sème par poquets, soit qu'on sème grain à grain. — De petits cercles en bois de cormier servent de jauge, et on en prend d'un diamètre plus ou moins grand, selon la dimension des graines à répandre.

Dans une expérience publique, le Jury a constaté qu'un certain nombre de grains se trouvent coupés par leur passage dans l'instrument : toutefois, comme la proportion ne dépasse pas 3 à 4 p. 0/0, ce n'est qu'un inconvénient relatif, que le Jury signale avec la conviction que l'esprit inventif du respectable constructeur ne tardera pas à le faire disparaître.

Le semoir fait cinq lignes à la fois et opère sur 1^m de largeur. Traîné par un cheval et guidé par un homme, il peut ensemencer un hectare en 4 ou 5 heures. Le prix est de 160 fr. — Il opère également bien dans la culture en planches et dans la culture en billons.

Semoir Bodin. — M. Bodin a exposé un semoir à brosse à trois tuyaux de distribution avec trémies indépendantes : on peut à volonté augmenter ou diminuer l'espacement des lignes. — L'instrument est simple et solide, mais la distribution ne se fait pas d'une manière uniforme.

Semoir Le Pontois. — Enfin, on peut encore citer avec éloges le semoir exposé par M. Le Pontois. — La disposition adoptée pour le jaugeage et la distribution du grain est excellente. Quatre petites glissières en fer, auxquelles un mouvement de va-et-vient est transmis par les roues, répandent par intermittences des poquets bien égaux. Un petit plan incliné sur la face de la jauge opposée à chaque glissière permet aux grains excédants de s'échapper sans être coupés. Cet ensemble est fort ingénieux : malheureusement un distributeur d'engrais pulvérulents, de construction vicieuse, complique l'appareil et ne le rend pas pratique pour le moment.

Les bonnes qualités de cet instrument méritaient cependant d'être signalées, et en décernant une mention honorable au constructeur, le Jury espère qu'il parviendra à simplifier son œuvre en l'améliorant, et en même temps à en abaisser le prix, qui est aujourd'hui de 200 fr., et paraît élevé.

Tablier-Sac. — M. Bennet, de Sainte-Colombe, a exposé un tablier-sac pour la plantation des pommes de terre, qui se compose, ainsi que le nom l'indique suffisamment, d'un tablier en forme de sac ; un tube creux recourbé forme une espèce de compas qui rend facile l'espacement uniforme de la semence.

Plantoir Le Docte. — Il reste à mentionner le plantoir Le Docte, importé par la colonie de Mettray : cet instrument répand, comme on sait, la graine en poquets, et laisse tomber, tout autour, de l'engrais pulvérulent. Le prix de 35 fr. paraît élevé.

Les semis en lignes permettent, comme il a été dit plus haut, d'employer des instruments mus par des animaux, aux sarclages et aux binages, et de faire, par conséquent, les labours superficiels avec plus de célérité et d'économie.

HOUES A CHEVAL.

Houes à cheval. — La substitution de la houe à cheval à la houe à la main a constitué pour l'agriculture, et spéciale-ment pour les cultures sarclées, un progrès important. Plu-sieurs spécimens figurent à l'Exposition.

Houe Bodin. — La houe à cheval exposée par M. Bodin, la meilleure sans contredit de l'Exposition, réalise une amé-lioration importante.

Ordinairement les mancherons sont attachés à une haie qui partage en deux parties égales l'angle formé par les longrines

qui supportent les couteaux. Cette pièce médiane est suppri-
mée en partie, et les mancherons sont placés à l'extrémité
même des longrines dont ils forment le prolongement. — Le
laboureur peut, de cette façon, régler l'écartement des couteaux
avec la plus grande facilité. — M. Bodin a remplacé en outre,
par de simples clavettes, les vis de pression qui règlent habituellement l'ouverture de la houe. Cet instrument, tout en fer,
se recommande d'ailleurs par sa solidité et son excellente exécution. Il ne fait qu'une ligne à la fois : un seul cheval le mène
facilement. Il détruit les mauvaises herbes, et ameublit le sol
entre les plantes. Il est sage de le faire suivre par un ouvrier
pour arracher les herbes qui ont crû dans les lignes. Le Jury
s'est rendu compte des bonnes qualités de cet instrument dans
une expérience faite dans un champ de pommes de terre : le
travail a été parfait.

M. Ed. Pellier a introduit dans le Département, pour sa
ferme d'Yvré-le-Pôlin, une houe du même constructeur, qui ne
diffère de la précédente que parce que les longrines et la pièce
médiane sont en bois au lieu d'être en fer.

Houe Letessier. — La houe à cheval exposée par M. Letessier constitue un bon instrument, mais qui est susceptible
d'être amélioré. La petite rouelle de devant n'est ni assez large,
ni assez haute : le décrotteur qu'elle porte ne fonctionne pas
Enfin, la forme de la haie a paru défectueuse sous le rapport
de la solidité. Cet instrument a cependant fait un bon travail,
et a paru digne d'être recommandé sous les réserves énoncées.

Houe Mahoudeau. — Pour compléter le travail de la houe
à cheval, et enlever les mauvaises herbes laissées entre les
plantes, M. Mahoudeau a imaginé un outil ingénieux composé
de trois pieds en fer supportant un cylindre creux, traversé
par une tige recourbée, munie d'une manivelle à son extrémité supérieure et d'une lame en forme de scie à son extrémité inférieure. L'ouvrier place le cylindre à l'aplomb du milieu
de la plante, et en imprimant un mouvement de rotation à la
manivelle, la lame de scie qui est entrée en terre décrit un cer-

cle autour de la plante, et lui fait subir un binage parfait, sans flétrir ou briser les feuilles ou les tiges écartées. Le poids de l'instrument ne dépasse pas 6 kilogrammes. Le prix est de 15 fr.

BUTTOIRS.

Buttoir Legris. — Parmi les charrues à biner et buttoirs, le Jury se plaît à signaler d'une manière toute particulière l'excellent instrument exposé par M. Legris. Essayé dans un champ de pommes de terre, ce buttoir a fait un travail véritablement parfait. La construction est d'ailleurs soignée et fort bonne : les ailes ou versoirs sont mobiles autour de charnières inclinées : deux arcs de cercle percés de trous, et une simple cheville, constituent un moyen très-simple de régler l'écartement. La forme des ailes est parfaitement étudiée ; sans exercer sur la terre aucune pression inutile, elles la rejettent ou la relèvent d'autant plus haut que l'ouverture est plus grande.

Buttoir Bodin. — Un buttoir exposé par M. Bodin a fonctionné d'une manière satisfaisante, et le Jury n'hésite pas à le recommander comme un très-bon instrument.

M. Ed. Pellier a importé un buttoir du même modèle.

D'autres buttoirs ont été essayés et ont paru très-inférieurs aux précédents. L'attention des constructeurs devrait se porter sur la forme des ailes ; ils devraient éviter de perdre une grande partie de la force motrice à pousser en avant et à comprimer inutilement la terre relevée.

Rappelons encore que le buttoir de M. Legris est une solution complète du problème.

MACHINES A MOISSONNER.

Machines à moissonner. — Deux constructeurs avaient demandé à exposer des machines à moissonner : l'un et l'autre ont fait défaut.

Faux. — Il ne nous reste à signaler dans cette catégorie qu'une faux exposée par M. Richard. Cet outil est très-bien emmanché : de petites vis remplacent avantageusement les clavettes habituellement en usage. Le montage et le démontage sont faciles, et la position de l'instrument se règle en quelque sorte à volonté. Ces avantages ont paru dignes d'être mentionnés, car il ne faut pas perdre de vue que la faux est un des instruments les plus importants de l'agriculture, puisque la consommation annuelle en France est de plus d'un million de faux. Le moindre perfectionnement peut donc avoir une grande portée. Toutefois, le prix élevé de la monture de M. Richard (13 f. 50 c.) est de nature à empêcher sa généralisation.

Tondeuse. — M. Pasquier a exposé une tondeuse de gazon, construite par M. Ransomes. Cet instrument est manœuvré par un homme qui n'a qu'à le pousser en avant. Un couteau héliçoïde, enroulé autour d'un cylindre, est mis en mouvement par la roue qui supporte l'appareil. Dans son mouvement de rotation, ce couteau mobile passe devant un couteau fixe et coupe le gazon avec une précision telle que l'œil ne peut discerner la moindre ondulation. C'est dans les parcs et les jardins que la tondeuse trouve naturellement sa place.

MACHINES A BATTRE.

EXPOSÉ. — Nous arrivons enfin aux machines les plus intéressantes de l'Exposition, et qui ont le plus fixé l'attention générale, tant par leur utilité pratique que par leur importance et leur nombre : nous voulons parler de la belle collection de machines à battre.

Tout le monde sait, en effet, que le battage des céréales effectué à bras d'homme est l'une des opérations les plus pénibles et les plus insalubres de la culture. Longtemps, dans le département de la Sarthe, ce travail a été fait en plein air, sur des aires contiguës aux bâtiments d'exploitation, au moyen de fléaux légers et de forme très-variée. Dans un grand nombre d'exploitations, on a été frappé de la lenteur de ce mode de battage, du travail fatigant qu'il impose, des maladies qu'il occasionne, et l'on a abandonné le fléau pour se servir de rouleaux en bois hexagones ou octogones, ou de rouleaux en pierre parfaitement cylindriques.

Ces rouleaux, traînés par des chevaux allant au trot, ont été regardés comme constituant un progrès important, parce qu'ils diminuaient d'une manière sensible la fatigue, en abrégeant considérablement le temps. Il n'est pas nécessaire de faire ressortir les inconvénients de ce procédé que l'on peut à bon droit appeler barbare, aujourd'hui que la batteuse, connue et appréciée, sépare le grain de la paille d'une manière si complète, si simple et si rapide à la fois, qu'il semble que la mécanique ait dit son dernier mot sur ce point. 25 machines ont figuré à l'Exposition. Le Jury les a toutes examinées avec la plus scrupuleuse attention. Des dessins exacts, donnant la coupe du batteur et du contre-batteur de toutes les machines, sont joints à ce rapport. Un tableau y annexé donne sous une forme synoptique tous les renseignements de nature à éclairer sur les mérites de chacune d'elles (1).

Des expériences directes ont été faites pour apprécier le degré plus ou moins parfait du battage et la conservation plus ou moins parfaite de la paille. Il est résulté de ces expériences, d'une manière générale, que, pour séparer le grain sans le briser, le batteur doit agir par percussion et non par frottement, qu'avec une égale vitesse à la surface, un batteur à petit rayon opère mieux qu'un batteur à grand rayon : que, pour la conservation de la paille, il faut raccourcir autant que possible le contre-batteur, et incliner les battes sur le rayon de manière à frapper les gerbes sous un angle plus ouvert.

Sur les 25 machines exposées, 3 étaient mues par la vapeur, 21 par bêtes de trait, 1 à bras d'homme.

Batteuses à vapeur. — Pour les petites exploitations qui n'offrent pas une somme de travail suffisante pour justifier l'achat d'une machine à manége, il semble, au premier abord,

---

(1) Ces dessins et les données consignées au tableau qui les accompagne sont dus à M. Fontenelle, jeune conducteur, et à M. Guyet, employé secondaire des Ponts et Chaussées.

que la machine à bras d'hommes répond à un véritable besoin. Cependant, en songeant que le prix d'achat de ces machines est encore assez élevé, qu'elles opèrent moins bien que les autres et que de tous les moteurs l'homme est le plus cher, on reconnaît aisément que la meilleure et la vraie solution du battage économique des petites fermes se trouve dans la création d'une industrie nouvelle, l'entreprise du battage dont le matériel, par excellence, est la machine locomobile mue par la vapeur. Cette industrie, si féconde en bons résultats, se propage avec un succès éclatant, dont l'honneur revient aux habiles constructeurs de Nantes, MM. Renaud et Lotz et Lotz aîné, qui ont allié la simplicité et la force dans la construction de leurs machines, de manière à pouvoir les confier en toute sécurité à des mains peu expérimentées dans la conduite et la direction des appareils à vapeur. Le plus bel éloge qu'il soit possible de faire, c'est de rappeler que lors du mémorable Concours de 1855, où toutes les nations ont été convoquées, le Jury a pu dire de ces batteuses à vapeur : « qu'elles sont un véritable tour de force de simplicité, de légèreté et de bon marché, comparées aux grandes batteuses anglaises, et que, chose plus remarquable encore, malgré cette simplicité, cette légèreté et ce bon marché, elles donnent un effet utile supérieur à celui de ces machines. »

Le Jury se plaît à signaler une addition importante que M. Lotz aîné a apportée à l'une de ses batteuses à vapeur. Elle est munie d'un appareil séparateur de la paille, formé d'un tablier à claire-voie qui se meut à la manière d'une toile sans fin, rejetant, par sa face supérieure, la paille en dehors de la machine, et ramenant le grain par la face inférieure devant un tarare ou ventilateur, qui opère un premier nettoyage. Cet ensemble est très-bien conçu, et fonctionne admirablement. On pourrait peut-être éviter une perte de travail, sans nuire à la marche de la machine, en imprimant une vitesse moins grande au tablier séparateur : mais c'est là un détail facile à corriger, puisqu'il suffit de changer le diamètre d'une poulie.

M. Lotz a exposé, en outre, une bonne machine à manége séparé, battant et vannant simultanément, ainsi qu'une machine à manége direct, dans laquelle le manége est placé au-dessus de la batteuse.

La spécialité de ce dernier genre de machines, c'est d'être facilement transportables, et de n'exiger aucune préparation préalable du sol pour leur installation, qui prend tout au plus 7 à 8 minutes. Une de ces machines a fonctionné à l'Exposition sur un terrain très en pente. Malgré les avantages qui viennent d'être signalés, le Jury ne pense pas que ces machines aient de l'avenir, parce que la transmission directe du mouvement occasionne des chocs plus fréquents, que les chevaux sont généralement effrayés du bruit de la machine et des secousses qui les gênent, que l'alimentation n'est pas commode, et qu'enfin la paille et le grain sont salis sous les pieds des chevaux.

Manége Pinet. — Les manéges et les batteuses ont été examinés séparément. Le meilleur de tous les manéges exposés est, sans contredit, celui de M. Pinet. Les dimensions des diverses pièces sont appropriées aux efforts qu'elles ont à subir : les dents des engrenages sont très-bien taillées : les frottements inutiles sont évités, et le graissage est partout soigneusement ménagé. Il n'y a point d'engrenage conique, et la transmission du mouvement se fait par l'intermédiaire d'une courroie que commande une poulie horizontale munie d'un encliquetage. L'élégance et la légèreté, réunies à la solidité, font de ce manége un ensemble parfait.

Manége Besnard. — Un autre manége, exposé par M. Besnard, mérite aussi d'être signalé, quoique les détails d'exécution laissent à désirer, et que notamment les dents des diverses roues et pignons ne paraissent pas avoir des dimensions en rapport avec la résistance à vaincre. C'est, du reste, une observation qui s'applique à plusieurs des manéges exposés. Dans le manége Besnard, toutes les roues se trouvent à 0 m. 50 environ en contre-haut du sol, et les brancards sont placés à une hauteur convenable pour le tirage du cheval. Trois contre-fiches en fonte assurent la rigidité du système. Comme dans le manége précédent, la transmission du mouvement se fait à l'aide d'une courroie, seulement la poulie de commande est verticale, tandisque, dans le manége de M. Pinet, elle est horizontale.

Batteuse Besnard. — Parmi les batteuses simples, c'est celle de M. Besnard qui a fixé le plus l'attention du Jury. Son batteur n'a que 0 m. 16 de rayon, et fait près de 1,300 tours à la minute. Le contre-batteur est une plaque en fonte cannelée qui se trouve au-dessus du batteur. Un appareil régulateur simple et bien conçu permet de rapprocher ou d'écarter à volonté le batteur du contre-batteur. Cette machine a moins brisé la paille que les autres, tout en donnant un battage aussi complet.

Batteuse Pinet. — Quoique le tableau et les planches joints à ce rapport donnent sur les diverses machines tous les renseignements désirables, le Jury signale encore d'une manière toute spéciale le batteur de la machine de M. Pinet, qui se remarque par sa légèreté : il pèse environ 24 kil. et se compose de six palettes en fer à bords arrondis fixés sur trois disques : celui du milieu a pour but de s'opposer à la flexion des palettes par la force centrifuge.

Machines à battre en travers. — Il reste encore à rendre compte de l'examen des machines battant en travers, c'est-à-dire des machines dans lesquelles les gerbes sont engagées sous le batteur parallèlement à leur longueur.

Trois machines de ce système ont été exposées, l'une par MM. Renaud et Lotz, la deuxième par M. Lotz aîné, et la troisième par MM. Petit et Ruer.

Machine en travers. — Renaud et Lotz. — La machine de MM. Renaud et Lotz remplit parfaitement son but. La paille est bien conservée et le battage est complet. Une expérience faite par le Jury a fait voir que la paille battue au fléau abandonnait une quantité notable de grain par son passage à travers la machine. La même paille battue au fléau et passée à la machine à battre en long a donné un résultat tout à fait analogue. Mais la paille battue à la machine en travers n'a pas abandonné un seul grain par son passage à la machine à battre en long.

La machine de MM. Renaud et Lotz est munie d'une trémie qui laisse passer le grain et qui rejette la paille.

Le batteur fait 680 tours par minute; il a 0 m. 23 de rayon, et la vitesse à la surface est de 16 m. 40.

Machine en travers. — Lotz aîné. — La batteuse en travers exposée par M. Lotz aîné est d'une construction très-soignée : le frottement de l'axe du batteur est en grande partie évité en faisant porter les tourillons sur des poulies mobiles, comme dans la machine d'Atwood. Dans une expérience faite par le Jury, la séparation du grain a été trop incomplète pour que cette machine puisse être recommandée dans un département où le battage complet a beaucoup plus d'importance que la conservation de la paille.

Le batteur fait 312 tours par minute; il a 0 m. 35 de rayon, et la vitesse à la surface n'est que de 11 m. 40.

Machine en travers. — Petit et Ruer. — Enfin la machine exposée par MM. Petit et Ruer est bien construite. Le batteur est à claire-voie et porte 12 palettes : le contre-batteur est plein, et un système de vis permet de régler sa distance au batteur. Cette machine n'a pu être essayée, mais l'analogie de ses principaux éléments avec ceux de la machine Renaud et Lotz permet de croire qu'elle fonctionne bien. Le batteur, en effet, fait 658 tours par minute; il a 0 m. 245 de rayon, et la vitesse à la surface est de 16 m. 9.

MACHINES A ÉGRENER LE TRÈFLE.

Après les machines à battre les céréales, on peut citer comme ayant une grande importance pour le département de la Sarthe les machines à égrener le trèfle.

Machine à égrener le trèfle de M. Fusellier. — Deux

moulins fort remarquables figurent à l'Exposition, construits l'un par M. Fusellier, l'autre par MM. Lebled et Brouard.

Les essais faits par le Jury ont mis en évidence la supériorité du moulin de M. Fusellier, tant pour la graine de trèfle que pour la graine de luzerne. Il est mû à volonté par un manége, une roue hydraulique ou une machine à vapeur. Une vitesse régulière est très-favorable à la perfection du travail. Le moulin proprement dit se compose d'un batteur ou cylindre en bois de 0 m. 66 de longueur sur 0 m. 50 de diamètre ; il est recouvert de lames de fer inclinées de 0 m. 13 sur l'axe, en forme d'hélices : ces lames superposées forment une série de saillies qui sont au nombre de 160. Le contre-batteur est formé aussi de lames métalliques superposées ; elles sont parallèles à l'axe, et forment des cannelures de 8 centimètres de largeur. Deux vis permettent de régler exactement et à volonté la distance du batteur et du contre-batteur.

Le débit du moulin varie avec la vitesse : pour un bon battage, la vitesse minimum doit être de 600 tours à la minute : on obtient dans ces conditions 25 kilog. à l'heure. Avec une vitesse de 900 tours à la minute, le rendement est double. Le moulin est muni d'un ventilateur et de de trémies à claire-voie opérant fort bien le nettoyage. La vitesse du ventilateur est de 300 tours à la minute. Le prix du moulin sans le manége est de 1,000 fr., il faut ajouter 500 fr. pour le manége.

Le moulin, sans manége et sans appareil nettoyeur, vaut 600 fr.

Machine à égrener de MM. Lebled et Brouard. — La machine à extraire la graine de trèfle, exposée par MM. Lebled et Brouard, se compose essentiellement de huit plateaux en fonte, réunis deux par deux sur l'arbre moteur et formant 4 râpes coniques qui se meuvent dans des boîtes ou enveloppes fixes formées de 8 coquilles réunies aussi 2 à 2, et portant intérieurement des rainures égales à celles de râpes coniques mobiles.

On obtient, pendant le mouvement régulier de la machine,

12,5 kilog. par heure et par râpe, soit 50 kilog. pour l'ensemble, avec une puissance totale de 2 chevaux vapeur. La vitesse de rotation des cônes cannelés est de 1000 tours par minute.

La machine à 4 râpes est du prix de 600 fr.

Elle porte un ventilateur qui opère un demi-nettoyage. Le ventilateur est mal placé et très-mal construit. Il est trop long et l'air n'y entre pas assez librement. Le moulin de MM. Lebled et Brouard a néanmoins réalisé un progrès considérable pour le battage de la graine de trèfle.

MOULINS A FARINE.

Bien des personnes ont été frappées des avantages que pourraient offrir de petits moulins à farine pour le service des fermes éloignées des grandes usines ou des cours d'eau. Quatre petits moulins répondant à ce besoin et pouvant être mis en mouvement soit par des manéges, soit à bras d'hommes, ont figuré à l'Exposition.

Moulin Pinet. — Le plus remarquable par son installation est celui qu'a exposé M. Pinet. C'est un moulin ordinaire avec meules de pierre. L'alimentation se fait par un petit trou qui correspond à l'œillard; la force centrifuge sert de régulateur à l'alimentation. M. Pinet s'est attaché à rendre constante la vitesse de rotation de la meule : on sait, en effet, que c'est là une condition essentielle pour la bonne confection de la farine. La transmission du mouvement se fait du manége au fer de meule par l'intermédiaire d'une poulie conique, sur laquelle la courroie est déplacée dans un sens ou dans l'autre, selon que la vitesse tend à s'accroître ou à décroître, par une fourchette qui obéit à un régulateur à force centrifuge analogue à celui des machines à vapeur. Ce régulateur, du prix de 275 fr., est disposé de manière à pouvoir transmettre l'action d'un manége sur une série d'instruments formant un beau matériel de ferme, hache-paille, tarare, concasseur, coupe-racine, moulin à farine, etc.

Moulin de M. Paturel. — Le petit moulin exposé par M. Paturel est accompagné d'une bluterie à brosse. Le mouvement est imprimé à l'aide de deux manivelles. Un homme, aidé d'une femme, peut transformer en farine 16 kilogrammes de blé à l'heure.

D'après les renseignements fournis par l'exposant, on obtiendrait, du blé, 84 p. 0/0 de farine. Le petit méteil produirait 80 p. 0/0 de farine.

Moulin de M. Van Bœckstal. — M. Van Bœckstal expose, comme collaborateur de M. Bouchon, un petit moulin à farine.

Un bâti solide supporte le moulin proprement dit, qui se compose principalement d'une meule fixe supérieure, contre laquelle vient tourner la meule inférieure. L'écartement se règle à l'aide de la meule supérieure, qu'on peut, à volonté, soulever ou abaisser à l'aide d'une vis et d'un écrou.

Le blé arrive par une trémie et descend dans l'œillard de la meule fixe où il est d'abord concassé par une noix en fonte blanche : la mouture est achevée entre la surface des meules.

La petite bluterie, qui accompagne et complète le moulin, fonctionne convenablement.

Ces petits moulins méritent d'être connus : ils n'ont pas la prétention de lutter avec les grandes usines pour la perfection de la farine, là n'est pas leur but : leur travail sera toujours comparativement grossier. Il suffit qu'ils produisent de la farine capable de former de bon pain de ménage, et ils satisfont à cette condition. Ajoutons qu'ils peuvent, en outre, servir de concasseurs pour préparer la nourriture des animaux : c'est là un avantage que tous les agriculteurs savent apprécier.

L'assimilation des matières nutritives est facilitée et rendue plus complète par le concassage, et les fumiers ne renferment plus de grains non digérés.

APPAREILS POUR LA MEUNERIE.

Système d'embrayage et de débrayage de M. Mauzaize.

Avant de quitter les moulins, nous devons insister sur les perfectionnements importants dus à M. Mauzaize, de Chartres, et spécialement applicables aux grandes minoteries.

Dans les moulins à engrenages à plusieurs paires de meules, on peut bien, à la rigueur, désengrener le pignon d'une meule pendant que le moulin fonctionne ; mais il est impossible de réengrener ce pignon sans arrêter tout le moulin, ce qui est un inconvénient assez grave, soit au point de vue de la perte du temps, soit à celui de la perfection de la mouture.

M. Mauzaize a exposé un mécanisme, inventé par lui, qui permet d'arrêter et de mettre en mouvement une paire de meules sans interrompre la marche du moteur.

Son appareil est essentiellement composé de deux cônes à friction pénétrant l'un dans l'autre.

Le premier est lié à glissement à l'arbre de la meule, le deuxième fait corps avec le pignon qui la met en mouvement. Un ressort hélicoïde soulève le cône intérieur et détermine son adhérence avec le cône enveloppant. Le mouvement du pignon se transmet alors, par leur intermédiaire, à l'arbre de la meule. Lorsqu'on veut débrayer, on abaisse le cône intérieur au moyen d'un levier à galets, et le deuxième cône tourne alors avec le pignon autour de l'arbre qui reste fixe. Pour empêcher que le frottement qui en résulte n'ait d'inconvénient, M. Mauzaize a imaginé de fixer à l'arbre une cuvette à huile annulaire dans laquelle s'engage le noyau du pignon. Par suite de la capillarité et du mouvement de rotation du pignon, les surfaces de contact avec l'arbre sont lubrifiées si parfaitement qu'elles ne présentent jamais la moindre trace d'échauffement.

Le même mécanisme a été appliqué aux boitards des meules.

La fusée de l'arbre de la meule courante se trouve ordinairement placée dans l'épaisseur de la meule dormante, et ne peut être visitée pendant le travail; son graissage est, par conséquent, fort difficile et généralement imparfait.

M. Mauzaize remédie à cet inconvénient au moyen d'une cuvette annulaire à huile, fixée à l'arbre, dans laquelle plonge la partie centrale du boitard où se trouvent les coussinets et les coins de règlement.

Anille mobile de M. Liger. — Le Jury signale, en passant, une anille mobile inventée par M. Liger, meunier à Rouez-en-Champagne.

Cette anille, qui rend possible un double mouvement de rotation, rend la meule indépendante de la tendance au déversement produit par la pression du manchon du fer de meule sur la traverse de l'anille. Elle porte, en outre, un système de vis et de glissières permettant de déplacer à volonté, et dans tous les sens, le point de suspension de la meule. Cette mobilité facilite beaucoup la pose de la meule, et permet de l'équilibrer parfaitement sans recourir aux petits poids additionnels en plomb, dont on se sert habituellement.

Nettoyage de M. Baillargeon. — Un appareil de nettoyage très-complet, exposé par M. Baillargeon, de Rennes, a été essayé sous les yeux du Comité, et a parfaitement rempli le but auquel il est destiné. L'appareil se compose de disques ou diaphragmes à petites saillies superposées, alternativement fixes et mobiles, entre lesquels le blé passe successivement. Un système de bascule, placé sous l'arbre vertical porteur des plateaux mobiles, permet de les rapprocher ou de les éloigner à volonté et de régler ainsi le nettoyage. Un ventilateur très-bien disposé complète l'appareil.

Il faut deux chevaux-vapeur pour marcher régulièrement. On obtient par heure environ 700 kilogrammes de blés purgés de tout ce qui ternit la blancheur des farines, tels que blés mouchetés, charbonnés, etc. — L'appareil enlève également la petite barbe qui se trouve à l'extrémité des grains de blé.

Les appareils nettoyeurs de M. Baillargeon sont appelés à rendre de grands services aux minoteries importantes.

TARARES ET CRIBLES.

Tarare anglais. — M. Souché. — Le tarare le plus complet et le plus parfait de l'Exposition est un instrument anglais importé par M. Souché, de La Ferté Bernard.

Le prix élevé de cet instrument peut seul être un obstacle à sa propagation.

Tarares. — Lotz aîné. — M. Lotz aîné a exposé des ventilateurs fort bien construits. On remarque notamment un tarare débourreur muni d'une claie qui sépare la paille ou les autres matières volumineuses mélangées au grain. Le tarare sans claie vaut 90 fr. ; le tarare avec claie se vend 175 fr. — L'augmentation de prix est grande, comparativement aux avantages que présente cette nouvelle disposition.

Tarare débourreur Pinet. — Le tarare débourreur exposé par M. Pinet est un bon instrument, ingénieusement disposé et d'une construction très-simple. On remarque une petite bielle suspendue par des lanières en cuir et faisant osciller le secoueur. Le nettoyage est fait aux 3/4, il faut un deuxième passage pour le compléter.

Le prix de l'instrument, qui est de 175 fr., pourra probablement être abaissé à 150 fr.

Plusieurs autres instruments du même genre n'ont rien présenté de remarquable, ni au point de vue des prix, ni au point de vue de la construction.

En résumé, nous n'avons à signaler, pour ce genre d'instruments, aucune amélioration importante : les constructeurs se préoccupent généralement beaucoup plus de diversifier les transmissions du mouvement, que de perfectionner la forme des ailes du batteur qui paraît pourtant bien imparfait.

Crible-trieur Pernollet. — Le nettoyage des grains destinés à la semence est une opération très-importante. Le cylindre-trieur de **M.** Pernollet est un instrument d'une grande simplicité et opérant convenablement le triage.

Il se compose d'un cylindre en forte tôle étamée, divisé en quatre compartiments. Le premier, celui qui reçoit directement le grain de la trémie, est percé de trous longs, attenant à de petits trous circulaires. Il laisse échapper l'ivraie , la poussière, les petites graines , et quelques grains de blé avortés.

Les trous ronds dont est percé le second compartiment donnent passage à toutes les nielles et graines rondes, telles que vescerons, péserons, etc., ainsi qu'au petit blé retrait, échaudé, impropre à la mouture. — Dans le troisième compartiment, les trous sont également ronds, mais un peu plus grands ; les gros pois qui ont franchi le second crible n'échappent pas à celui-ci, et tombent mêlés à tout le blé qui n'est pas de première qualité.

Arrivé au 4ᵉ compartiment, le blé restant rencontre des trous longs, au travers desquels il passe entièrement ; les petites pierrailles sont retenues et viennent tomber à l'extrémité du cylindre.

La principale condition pour obtenir de cet instrument tout l'effet utile et désirable, c'est de lui imprimer une vitesse qui ne dépasse pas dix tours par minute. Après la substitution de la tôle percée au fil de fer, l'un des perfectionnements les plus importants apportés au vieux crible-trieur a consisté à ralentir forcément la vitesse de rotation par l'interposition d'un petit pignon et d'une roue dentée entre la manivelle et l'axe du cylindre. Lorsque la manivelle était directe, l'ouvrier avait toujours tendance à tourner trop vite, et le nettoyage ne se faisait pas uniformément.

Ce crible-trieur est exposé par la Colonie de Mettray, et par MM. Renaud et Lotz.

Crible Bataille. — Nous devons citer également un crible-trieur exposé par M. Bataille. La disposition des trous du cylindre est un peu différente, et la manivelle agit par un petit engrenage conique. Le même constructeur expose un crible alternatif à plan incliné : la description de ce crible serait trop longue : disons que des cribles analogues employés par l'administration de la Guerre rendent de véritables services. Les principaux avantages de ce système sur les tarares consistent à ne pas exiger de moteur autre que la pesanteur, et à épurer le blé sans faire voler dans l'air la poussière qui ne tarde pas à aller salir à nouveau tout ce qui se trouve dans le grenier. Le prix de ce crible est de 180 francs.

COUPE-RACINES, HACHE-PAILLE.

Exposé. — L'utilité de ces instruments n'est plus contestée.

Tout le monde reconnaît que la paille et les racines ne sont convenablement mangées par les animaux, qu'après avoir été hachées ou coupées de diverses grosseurs.

Deux systèmes de hache-pailles se trouvent en présence : les uns coupent la paille par des couteaux fixés obliquement sur un tambour ou cylindre, les autres par des lames recourbées fixées aux rayons du volant : ces derniers sont d'une construction plus simple, sont moins sujets à la rupture, exigent moins de force et se trouvent, sous tous les rapports, supérieurs aux premiers.

Dans les deux systèmes, la paille s'avance dans une auge, sous la pression de deux cylindres cannelés ou dentelés qui se meuvent en sens contraire et la poussent par mouvements saccadés sous le tranchant des lames. Le cylindre supérieur est mobile de bas en haut, et l'écartement se règle sur la quantité de paille à débiter, sans pouvoir cependant dépasser une certaine limite.

Hache-paille de MM. Ransomes et Sims. — Le meilleur des hache-pailles qui figurent à l'Exposition est encore celui de MM. Ransomes et Sims, introduit par M. Pasquier de Saint-Calais. Un système d'encliquetage extrêmement ingénieux permet de changer à volonté et instantanément la longueur de la paille, selon qu'elle doit servir de nourriture aux bœufs ou aux moutons.

Les hache-pailles exposés par la Colonie de Mettray, par M. Bodin, M. Pinet, et M. Ed. Pellier, sont d'une bonne construction.

Coupe-racines. — Les coupe-racines, comme les hache-pailles, présentent deux dispositions bien distinctes pour les lames coupantes. Lorsque les couteaux sont fixés au volant, qui se compose d'un plateau en fonte plein, avec rainures pour le passage des couteaux, les racines sont placées sur un plan incliné derrière le plateau, et l'action de la pesanteur ramène toujours les racines sous le tranchant des lames : le mode d'alimentation laisse pourtant à désirer sous le rapport de l'uniformité : l'ouvrier est quelquefois obligé d'aider avec la main à faire avancer les racines. — Ce petit inconvénient est évité lorsqu'on emploie un cylindre tournant au fond d'une trémie à parois verticales ou très-inclinées : la construction est tout aussi simple, et le rendement en effet utile est plus considérable : il est vrai que les couteaux sont moins faciles à réparer ou à renouveler.

Coupe-racines de MM. Ransomes et Sims. — Le coupe-racines le plus remarquable, dans ce dernier système, est celui de Ransomes et Sims.

Il est à double action, c'est-à-dire que, quand on tourne la manivelle dans un sens , on débite les racines en tranches pour la nourriture du gros bétail, et que quand on tourne dans l'autre sens, on les débite en prismes allongés pour l'alimentation des moutons.

Coupe-racines de MM. Petit et Ruer. — MM. Petit et Ruer exposent un coupe-racines construit sur les mêmes principes. Nous signalons en outre, d'une manière toute spéciale, le broie-ajoncs de ces constructeurs. Il se compose d'un cylindre à lames tranchantes, disposées en forme de chevrons et tranchant l'ajonc comme le ferait un hache-paille ordinaire. L'ajonc haché tombe entre les spires de deux vis d'Archimède enroulées en sens inverse sur un même arbre : les vis compriment l'ajonc et le poussent à travers deux râpes coniques, ménagées de chaque côté où le broyage est assez complet pour que les épines de l'ajonc ne se fassent plus sentir. On obtient ainsi une nourriture très-substantielle pour les animaux, d'une plante qui pousse abondamment dans certaines localités incultes où elle est sans usage.

La résistance offerte par l'instrument est trop grande pour que deux hommes puissent le faire fonctionner régulièrement : il devrait être mû par un manége.

CONCASSEURS, LAVE-RACINES.

Des concasseurs d'avoine ont été exposés par MM. Bodin, Pinet, Petit et Ruer, la Colonie de Mettray. Ces instruments ont tous convenablement fonctionné.

Concasseur de tourteaux. — La Colonie de Mettray a exposé en outre un moulin à pulvériser le tourteau, composé de deux cylindres munis de pointes qui s'entre-croisent. Les cylindres tournent en sens inverse et brisent plus ou moins le tourteau, selon qu'on les approche ou qu'on les écarte. Le prix de 150 fr. paraît élevé. On pourrait améliorer la disposition de la bouche d'alimentation, qui paraît trop étroite, en lui donnant une ouverture en forme d'entonnoir.

Lave-racines de la Colonie de Mettray. — Signalons encore le lave-racines exposé par la Colonie de Mettray, et qui se compose d'un cylindre creux, formé par des règles en bois et suspendu avec une légère inclinaison sur un cuvier rempli d'eau. — L'axe est muni d'une manivelle qui permet d'imprimer au cylindre un mouvement de rotation. — Les racines sont introduites dans le cylindre par l'extrémité supérieure, et elles sortent par l'extrémité inférieure, qui est munie, à cet effet, d'une cuillère hélicoïde. — Cet appareil fonctionne très-bien et peut rendre de véritables services dans les exploitations importantes.

CHAUDIÈRE STANLEY.

Nous avons indiqué les avantages que présente la préparation mécanique des aliments destinés aux bêtes à l'aide des hache-pailles, coupe-racines, concasseurs, etc.; il reste un pas de plus à faire, c'est la cuisson d'une partie de ces aliments. La chaudière Stanley, exposée par M. Pellier, est destinée à remplir ce but.

Elle se compose d'un cylindre en tôle fermé par un couvercle muni d'une soupape, et porté sur deux tourillons qui rendent possible un mouvement de bascule. La vapeur arrive par l'un des tourillons qui est creux, elle passe au fond du cylindre, d'où elle se distribue dans toute la masse par une série de trous ménagés dans une plaque inférieure qui forme un double fond, et dans un tuyau cylindrique, qui s'élève verticalement au centre du cylindre.

BARATTES.

Baratte de la Colonie de Mettray. — La baratte exposée par la Colonie de Mettray se distingue par sa simplicité, sa manœuvre facile, et sa production relativement rapide.

Un cylindre plat en bois, de 0^m 60 de diamètre, porte à demeure, à l'intérieur, quatre petites palettes fixes évidées : quatre autres palettes en forme de croix peuvent être enlevées pour faciliter le nettoyage. Quand la crème est introduite, on fait tourner le cylindre autour de son axe avec une vitesse uniforme de un tour par seconde. Il faut environ 12 à 15 minutes pour produire le beurre. — Cette baratte a fonctionné sous les yeux du Jury : elle a produit du beurre d'excellente qualité.

Les petites palettes fixées à l'intérieur du cylindre présentent des inconvénients pour le nettoyage.

Baratte Mahoudeau. — A ce point de vue, une amélioration notable a été réalisée par M. Mahoudeau, qui expose une baratte construite sur le même modèle que celle de Mettray, mais dans laquelle le système des palettes intérieures peut être entièrement enlevé pour laver l'appareil.

Baratte Gouault. — Cette baratte, de forme elliptique, est munie de deux barattons qui se soulèvent et s'abaissent par saccades autour d'un axe horizontal. La transmission du mouvement laisse à désirer comme exécution. Cette baratte a fait en 15 minutes 6 kilogrammes de beurre. Elle est inférieure à la baratte de Mettray, la manœuvre est beaucoup plus fatigante.

Barattes en grès. — Nous citerons encore pour mémoire, et à cause de leur bas prix, les petites barattes en grès fabriquées à Malicorne, par M. Cador et Laumonier; elles sont d'un nettoyage facile.

Le batteur se compose d'une simple palette ovale percée de trous, et mobile autour d'un axe horizontal muni d'une manivelle.

PRODUITS AGRICOLES.

Les produits agricoles qui ont figuré à l'Exposition étaient peu nombreux.

Le Jury a remarqué principalement la collection de racines de M. Le Pellec, et les beaux blés exposés par M. Saluden. Ces produits ont été jugés dignes d'une médaille d'argent au Concours général.

M. Chauvellier a exposé une collection de semences et de plantes remarquablement bien classées.

OBJETS DIVERS.

Râteau-faucheur. — Parmi les objets divers, le Jury a remarqué un parc à moutons et un râteau faucheur destiné à recueillir la graine de trèfle, exposés par M. Dinochau.

Ruche Blésoise. — M. Houssay a exposé une ruche désignée sous le nom de ruche blésoise, d'une construction fort ingénieuse, et d'un bas prix remarquable.

Presse à huile. — MM. Michardière et Martin ont exposé

une presse à extraire l'huile, d'une grande puissance et d'une très-bonne exécution.

Machines à percer. —M. Duval a exposé de bonnes machines à percer. Il serait à désirer que l'arbre qui tient le foret, au lieu d'être maintenu par des manchons fixes en fonte, le fût par des coussinets permettant un peu de serrage, lorsque, à la longue, l'usure provoque du jeu et des ballottements.

MACHINES A TUYAUX ET OUTILS DE DRAINAGE.

La fabrication des tuyaux de drainage comprend, en général, trois opérations :

Le malaxage, pour donner à la terre le degré de plasticité convenable et le plus d'homogénéité possible ;

L'épurage, qui a pour but de faire disparaître les graviers et les petites pierres qui pourraient entraver la fabrication des tuyaux ;

Enfin l'étirage des tuyaux.

Machines de M. Brethon. — M. Brethon est parvenu à réunir, dans une même machine, des organes spéciaux pour chacune de ces trois opérations, qui se font, en général, séparément.

La terre est jetée, sans aucune préparation, dans un tonneau en fonte, au milieu duquel tourne un axe en fer armé de couteaux malaxeurs qui divisent et mélangent la terre : elle est soumise ensuite à l'action de deux hélices, fixées au même arbre tournant, qui la compriment et la font passer à travers un crible épurateur percé de petits trous coniques, dont la petite ouverture correspond à la face supérieure. Un couteau recourbé rase constamment cette face du crible, et repousse les petites pierres dans deux renflements latéraux du tonneau malaxeur, d'où on peut les enlever facilement quand on nettoie l'appareil.

La disposition conique adoptée pour les trous du crible est fort ingénieuse : il en résulte que ces trous ne peuvent jamais être obstrués, pourvu que le couteau chasse-pierre soit constamment appuyé contre la face supérieure. Des vis de rappel.

faciles à manier, permettent d'ailleurs de maintenir toujours le contact.

La terre, après avoir traversé le crible, est saisie par deux nouvelles hélices qui la compriment et la font passer à travers la filière. Deux systèmes d'ailettes, placées de chaque côté de l'appareil, arrêtent la terre et l'empêchent de participer au mouvement de rotation de l'axe et des hélices. Ces ailettes sont mises en mouvement par les hélices elles-mêmes, à la façon d'un tourne-broche. Elles agissent sur la terre d'une manière discontinue, et il en résulte, dans l'opération de l'étirage des tuyaux, des interruptions qui permettent de les couper d'aplomb.

Dans une expérience faite devant le Jury, il a été reconnu que, dans sa marche régulière, cette machine peut produire de 12.000 à 15.000 tuyaux par journée de dix heures. La puissance motrice nécessaire varie avec la nature et le degré d'humidité de la terre, mais elle peut être évaluée, en moyenne, à 3 chevaux-vapeur.

La confection des tuyaux est excellente. Pour les usines importantes, aucune autre machine connue jusqu'à ce jour ne nous paraît préférable.

M. Busson-Lagroie a introduit cette machine pour la belle usine de La Roche, à Soulitré, dont les tuyaux sont employés sur tous les points du Département.

Machine de M. Lévêque. — La machine exposée par M. Lévêque est à mouvement continu : elle fait de très-bons tuyaux avec de la terre bien épurée. Elle diffère des autres machines à cylindres lamineurs, en ce que l'un des cylindres est muni de lames circulaires, qui coupent et divisent la terre et l'empêchent de glisser sur les cylindres sans être entraînée : l'adhérence s'exerce ainsi sur une plus grande surface.

Outils de drainage. Trois collections d'outils de drainage ont figuré à l'Exposition.

Les outils fabriqués par M. Foucault, du Mans, sont bien faits et bien emmanchés. On remarque une broche à épaulements, pour la pose des drains avec manchons, portant une petite curette au talon. La curette peut servir à enlever les petites mottes qui gênent souvent la pose des tuyaux au fond des tranchées, sans que l'ouvrier soit obligé de changer d'outil, ce qui occasionne toujours une certaine perte de temps.

La Colonie de Mettray et M. Letessier ont exposé des collections d'outils d'une bonne construction courante, mais n'offrant rien de remarquable.

Quelques outils pourraient être plus solidement emmanchés.

MACHINES A VAPEUR.

Outre leurs machines à battre, à vapeur, les maisons Renaud et Lotz et Lotz aîné ont exposé chacune une machine fixe et une locomobile.

La plus remarquable de ces machines, tant par la bonne entente des principaux organes que par l'élégance de la forme et la solidité de la construction, est une locomobile de la puissance de quatre chevaux, et du prix de 4,000 fr., exposée par MM. Renaud et Lotz. Le cylindre se trouve dans l'intérieur du réservoir à vapeur. Quatre tubes de cuivre, de 10 centimètres de diamètre, opèrent un retour de flamme à travers la chaudière, de sorte que la cheminée et le foyer se trouvent du même côté : ces tuyaux peuvent être curés sans interrompre la marche de la machine. Le bas de la cheminée est entouré par un réservoir d'eau pour l'alimentation de la pompe : cette eau est chauffée à la température de 80°, par le gaz qui s'échappe par la cheminée, et met le chauffeur à l'abri du rayonnement.

Cette machine a été essayée au frein : l'expérience a duré 1 h. 1/2 ; le nombre de coups de piston a été compté de 5 minutes en 5 minutes, la machine a marché avec une grande régularité, avec une consommation de 4 kil. 40 de charbon par heure et par cheval.

La vitesse du piston a varié de 120 à 130 coups par minute; la tension de la vapeur s'est maintenue entre 4 1/2 et 5 atmosphères.

Il est bon de noter qu'à la fin de l'expérience, le foyer se trouvait alimenté de la même manière qu'au commencement.

Le Jury regrette vivement que MM. Cocu et Benoist n'aient pu installer leur belle machine à vapeur de 25 chevaux, assez à temps pour qu'il fût possible de procéder à son examen.

Néanmoins, il pense que ces Exposants, qui ont introduit dans le Département l'industrie importante de la fabrication des machines à vapeur, méritent d'être encouragés dans cette voie, et c'est pour ce motif qu'il leur a décerné une médaille de bronze.

MACHINES MUES PAR L'EAU.

Turbine Fontaine et Brault. — MM. Fontaine et Brault ont exposé une turbine de la puissance de 8 chevaux sous une chute de deux mètres. Cette turbine est construite avec une remarquable perfection.

Deux bandes de cuir ou de gutta-percha articulées s'enroulent sur deux galets coniques, et permettent de fermer un plus ou moins grand nombre des orifices d'alimentation compris entre les autres directrices ; on peut ainsi régler à volonté et d'une manière très-simple le débit de la turbine. Le mouvement des galets est commandé par un arbre vertical muni d'une petite manivelle à portée du mécanicien.

MACHINES MUES PAR LE VENT.

Moteur éostatique.— M. Pénicault a construit un moulin à vent, tournant horizontalement, qu'il désigne sous le nom de moteur éostatique.

Ce moteur est ingénieusement construit, mais il n'a paru présenter aucun avantage sur les moulins à vent ordinaires, qui tendent d'ailleurs à disparaître devant les machines à vapeur, dans les pays mêmes où leur emploi a été le plus général. Le moulin a douze ailes : quatre ailes sur douze sont constamment exposées au vent. Il pourrait, dans certains cas exceptionnels, servir à élever l'eau.

MACHINES A ÉLEVER L'EAU.

Béliers hydrauliques. — De toutes les machines à élever l'eau, la plus étonnante est, sans contredit, le bélier hydraulique, dont l'invention est due à l'illustre Montgolfier, et forme un de ses plus beaux titres de gloire. Cette machine, accueillie d'abord avec empressement, n'a pas tardé à tomber presque dans l'oubli, à cause des dérangements fréquents qu'elle subissait par suite de l'usure du clapet, qui est en quelque sorte l'âme de la machine.

La création de Montgolfier a été révivifiée entre les mains d'un honorable membre du Jury, M. Bollée. Sans nous arrêter à décrire les ingénieuses dispositions adoptées par M. Bollée, tant pour éviter l'usure du clapet, que pour simplifier la pompe à air, tout en la mettant à l'abri d'une surélévation du plan d'eau, nous en ferons comprendre toute l'importance, en disant que les béliers de ce constructeur fonctionnent d'une manière continue, depuis plusieurs années, sans avoir jamais subi de temps d'arrêt, et que le rendement en effet utile atteint et dépasse quelquefois 80 p. 0/0.

Roue à spires de M. Pinet. — M. Pinet a exposé une roue à spires héliçoïdes, très-bien construite, et qui a de l'avenir si le prix peut être abaissé.

La roue exposée est du prix de 800 fr, elle peut élever l'eau à 3 mètres de hauteur.

Elle donne facilement 1.500 litres par minute.

Cette roue a tous les avantages du tympan, sans avoir l'inconvénient d'atteindre un diamètre énorme, dès que la hauteur de l'ascension est un peu grande.

Pompe Bardet. — La pompe de M. Bardet est bien construite ; au moyen d'un piston plongeur, on a une pompe à simple effet à l'aspiration, à double effet au refoulement. La partie inférieure du piston laisse un peu à désirer ; cependant la pompe Bardet est une des meilleures de l'Exposition.

Pompe Séquard. — La pompe Séquard est bien disposée,

sa construction est soignée ; on peut seulement faire observer que les soupapes ne sont pas faciles à visiter : c'est, du reste, un défaut que les pompes présentent très-fréquemment, et auquel les constructeurs devraient chercher à remédier.

Pompes Budan. — M. Budan a exposé une pompe du prix de 1.000 fr., à quatre cylindres, donnant de 5 à 6 mètres cubes d'eau à l'heure. La pompe est mue par un manége. La transmission du mouvement du manége aux tiges des pistons se fait d'une manière très-ingénieuse, par l'intermédiaire de lames d'acier, formant ressort, et d'un axe coudé.

Une petite pompe, à deux pistons se mouvant dans un même cylindre, a paru fort intéressante.

Pompe Hervé. — M. Hervé a exposé sa pompe d'irrigation déjà fort connue dans le Département, et qui a été jugée digne d'une médaille de bronze au Concours régional.

Pompe Motheron. — Le piston de la pompe Motheron a un clapet libre, qui doit présenter l'avantage de peu s'user, mais avec lequel la pompe doit être difficile à amorcer. Le constructeur a mis un récipient d'air, mais il est si petit, que ses effets doivent être presque insignifiants. Le système de transmission de mouvement de la manivelle au piston laisse un peu à désirer.

Pompes Godivier. — La pompe à incendie de M. Godivier est bien construite et solidement établie ; une forte traverse en bois est fixée au bâti inférieur par quatre tringles en fer, et maintient le réservoir d'eau, le corps de la pompe et le réservoir d'air. La pompe est disposée de manière à recevoir un tuyau d'aspiration, qui vient prendre l'eau dans un puits ou dans un réservoir situé à une petite distance. Il est d'ailleurs facile de démonter la pompe et de visiter les clapets d'aspiration ; le prix de cette pompe est de 1.200 fr.

M. Godivier a en outre exposé une pompe ordinaire construite avec soin, mais l'appareil des pistons et des clapets est d'une complication dont les avantages ne semblent pas suffisamment justifiés.

Pompe Joniaux. — Les différentes pièces de la pompe Joniaux sont exécutées avec soin ; mais tout l'appareil du corps de la pompe et du réservoir à air n'est fixé au réservoir à eau que par la partie inférieure, au moyen de petites tringles en fer, qui pourraient se tordre ou même se briser assez facilement. La solidité de tout l'appareil laisse à désirer.

TABLEAU RELATIF AUX MACHINES A BATTRE.

(LES NUMÉROS D'ORDRE CORRESPONDENT AUX PLANCHES CLASSÉES A LA SUITE DE CE TABLEAU.)

Nos D'ORDRE.	DÉSIGNATION DE LA MACHINE.	RAYON du batteur.	LONGUEUR du batteur.	NOMBRE de palettes.	RAPPORTS DES ENGRENAGES.	NOMBRE de tours du batteur pour un tour du manège	RAYON du manège.	NOMBRE de tours du batteur par minute.	VITESSE du batteur à la surface.
	Lotz aîné.								
1	Machine à battre en long, mise en mouvement par une locomobile....................	0m.25	0m.80	5	»	»	»	1200	31m.4
	Renaud et Lotz.								
2	Machine à battre en long, mise en mouvement par une locomobile....................	0.243	0. 80	4	»	»	»	1200	30. 4
	Lotz aîné.								
3	Machine à battre en biais, mise en mouvement par une locomobile....................	0. 25	1. 05	9	»	»	»	1200	31. 4
	Lotz aîné.								
4	Machine à battre en long. Petit modèle......	0. 18	0. 55	4	$\frac{52}{20}\times\frac{20}{12}\times\frac{54}{14}\times\frac{50}{20}\times\frac{116}{16}$	303	3m.15	733	13. 8
	Lotz aîné.								
5	Machine à battre en long. Grand modèle....	0. 24	0. 62	5	$\frac{53}{8}\times\frac{54}{14}\times\frac{39}{14}\times\frac{63}{12}$	373	3. 15	902	22. 5
	Lotz aîné.								
6	Machine à battre en long, spéciale pour les bœufs....................	0. 25	0. 60	5	$1\times\frac{72}{8}\times\frac{56}{14}\times\frac{96}{12}$	288	4. 30	383	10. »

	Désignation								
7	LOTZ AÎNÉ. Machine à battre en long, pour chevaux et bœufs............................	0. 25	0. 57	7	$1 \times \frac{52}{8} \times \frac{54}{14} \times \frac{168}{11}$	382	4. 30	680	17. 8
8	LOTZ AÎNÉ. Machine à battre en long, pour chevaux et bœufs	0. 24	0. 60	6	$\frac{52}{8} \times \frac{54}{14} \times \frac{168}{11}$	382	4. 30	680	17. »
9	RENAUD ET LOTZ. Machine à battre en long. Grand modèle....	0. 23	0. 70	4	$1 \times \frac{48}{12} \times \frac{74}{12} \times \frac{160}{14}$	277	3. 10	681	16. 4
10	RENAUD ET LOTZ. Machine à battre en long. Petit modèle......	0. 23	0. 62	4	$\frac{39}{13} \times \frac{80}{12} \times \frac{160}{14}$	228	3. 10	560	13. 4
11	PINET. Machine à battre en long.................	0. 245	0. 70	6	$\frac{75}{13} \times \frac{208}{22} \times \frac{80}{32} \times \frac{57}{20}$	388	3. 10	954	24. 5
12	BESNARD. Machine à battre en long.................	0. 16	0. 50	6	$\frac{80}{14} \times \frac{88}{15} \times \frac{32}{15} \times \frac{65}{10}$	465	2. 75	1292	21. 6
13	BODIN. Machine à battre en long.................	0. 25	0. 62	4	$\frac{48}{12} \times \frac{107}{24} \times \frac{192}{12}$	285	3. 25	667	17. 4
14	BODIN. Machine à battre en long...............	0. 21	0. 50	5	$\frac{48}{12} \times \frac{50}{10} \times \frac{160}{10}$	320	3. 10	787	17. 3
15	PINEAU. Machine à battre en long..	0. 24	0. 62	6	$\frac{42}{14} \times \frac{24}{13} \times \frac{174}{12}$	315	3. 45	696	17. 6
16	PASSEDOIT. Machine à battre en long.................	0. 21	0. 58	5	$\frac{50}{10} \times \frac{85}{14} \times \frac{64}{10} \times \frac{16}{16}$	350	2. 68	997	21. 9

Nos D'ORDRE.	DÉSIGNATION DE LA MACHINE.	RAYON du batteur.	LONGUEUR du batteur.	NOMBRE de palettes.	RAPPORTS DES ENGRENAGES.	NOMBRE de tours du batteur pour un tour du manège	RAYON du manége.	NOMBRE de tours du batteur par minute.	VITESSE du batteur à la surface.
	CARREAU.								
17	Machine à battre en long..............	0ᵐ.23	0ᵐ.57	5	$\frac{12}{9}\times\frac{60}{44}\times\frac{30}{10}\times\frac{5}{20}\times[illegible]$	248	2ᵐ.95	642	15ᵐ.4
	PETIT ET RUER.								
18	Machine à battre en long..............	0. 23	0. 46	6	$\frac{15}{13}\times\frac{120}{25}\times[illegible]\times[illegible]\times[illegible]$	285	3. 30	658	16. 9
	COLONIE AGRICOLE DE METTRAY.								
19	Machine à battre en long	0. 28	0. 58	8	$\frac{60}{12}\times\frac{99}{11}\times\frac{82}{16.5}$	187	3. 00	475	13. 9
	CHANTEPIE-LÉGER.								
20	Machine à battre en long..............	0. 24	0. 60	6	$\frac{50}{9}\times\frac{120}{33}\times\frac{33}{17}\times\frac{60}{20}\times\frac{57}{17}$	394	3. 60	835	20. 9
	USINE DE SAINT-YVES.								
21	Machine à battre en long..............	0. 24	0. 56	4	$\frac{192}{11}$	13.7	0. 38	411	10. 3
	LOTZ AÎNÉ.								
22	Machine à battre en travers..............	0. 35	1. 50	16	$1\times\frac{53}{8}\times\frac{27}{7}\times\frac{39}{44}\times\frac{62}{33}$	133	3. 25	312	11. 4
	RENAUD ET LOTZ.								
23	Machine à battre en travers. Grand modèle..	0. 23	1. 34	4	$1\times\frac{48}{12}\times\frac{74}{12}\times\frac{160}{44}$	277	3. 10	681	16. 4
	PETIT ET RUER.								
24	Machine à battre en travers..............	0.245	1. 60	12	$\frac{75}{15}\times\frac{120}{25}\times\frac{2}{26}\times\frac{54}{28}\times\frac{58}{28}$	285	3. 30	658	16. 9

N⁰ 1. — Lotz aîné. — Machine à battre en long.

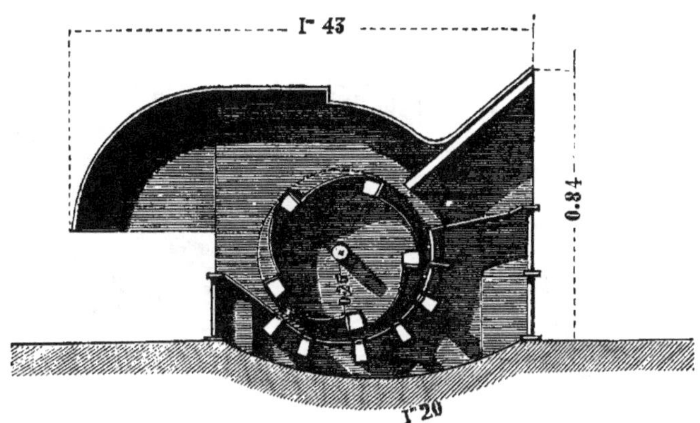

Rayon du batteur	$0^m.25$
Longueur du batteur	0. 80
Nombre de palettes	5
Nombre de tours du batteur par minute	1200
Vitesse du batteur à la surface	$31^m.40$

OBSERVATIONS.

Le batteur et le contre-batteur sont fixes; espacés de 0^m 011 à l'entrée, et de 0^m 012 à la sortie. — Le batteur, qui est recouvert entièrement de tôle, est creux. Le contre-batteur est à claire-voie.

Cette machine est mue par une locomobile.

N° 2. — Renaud et Lotz. — Machine à battre en long.

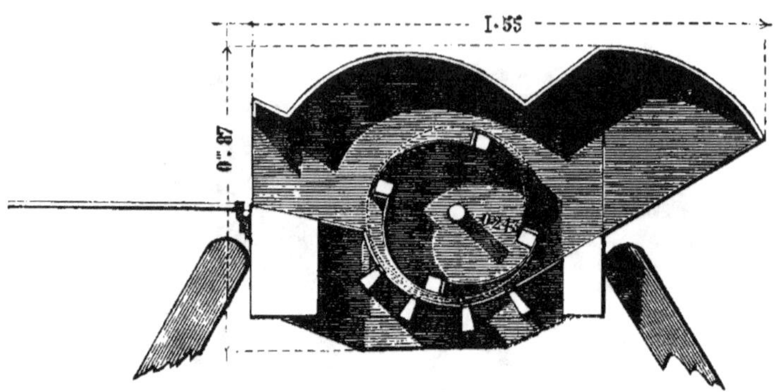

Rayon du batteur.. . . . . 0m.243

Longueur du batteur. 0. 80

Nombre de palettes. 4

Nombre de tours du batteur par minute. 1200

Vitesse du batteur à la surface. . . . . ˙. 30m.4

OBSERVATIONS.

Le batteur et le contre-batteur sont fixes; espacés de 0m 005 à l'entrée, de 0m 01 au milieu et de 0m 02 à la sortie. — Le batteur, qui est entièrement recouvert de tôle, est creux. Le contre-batteur est à claire-voie.

Cette machine est mue par une locomobile.

N° 3. — Lotz aîné. — Machine à battre en biais.

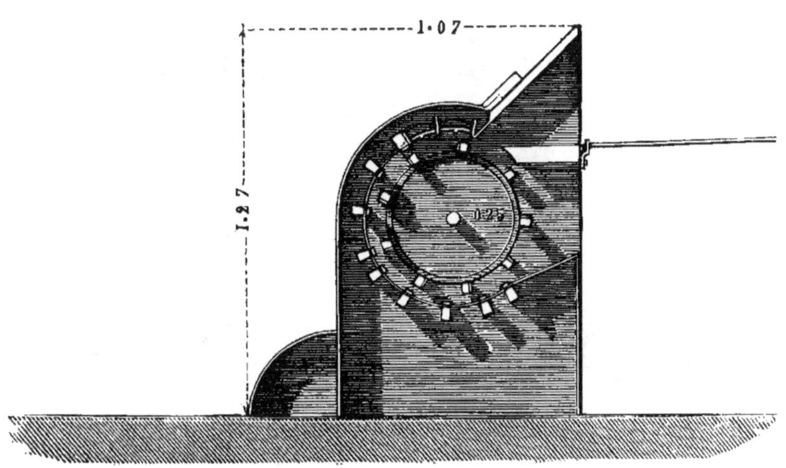

Rayon du batteur.................................. 0^m.25

Longueur du batteur............................... 1. 05

Nombre de palettes................................ 9

Nombre de tours du batteur par minute............. 1200

Vitesse du batteur à la surface.................. 31^m.4

OBSERVATIONS.

Le batteur et le contre-batteur sont fixes; espacés de 0^m 018 à l'entrée, de 0^m 015 au milieu et de 0^m 018 à la sortie. — Le batteur est à claire-voie ainsi que le contre-batteur.

Cette machine est mue par une locomobile.

N⁰ 4. — Lotz aîné. — Machine à battre en long. (Petit modèle.)

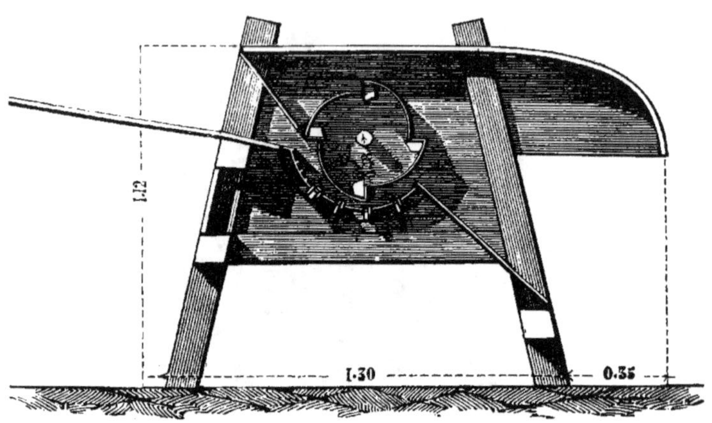

Rayon du batteur... 0^m.18

Longueur du batteur.. 0. 55

Nombre de palettes... 4

Rapports des engrenages $\frac{52}{20} \times \frac{70}{12} \times \frac{51}{11} \times \frac{50}{20} \times \frac{116}{16}$

Nombre de tours du batteur pour un tour de manége............. 303

Rayon du manége... 3^m.15

Nombre de tours du batteur par minute........................ 733

Vitesse du batteur à la surface............................... 13^m.8

OBSERVATIONS.

Le batteur et le contre-batteur sont fixes; espacés de 012 à l'entrée, de 0^m 01 au milieu et de 0^m 015 à la sortie. Le contre-batteur est à claire-voie. Le batteur, recouvert entièrement de tôle, est creux. La transmission de mouvement du manége à la machine se fait au moyen d'un arbre en fer placé à la hauteur du sol.

Nº 5. — Lotz aîné. — Machine à battre en long.

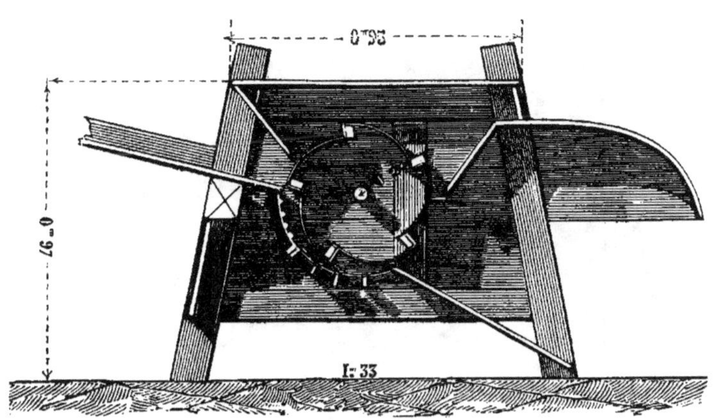

Rayon du batteur... $0^\mathrm{m}.24$

Longueur du batteur....................................... 0. 62

Nombre de palettes.......... 5

Rapports des engrenages $\frac{53}{8} \times \frac{11}{14} \times \frac{39}{11} \times \frac{63}{12}$

Nombre de tours du batteur pour un tour du manége............. 273

Rayon du manége..................................... $3^\mathrm{m}.15$

Nombre de tours du batteur par minute.................... 902

Vitesse du batteur à la surface,............................. $22^\mathrm{m}.5$

OBSERVATIONS.

Le batteur et le contre-batteur sont fixes; espacés de 0^m 015 à l'entrée, de 0^m 01 au milieu et de 0^m 015 à la sortie. — Le contre-batteur est à claire-voie. — Le batteur, recouvert entièrement de tôle, est creux. — La transmission de mouvement du manége à la machine se fait au moyen d'un arbre en fer placé à la hauteur du sol.

Nº 6. — Lotz aîné. — Machine à battre en long.

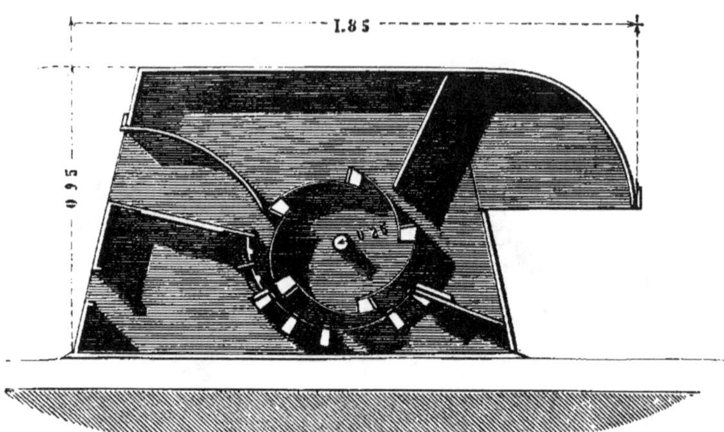

Rayon du batteur.. 0ᵐ,25

Longueur du batteur.. 0. 60

Nombre de palettes... 5

Rapports des engrenages $1 \times \frac{72}{8} \times \frac{56}{14} \times \frac{99}{33} = 1 \times 9 \times 4 \times 3.$

Nombre de tours du batteur pour un tour du manége............. 288

Rayon du manége... 4ᵐ,30

Nombre de tours du batteur par minute......................... 383

Vitesse du batteur à la surface............................... 10ᵐ. 0

OBSERVATIONS.

Le batteur et le contre-batteur sont fixes ; espacés de 0ᵐ 007 à l'entrée, et de 0ᵐ 015 à la sortie. — Le batteur, entièrement recouvert de tôle, est creux. — Le contre-batteur est à claire-voie. — Le manége est fixé au-dessus du batteur.

N° 7. — Lotz aîné. — Machine à battre en long.

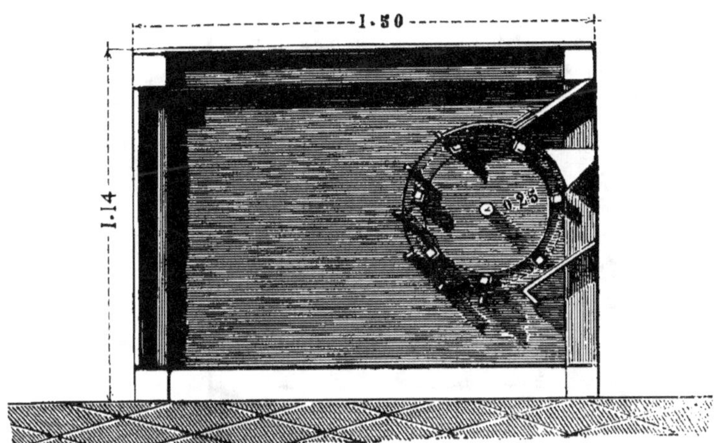

Rayon du batteur.. 0^m.25

Longueur du batteur.. 0. 57

Nombre de palettes... 7

Rapports des engrenages $1 \times \frac{52}{8} \times \frac{54}{14} \times \frac{168}{11}$

Nombre de tours du batteur pour un tour du manége.............. 382

Rayon du manége.. 4^m.30

Nombre de tours du batteur par minute.......................... 680

Vitesse du batteur à la surface................................ 47^m.8

OBSERVATIONS.

Le batteur et le contre-batteur sont fixes; espacés de 0^m 010 à l'entrée et de 0^m 012 à la sortie. — Le batteur et le contre-batteur sont à claire-voie. — Le bras du manége est fixé au-dessus du batteur.

———

N⁰ 8. — Lotz aîné. — Machine à battre en long.

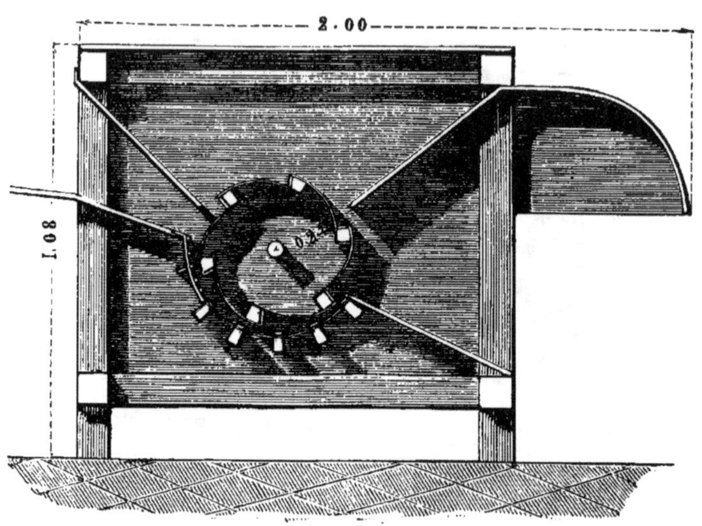

Rayon du batteur... 0^m.24
Longueur du batteur....................................... 0. 60
Nombre de palettes.. 8
Rapports des engrenages $\frac{52}{8} \times \frac{54}{11} \times \frac{168}{11}$
Nombre de tours du batteur pour un tour du manége........... 382
Rayon du manége... 4^m.30
Nombre de tours du batteur par minute...................... 680
Vitesse du batteur à la surface............................ 17^m.0

OBSERVATIONS.

Le batteur et le contre-batteur sont fixes; espacés de 0^m 010 à l'entrée et de 0^m 012 à la sortie. — Le batteur, entièrement recouvert en tôle, est creux. — Le contre-batteur est à claire-voie. — Le manége est fixé au-dessus du batteur.

Nº 9. — Renaud et Lotz. — Machine à battre en long. (Grand modèle.)

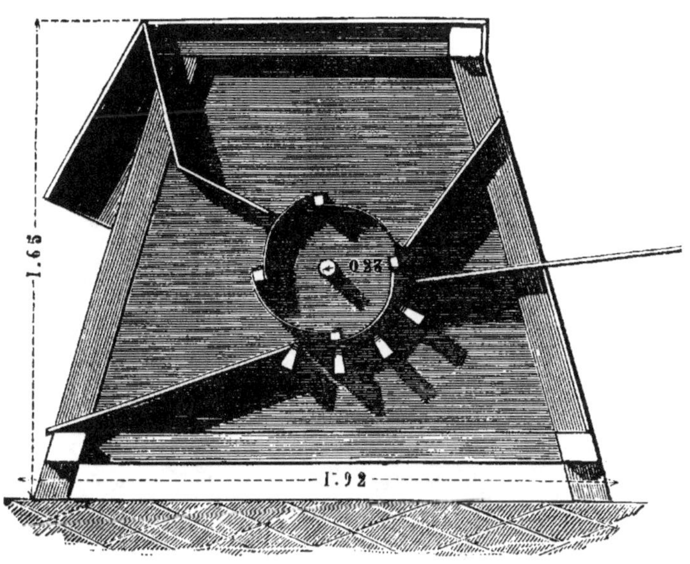

Rayon du batteur... $0^m.23$
Longueur du batteur.. 0. 70
Nombre de palettes. 4
Rapports des engrenages $1 \times \frac{48}{12} \times \frac{74}{12} \times \frac{160}{14}$
Nombre de tours du batteur pour un tour du manége............ 277
Rayon du manége... $3^m.10$
Nombre de tours du batteur par minute....................... 681
Vitesse du batteur à la surface.............................. $16^m.4$

OBSERVATIONS.

Le batteur et le contre-batteur sont fixes; espacés de 0^m 007 à l'entrée et de 0^m 014 à la sortie. — Le batteur, entièrement recouvert en tôle, est creux. — Le contre-batteur est à claire-voie. — La transmission de mouvement du manége à la machine se fait à l'aide d'un arbre en fer placé à 2^m du sol.

Nº 10. — Renaud et Lotz. — Machine à battre en long. (Petit modèle.)

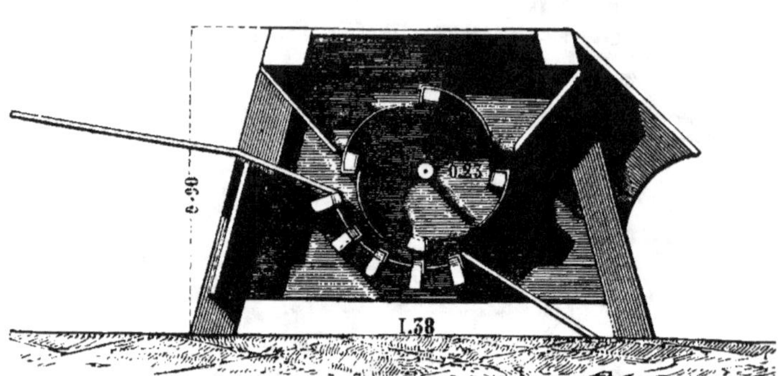

Rayon du batteur. 0m.23

Longueur du batteur.. 0. 62

Nombre de palettes... 4

Rapports des engrenages $\frac{39}{13} \times \frac{80}{12} \times \frac{160}{14}$

Nombre de tours du batteur pour un tour du manége............ 228

Rayon du manége.. 3m.10

Nombre de tours du batteur par minute......................... 560

Vitesse du batteur à la surface................................ 13m.4

OBSERVATIONS.

Le batteur et le contre-batteur sont fixes; espacés de 0m 007 à l'entrée et de 0m 014 à la sortie. — Le batteur, entièrement recouvert de tôle est creux. — Le contre-batteur est à claire-voie. — La transmission de mouvement du manége à la machine se fait à l'aide d'un arbre en fer placé à 2m du sol.

Nᵒ 11. — Pinet. — Machine à battre en long.

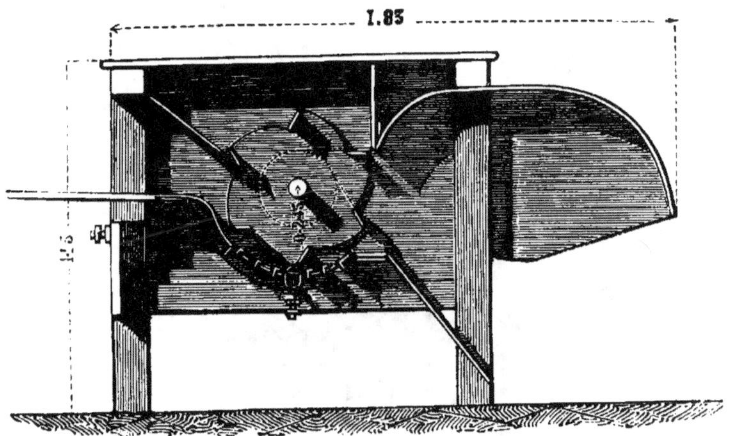

Rayon du batteur.. 0ᵐ.245

Longueur du batteur... 0. 70

Nombre de palettes.. 6

Rapports des engrenages $\frac{75}{13} \times \frac{208}{22} \times \frac{80}{32} \times \frac{67}{20}$

Nombre de tours du batteur pour un tour du manége............ 388

Rayon du manége... 3ᵐ.10

Nombre de tours du batteur par minute....................... 954

Vitesse du batteur à la surface................................ 24ᵐ.5

OBSERVATIONS.

Le batteur est fixe. — Le contre-batteur peut être baissé ou haussé à l'aide de deux vis, l'une agissant à l'entrée et horizontalement, et l'autre agissant sous le milieu et verticalement. — Le batteur et le contre-batteur sont à claire-voie. — La transmission de mouvement du manége à la machine se fait au moyen de courroies.

Nº 12. — Besnard. — Machine à battre en long.

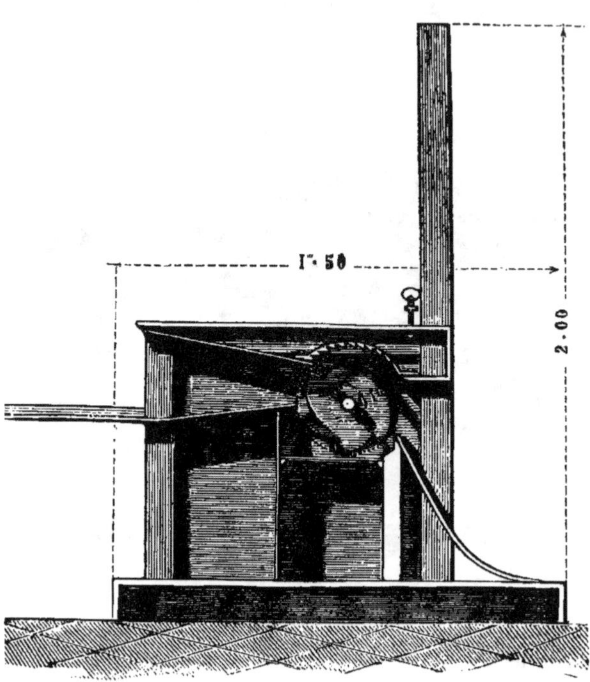

Rayon du batteur...	0^m.16

Rayon du batteur... 0^m.16
Longueur du batteur... 0. 50

$$\text{Rapports des engrenages } \frac{80}{14} \times \frac{88}{15} \times \frac{32}{15} \times \frac{65}{10}$$

Nombre de tours du batteur pour un tour du manége............ 465
Rayon du manége.. 2^m.75
Nombre de tours du batteur par minute......................... 1292
Vitesse du batteur à la surface................................. 21^m.6

OBSERVATIONS.

Le batteur est fixe. — Le contre-batteur, placé au-dessus du batteur, est mobile. — Il se meut au moyen d'une vis de rappel, dont l'écrou est fixe.— Le mouvement est un mouvement de rotation autour d'un axe horizontal placé à 0^m 70 en avant de l'axe du batteur. — Dans la position normale, le contre-batteur et le batteur sont espacés de 0^m 010 à l'entrée et de 0^m 012 à la sortie. — La transmission de mouvement du manége à la machine se fait au moyen d'une courroie placée à 2^m du sol. — Batteur à claire-voie. — Contre-batteur plein.

Nº 13. — Bodiu. — Machine à battre en long.

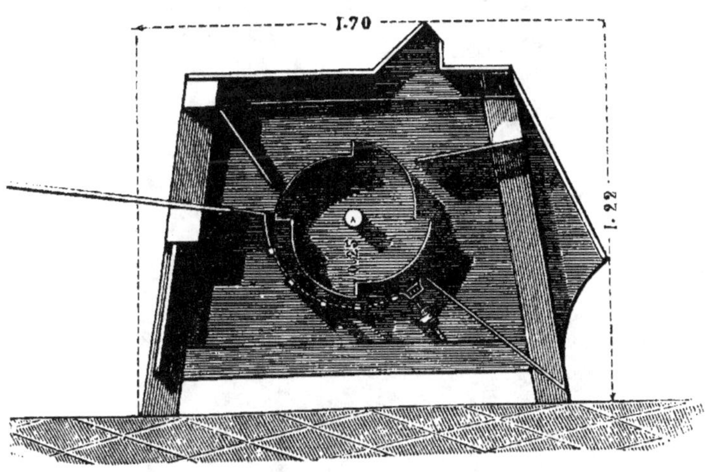

Rayon du batteur... 0^m.25
Longueur du batteur.. 0. 62
Nombre de palettes.. 4
Rapports des engrenages $\frac{48}{12} \times \frac{105}{24} \times \frac{192}{12}$
Nombre de tours du batteur pour un tour du manége.............. 285
Rayon du manége.. 3^m.25
Nombre de tours du batteur par minute.......................... 667
Vitesse du batteur à la surface................................ 17^m.4

OBSERVATIONS.

Le batteur est fixe. — Le contre-batteur peut descendre ou monter à l'aide de deux vis de rappel placées de chaque côté à la sortie, de telle sorte que, dans le mouvement, le contre-batteur reste fixe à l'entrée. — La barre d'entrée sert, pour ainsi dire, d'axe de rotation. — Le batteur et le contre-batteur sont espacés de 0^m 010 à l'entrée. — Le batteur, recouvert entièrement de tôle, est creux. — Le contre-batteur est à claire-voie. — La transmission de mouvement du manége à la machine se fait à l'aide d'un arbre en fonte placé à 2^m du sol.

Nº 14. — Bodin. — Machine à battre en long.

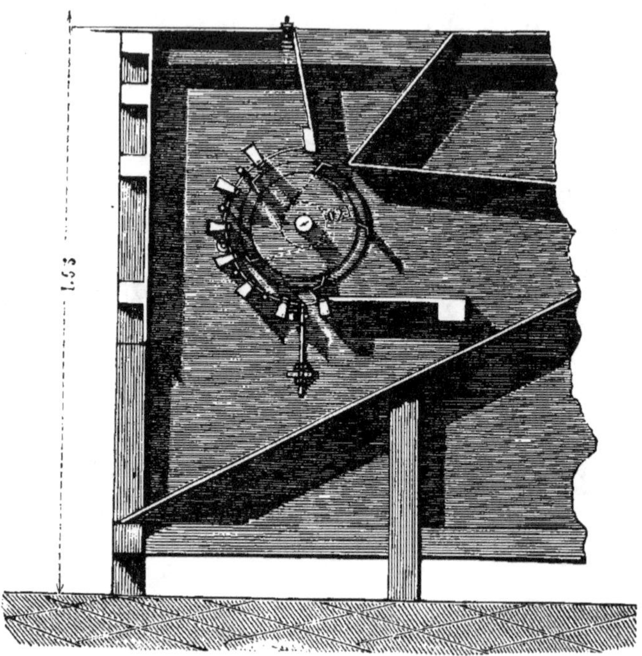

Rayon du batteur.. 0m.21
Longueur du batteur.. 0. 50
Nombre de palettes... 5
Rapports des engrenages $\frac{48}{12} \times \frac{50}{10} \times \frac{160}{10}$
Nombre de tours du batteur pour un tour du manége............. 320
Rayon du manége... 3m.10
Nombre de tours du batteur par minute........................ 787
Vitesse du batteur à la surface................................... 17m.3

OBSERVATIONS.

Le batteur est fixe. — Le contre-batteur peut s'abaisser ou s'élever à
l'aide de trois vis placées au bout et au milieu. — Le batteur est à claire-
voie, ainsi que le contre-batteur.— La transmission du mouvement se fait
au moyen d'un arbre en fer placé à la hauteur du sol.

Nº 15. — Pineau, de Laval. — Machine à battre en long.

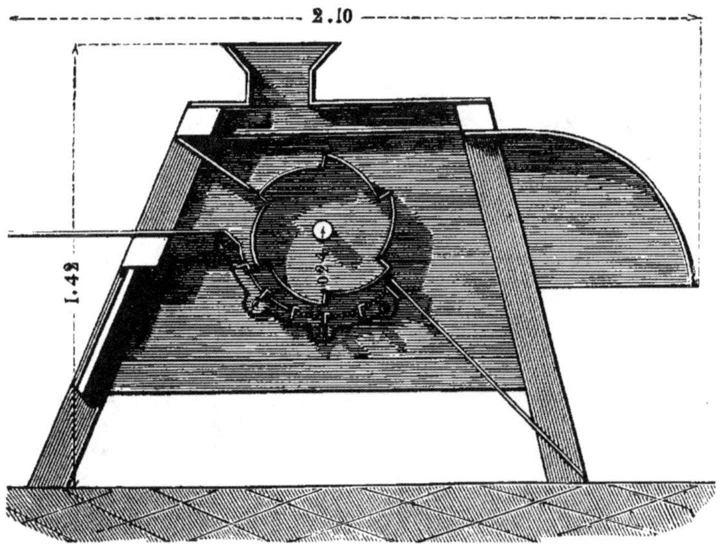

Rayon du batteur...	0m.24
Longueur du batteur..	0. 62
Nombre de palettes...	6
Rapports des engrenages $\frac{42}{14} \times \frac{24}{13} \times \frac{174}{12}$	
Nombre de tours du batteur pour un tour du manége.............	315
Rayon du manége..	3m.45
Nombre de tours du batteur par minute........................	696
Vitesse du batteur à la surface..............................	17m.6

OBSERVATIONS.

Le batteur est fixe. — Les trous dans lesquels passent les boulons ser-vant à fixer le contre-batteur sont allongés de telle sorte que, les boulons restant fixes, on peut faire monter ou descendre le contre-batteur.—Il y a 0m 03 de course. — Le batteur, entièrement recouvert de tôle, est creux. — Le contre-batteur est à claire-voie. — La transmission de mouvement du manége à la machine se fait au moyen d'un arbre en fer placé à 2m du sol.

N° 16. — B. Passedoit. — Machine à battre en long.

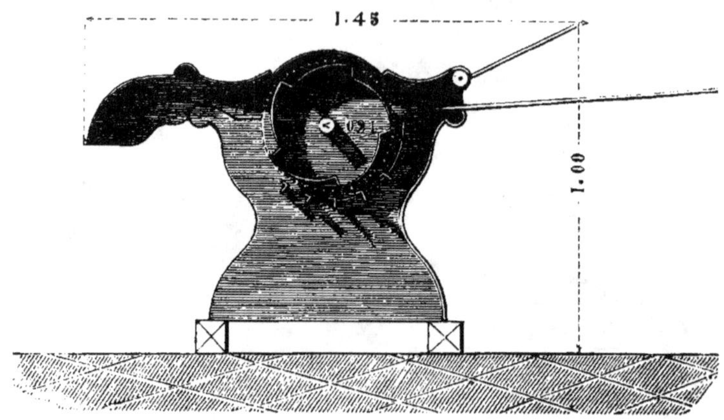

Rayon du batteur. 0m.21

Longueur du batteur............ .... 0. 58

Nombre de palettes... 5

Rapports des engrenages $\frac{50}{10} \times \frac{85}{11} \times \frac{64}{16} \times \frac{46}{16}$

Nombre de tours du batteur pour un tour du manége............. 350

Rayon du manége.. 2m.68

Nombre de tours du batteur par minute....................... 997

Vitesse du batteur à la surface................................. 21m.9

OBSERVATIONS.

Le batteur et le contre-batteur sont fixes, concentriques et espacés de 0m 01. — Le batteur, qui est recouvert de tôle, est creux. — Le contre-batteur est à claire-voie. — La transmission du mouvement du manége à la machine se fait au moyen d'un arbre en fer placé à la hauteur du sol.

N° 17. — Carreau. — Machine à battre en long.

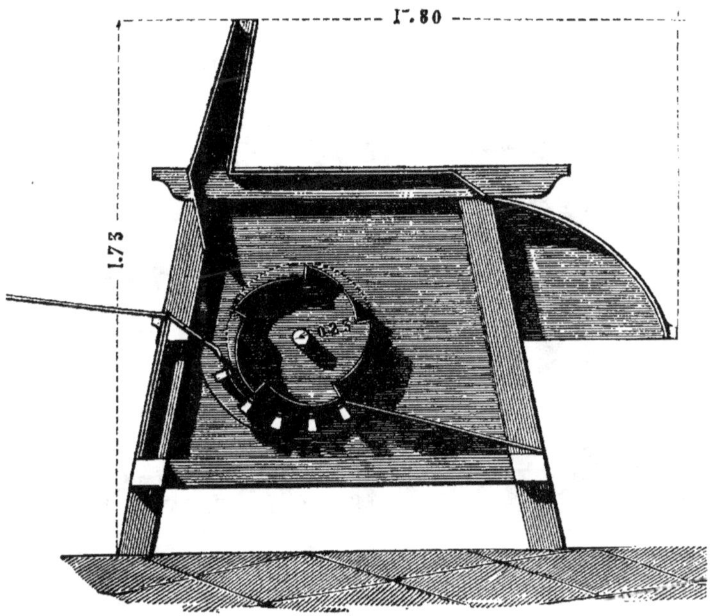

Rayon du batteur......... .... 0^m.23

Longueur du batteur... 0. 57

Nombre de palettes.. 5

Rapports des engrenages $\frac{42}{9} \times \frac{60}{11} \times \frac{50}{10} \times \frac{53}{29} \times \frac{32}{30}$

Nombre de tours du batteur pour un tour du manége.............. 248

Rayon du manége.. 2^m.95

Nombre de tours du batteur par minute........................ 642

Vitesse du batteur à la surface................................. 15^m.4

OBSERVATIONS.

Le batteur et le contre-batteur sont fixes, espacés de 0^m 01 à l'entrée et de 0^m 005 à la sortie. — Le batteur, qui est recouvert entièrement de tôle, est creux. — Le contre-batteur est à claire-voie. — La transmission du mouvement du manége à la machine se fait au moyen d'un arbre en fer placé à la hauteur du sol.

Nº 18. — Petit et Ruer. — Machine à battre en long.

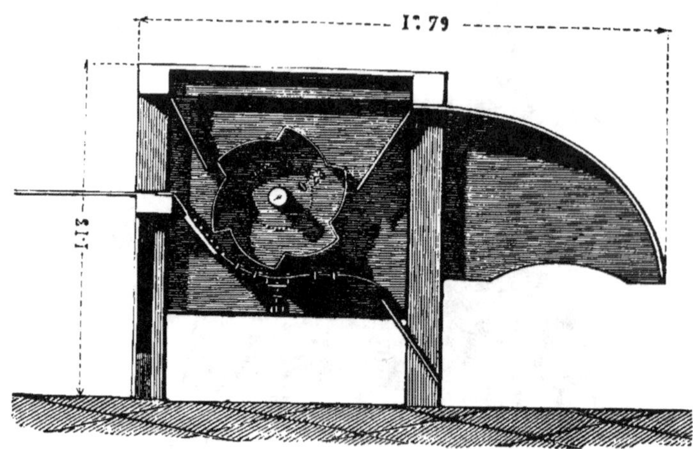

Rayon du batteur... 0ᵐ.23

Longueur du batteur.. 0. 46

Nombre de palettes.. 6

Rapports des engrenages $\frac{75}{15} \times \frac{120}{25} \times \frac{72}{26} \times \frac{58}{28} \times \frac{58}{28}$

Nombre de tours du batteur pour un tour du manége............ 285

Rayon du manége.. 3ᵐ.30

Nombre de tours du batteur par minute.......................... 658

Vitesse du batteur à la surface................................. 16ᵐ.9

OBSERVATIONS.

Le batteur est fixe. — Le contre-batteur peut, à l'aide de deux vis placées vers le milieu, prendre un mouvement de rotation autour de la traverse d'entrée. — Le batteur et le contre-batteur sont à claire-voie. — La transmission du mouvement du manége à la machine se fait à l'aide d'un arbre placé à la hauteur du sol.

Nº 19. — Colonie agricole de Mettray. — Machine à battre en long.

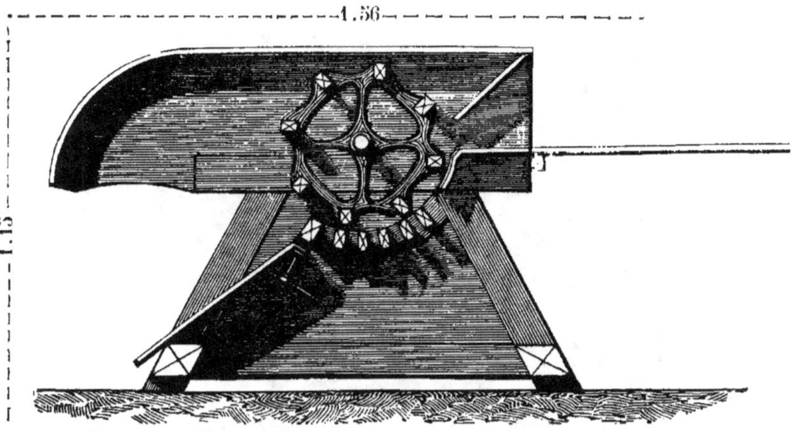

Rayon du batteur... 0m.28
Longueur du batteur... 0. 58
Nombre de palettes.. 8
Rapports des engrenages $\frac{60}{12} \times \frac{??}{14} \times \frac{82}{16.5}$
Nombre de tours du batteur pour un tour du manége.............. 187
Rayon du manége... 3m.0
Nombre de tours du batteur par minute........................ 475
Vitesse du batteur à la surface.............................. 13m.9

OBSERVATIONS.

Le batteur est fixe. — Le contre-batteur peut, à l'aide de deux vis agissant sur la dernière traverse, prendre un mouvement de rotation autour de la première traverse, de telle sorte que la distance du batteur au contre-batteur peut varier, à la sortie, depuis 0 jusqu'à 0m 02. — Le batteur et le contre-batteur sont à claire-voie et espacés, à leur entrée, de 0m 01. — La transmission du mouvement du manége à la machine se fait à l'aide d'un arbre en fer placé à la hauteur du sol.

N° 20. — Chantepie-Leger. — Machine à battre en long.

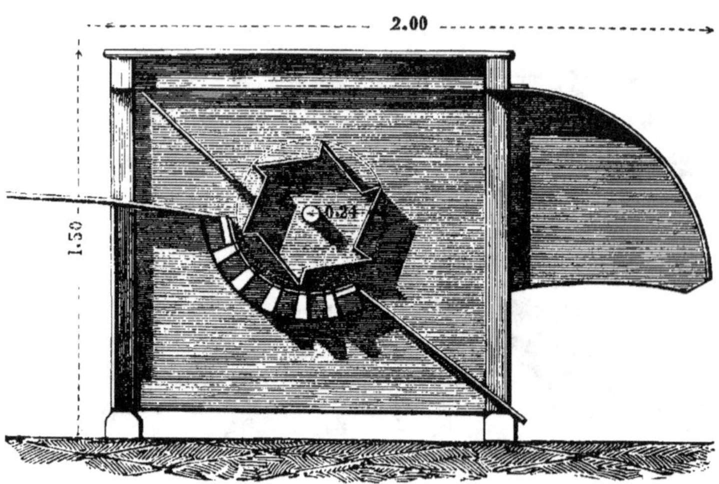

Rayon du batteur... 0ᵐ.24

Longueur du batteur... 0. 60

Nombre de palettes.. 6

Rapports des engrenages $\frac{50}{9} \times \frac{120}{33} \times \frac{33}{17} \times \frac{60}{20} \times \frac{57}{17}$

Nombre de tours du batteur pour un tour du manége............. 394

Rayon du manége.. 3ᵐ.60

Nombre de tours du batteur par minute........................ 835

Vitesse du batteur à la surface.............................. 20ᵐ.9

OBSERVATIONS.

Le batteur et le contre-batteur sont fixes, espacés de 0ᵐ 010 à l'entrée et de 0ᵐ 02 à la sortie. — Le batteur, entièrement recouvert de tôle, est creux. — La transmission du mouvement du manége à la machine se fait au moyen d'une chaine placée à 2ᵐ du sol.

N⁰ 21. — Usine de Saint-Yves. — Machines à battre en long.

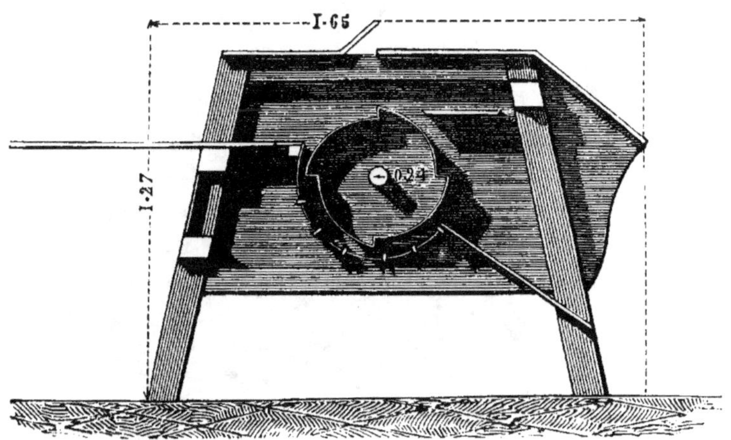

Rayon du batteur... 0ᵐ.24

Longueur du batteur... 0. 56

Nombre de palettes.. 4

Rapports des engrenages $\frac{192}{14}$

Nombre de tours du batteur pour un tour du manége............. 13. 7

Rayon du manége... 0ᵐ,38

Nombre de tours du batteur par minute......................... 411

Vitesse du batteur à la surface............................... 10ᵐ.3

OBSERVATIONS.

Le batteur et le contre-batteur sont fixes et espacés de 0ᵐ 031 à l'entrée, 0ᵐ 025 au milieu et de 0ᵐ 03 à la sortie. — Le batteur, entièrement recouvert de tôle, est creux. — Le contre-batteur est à claire-voie. — Cette machine est disposée pour être manœuvrée par deux hommes.

N° 22. — Lotz fils aîné. — Machine à battre en long.

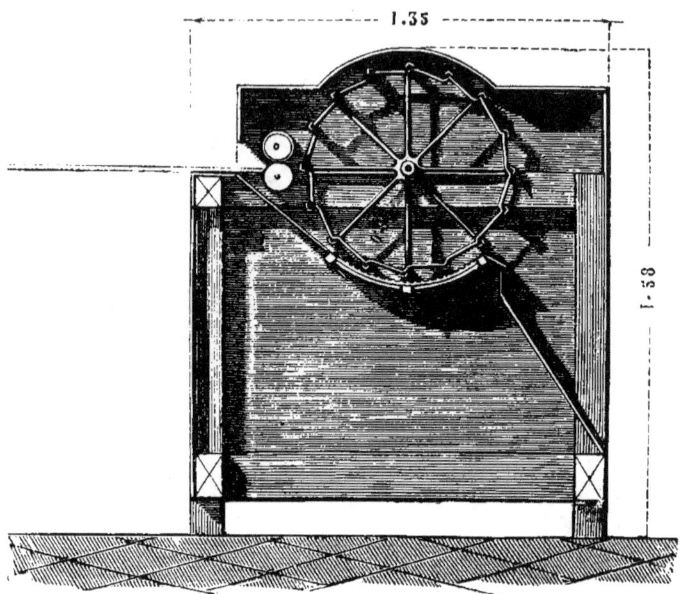

Rayon du batteur.. 0ᵐ.35
Longueur du batteur.. 1. 50
Nombre de palettes... 16
Rapports des engrenages $1 \times \frac{53}{4} \times \frac{27}{7} \times \frac{39}{14} \times \frac{62}{33}$
Nombre de tours du batteur pour un tour du manége............. 133
Rayon du manége.. 3ᵐ.25
Nombre de tours du batteur par minute....................... 312
Vitesse du batteur à la surface............................. 11ᵐ.4

OBSERVATIONS.

Le batteur est mobile. — Il se soulève lorsqu'il se trouve soumis à une grande pression agissant de bas en haut. — Un fort ressort à bondir tend sans cesse à lui faire reprendre sa position normale. — Le contre-batteur est fixe. — Le batteur et le contre-batteur sont espacés de 0ᵐ 005 dans la position normale. — La transmission de vitesse du manége à la machine se fait au moyen d'un arbre en fer à la hauteur de terre. — Le batteur est à claire-voie. — Le contre-batteur est plein. — Les deux cylindres régulateurs de l'alimentation sont fixes et distants de 0ᵐ 005.

N° 23. — **Renaud et Lotz.** — **Machine à battre en travers.**

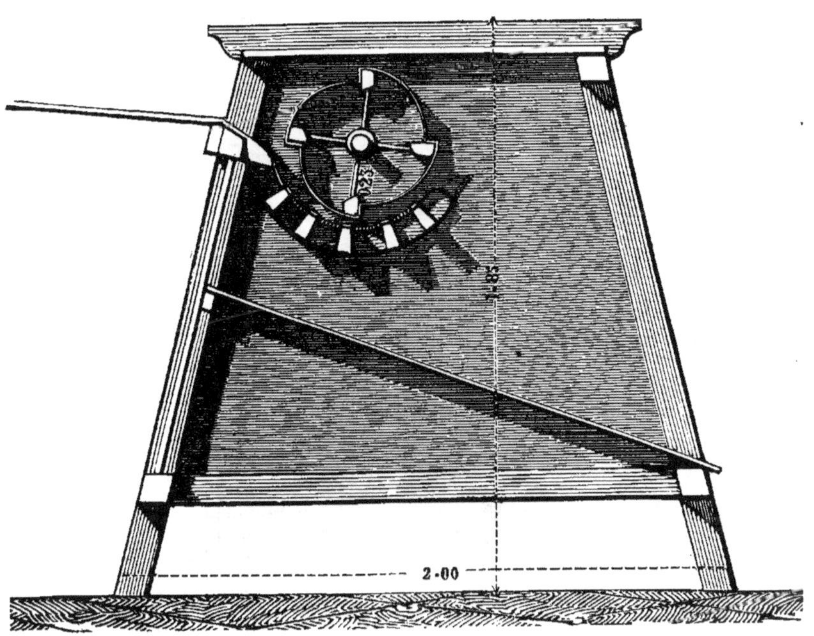

Rayon du batteur.. 0^m.23

Longueur du batteur..................................... 1. 34

Nombre de palettes...................................... 4

Rapports des engrenages $1 \times \frac{18}{12} \times \frac{74}{12} \times \frac{160}{14}$

Nombre de tours du batteur pour un tour du manége........... 277

Rayon du manége.. 3^m.10

Nombre de tours du batteur par minute..................... 681

Vitesse du batteur à la surface........................... 16^m.4

OBSERVATIONS.

Le batteur et le contre-batteur sont fixes, espacés de 0^m 007 à l'entrée et de 0^m 014 à la sortie. — Le batteur, recouvert entièrement de tôle, est creux. — Le contre-batteur est à claire-voie. — La transmission de mouvement du manége à la machine se fait à l'aide d'un arbre en fer placé à 2^m du sol.

8

N° 24. — Petit et Ruer. — Machine à battre en travers.

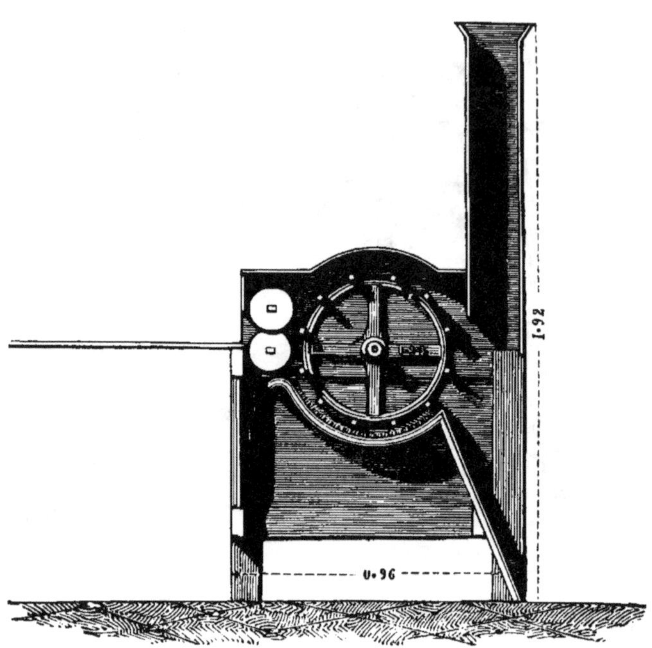

Rayon du batteur.................................... 0^m.245
Longueur du batteur................................ 1. 60
Nombre de palettes................................. 12
Rapports des engrenages $\frac{75}{15} \times \frac{120}{25} \times \frac{2}{28} \times \frac{58}{28} \times \frac{58}{28}$
Nombre de tours du batteur pour un tour du manége........... 285
Rayon du manége................................... 3^m.30
Nombre de tours du batteur par minute...................... 658
Vitesse du batteur à la surface........................... 16^m.9

OBSERVATIONS.

Le batteur est fixe. — Le contre-batteur est mobile; sa course est de 0^m 015; 4 vis (2 à l'entrée et 2 à la sortie) servent à le faire mouvoir. — Le batteur est à claire-voie. — Le contre-batteur est plein. — Les deux cylindres régulateurs de l'alimentation, qui sont tangents quand la machine est en repos, peuvent s'écarter, en marche, de 0^m 02, le cylindre de dessus ayant du jeu dans ses supports dans le sens de la hauteur. — La transmission du mouvement du manége à la machine se fait à l'aide d'un arbre en fer placé à la hauteur du sol.

CLASSE II.

SUBSTANCES MINÉRALES.

PRODUITS MÉTALLURGIQUES. — MÉTAUX OUVRÉS.

—

Le rapport sur les produits de la seconde classe se divise en trois sections, qui embrassent : 1° l'exploitation des substances minérales; 2° le traitement métallurgique des minerais ; 3° Le travail des métaux élémentaires ou alliés.

1ʳᵉ SECTION. — SUBSTANCES MINÉRALES.

1° Combustibles Minéraux. — Houille, Anthracite.

L'exploitation de la houille et de l'anthracite constitue l'une des industries les plus importantes des départements de la Sarthe et de la Mayenne. Elle remonte à quarante ans à peine, et elle a fait faire un pas immense à l'agriculture du pays, en permettant de fabriquer à bas prix de la chaux pour l'amendement des terres. Bien que les produits de cette industrie ne figurent pas à notre Exposition, elle contribue si puissamment à la prospérité agricole de nos contrées, que nous croyons devoir enregistrer ici quelques chiffres statistiques, propres à faire juger de son importance.

L'exploitation de nos mines de combustibles minéraux a eu lieu, en 1856, par 36 puits; elle a occupé 1.226 ouvriers et 28 machines à vapeur, d'une puissance totale de 714 chevaux. La production s'est élevée à 1.192.500 hectolitres, lesquels, vendus sur le carreau des mines, au prix moyen de 1 f. 90 c., ont produit 2.269.075 francs.

2° Charbons coagulés.

La fabrication des agglomérés a pris naissance à St-Étienne (Loire), il y a environ huit à dix ans, et s'est rapidement pro—

pagée dans le nord de la France, en Belgique, en Angleterre et en Prusse. Elle a pour objet d'amener à l'état de morceaux ou *briquettes*, très-recherchées par les consommateurs, les charbons menus que la plupart des houillères fournissent dans une notable proportion, et qui étaient souvent d'un placement fort difficile. Les briquettes présentent sur les gros charbons naturels des avantages particuliers, surtout pour la navigation à vapeur et les chemins de fer, en ce que leur moindre friabilité et leur forme régulière sont très-favorables pour le transport et pour l'emmagasinage.

La Compagnie Marbrière et Industrielle du Maine a fondé à la Villette, près Paris, une usine pour la coagulation en briquettes des menus charbons de terre. Elle opère par un procédé nouveau, dont le brevet lui appartient, et qu'elle annonce s'appliquer avec le même succès aux anthracites qu'aux houilles et aux lignites. Elle fabrique, en outre, du coke de bonne qualité, en carbonisant les briquettes dans des conditions spéciales.

Cette Compagnie expose des échantillons d'agglomérés, cotés au prix de 42 fr., et du coke coté à 45 fr. la tonne.

Le Jury a reconnu la belle apparence de ces produits. Des attestations qui lui ont été communiquées tendent à établir que les essais faits sur plusieurs lignes de chemins de fer ont été avantageux, et paraissent devoir donner lieu à des commandes importantes. Il décide, en conséquence, qu'il sera fait mention de cette intéressante fabrication, et qu'elle sera jointe, pour les récompenses, aux autres objets exposés dans la 2e Classe, par la Compagnie Marbrière et Industrielle du Maine.

3° **Tourbe.**

Il y a quatre ans, la tourbe n'était généralement connue dans le département de la Sarthe que par quelques échantillons déposés dans les collections, et par la difficulté que l'on trouvait à tirer parti des terrains où elle se rencontre. C'est à MM. Vétillart (dont le nom revient si souvent lorsqu'on parle de services rendus, de progrès réalisés dans diverses branches de notre industrie) qu'appartient le mérite d'avoir fondé la première exploitation tourbière de la Sarthe ; et, tout particulièrement à M. Marcel Vétillart, le mérite d'avoir dirigé cette exploitation dans une bonne voie, et d'en avoir étudié les conditions et les produits avec l'esprit éminemment éclairé et judicieux que nous apprécions tous. M. Marcel Vétillart fait partie du Jury, et se trouve par là hors de concours ; mais cette circonstance même nous fait un devoir d'autant plus impérieux de rendre hommage à la fois à ses connaissances étendues et au dévouement avec lequel il les fait tourner au profit de l'industrie de notre pays. C'est aussi à son obligeance que nous devons de pouvoir donner plus loin quelques renseignements techniques sur la valeur des tourbes qu'il exploite.

L'emploi de la tourbe dans les foyers d'usines procure une telle économie, que l'exemple donné par MM. Vétillart n'a pas tardé à être suivi, et qu'il y a aujourd'hui dans la Sarthe quinze tourbières exploitées, qui occupent au moins cent ouvriers, et produisent annuellement à peu près 12.000 mètres cubes de tourbe.

MM. Vétillart ont exposé, à notre demande, des échantillons de la tourbe qu'ils tirent aux Hunaudières, commune de Mulsanne. L'Exposition présente aussi des échantillons de la tourbe extraite à Thorée, par MM. Tonnelier et Cie ; et à Ardenay, par M. Busson-Lagroie.

Le banc de tourbe reconnu par MM. Vétillart, aux Hunaudières, s'étend sur une surface de 16 hectares environ, et sur une épaisseur d'un mètre. L'exploitation a été commencée au mois d'avril 1854.

Elle a produit en 1854....... 1.000 mètres cubes.
     en 1855....... 1.500   —
     en 1856....... 4.000   —

Les échantillons exposés présentent les trois sortes que MM. Vétillart livrent au commerce, savoir :

1° *Tourbe brune*, mêlée de racines, provenant de la partie supérieure du banc, pesant environ 280 kilog. le mètre cube ;

2° *Tourbe noire*, provenant des couches du fond ; elle est plus décomposée et plus dense ; le mètre cube pèse 300 à 350 kilogrammes ;

3° *Briquette*, formée avec les débris de tourbe que l'on tire du fond des entailles, et que les ouvriers pétrissent avec les pieds et moulent ensuite à la main ; elle pèse de 350 à 400 kil. le mètre cube.

Ces tourbes bien séchées, et telles que MM. Vétillart les livrent au commerce, ont donné, par les essais ordinaires, les résultats suivants :

	TOURBE brune.	TOURBE noire.	TOURBE moulée.
Eau......................	20, 60	19, 70	14, 25
Matières volatiles...........	46. 40	43, 00	49, 50
Charbon.	23, 00	28, 30	28, 00
Cendres....................	10, 00	9, 00	8, 25
TOTAL.........	100, 00	100, 00	100, 00
Pouvoir calorifique de la tourbe.	3738	4106	»
Pouvoir calorifique du charbon de tourbe.................	5469	6372	»

Par la distillation en vase clos on a obtenu, sur 100 gram. :

Coke...... 36 grammes.

Eau ammoniacale et goudron..... 40 grammes.

et 16 litres de gaz.

Le goudron seul s'élève à 12 0/0 ; il contient une proportion assez considérable de paraffine.

L'analyse des cendres a donné :

Silice..................... 72,8

Alumine et peroxyde de fer... 12,0

Chaux et magnésie......... 15,2

100,0

En résumé, la tourbe des Hunaudières est excellente ; elle contient moins d'eau hygrométrique que la plupart des autres tourbes. Le faible résidu que produit l'incinération la place au rang des meilleures qualités ; la cendre est fine et sans mélange de terre. Cette tourbe s'allume facilement, et brûle avec une flamme très-longue, ce que l'on n'obtient pas avec celles de la vallée d'Essonne et de la Picardie, parce que ces dernières, déposées le long de cours d'eau assez importants, se trouvent mélangées d'une grande quantité de limon.

La tourbe des Hunaudières se vend, rendue au Mans, au prix de 3 f. 50 c. à 3 f. 75 c. le mètre cube, tandis que le bois de pin et le bois de chêne, dont le pouvoir calorifique est à peine supérieur à 3.000, valent respectivement 5 à 6 f., et 9 à 10 f. le stère.

Les échantillons d'Ardenay, exposés par M. Busson-Lagroie, annoncent aussi un très-bon gîte, susceptible de donner une tourbe excellente, si l'on apporte les soins nécessaires à l'exploitation et surtout au séchage, dont dépend, en grande partie, la qualité de ce combustible.

Les échantillons de Thorée sont de la tourbe mousseuse, qui doit provenir d'une couche superficielle, peu propre à faire juger de la valeur du banc tourbeux.

MM. Vétillart ont été très-bien secondés dans leur exploitation par un ouvrier tourbier, le sieur Louis Crucier, qu'ils ont fait venir d'Essonne. C'est un jeune homme intelligent, laborieux et connaissant parfaitement son métier, qui exige une surveillance active et étendue, un coup d'œil sûr et surtout de l'expérience. Il a formé un grand nombre de tireurs de tourbe, qui se sont ensuite répandus dans tout le Département pour ouvrir et diriger, à leur, tour les diverses exploitations qui existent. Il a ainsi rendu un véritable service au pays. Le Jury lui décerne une médaille de bronze.

4° **Bitume artificiel.**

M. Moriceau, directeur de l'usine à gaz, au Mans, a créé, dans cet établissement, une fabrication d'asphalte pour bitumes artificiels, dont il fait l'application au dallage des trottoirs, au revêtement des murs, des bassins, des chapes de pont, etc.

La fabrication comprend quatre opérations :

1° La distillation du goudron du gaz ; elle produit des huiles essentielles, qui sont livrées au commerce à un prix très-modéré, des huiles grasses qui sont d'un bon usage pour la conservation des bois, et des brais qui servent de base à l'asphalte artificiel ;

2° L'asphaltage des terres, qui consiste à préparer un mélange pulvérulent de brai et de certaines substances minérales, de manière à obtenir un composé analogue à l'asphalte naturel ;

3° La mise en pain de l'asphalte artificiel fondu avec du brai ;

4° La mise en fusion, sur le lieu de l'emploi, des pains d'asphalte ; le brassage avec des matières siliceuses ; et l'application du mélange en enduits de bitume.

La qualité des bitumes artificiels dépend beaucoup du choix des matières qui les composent et des soins qui sont apportés aux diverses préparations et particulièrement à la distillation du goudron.

L'expérience prouve que la fabrication de M. Moriceau satisfait très-bien à ces conditions. Des trottoirs établis depuis 3 à 4 ans, au Mans, ont parfaitement résisté à l'usure, sans éprouver de ramollissement dans les chaleurs de l'été, ni de fendillements par les froids de l'hiver. Il en est de même des trottoirs qui sont à l'entrée des gares du Mans, de Laval et d'Alençon, et qui sont en très-bon état, malgré les chocs réitérés des colis qu'on y décharge sans cesse avec assez peu de précaution. Nous citerons aussi, comme un exemple de l'emploi utile du bitume, les bassins construits chez M. Vétillart, à Pontlieue, pour contenir des eaux chlorurées. Enfin on remarque à l'Exposition le trottoir où se trouve la porte de sortie, et le bassin solide et étanche qui entoure le jet d'eau de M. Albaret.

Le prix de l'application des bitumes de M. Moriceau varie, comme il suit, avec l'épaisseur et la destination de l'enduit :

Enduit horizontal de 15 millim. 4 f. 00 c. le mètre carré.

—	18	—	4	50	—
—	20	—	5	00	—
Pavage bitumé de 45	—	8	50	—	
Macadam bitumé de 50	—	8	50	—	
Enduit vertical de 10	—	5	00	—	

Le Jury décerne à M. Moriceau une médaille de bronze.

5° **Marbres.**

Les formations géologiques qui constituent le sol de l'ouest de la France renferment en grande abondance des roches calcaires compactes, solides, dociles à la scie et au ciseau, susceptibles de recevoir un brillant poli, propres, en un mot, à fournir des marbres de bonne qualité. Aussi l'industrie marbrière y est-elle très-ancienne. Elle existe depuis un temps immémorial aux environs de Sablé, où elle a pour objet l'exploitation d'un marbre noir qui appartient au terrain carbonifère. La même formation renferme à Louverné, près de Laval, du marbre d'un gris noir, veiné de blanc, dit Petit antique ; à Bouère, des marbres gris, mélangés de nuances roses et rougeâtres, qui sont connus sous le snoms de Sarrancolin de l'Ouest, rose en jugeraie, rose fleuri et gris panaché. L'exploitation des carrières de Bouère ne remonte qu'à 15 à 20 ans. D'autres carrières ouvertes à une époque plus récente encore offrent les marbres noir, gris foncé, gris perlé et gris fleuri, à Joué-en-Charnie ; noir, à Ruillé-en-Champagne ; bleu tacheté, bleu panaché, brèche rose et brèche portor de l'Ouest, à Torcé-en-Charnie ; gris panaché, gris clair et brun panaché, à Loué ; rose panaché, à Thorigné ; noir fin, gris de fer, gris perlé et brèche-paille, à Chassillé.

Malgré cette abondance de bonnes matières premières, l'exploitation des marbres, réduite aux débouchés restreints des localités environnantes, a été lente à s'élever au rang d'une industrie importante. A l'Exposition du Mans, en 1835, elle n'était, pour ainsi dire, représentée que par quelques échantillons, et les marbres exposés annonçaient plutôt la possibilité

de produire que des exploitations sérieuses, réellement pro-
ductives. Un grand pas a été constaté à la seconde Exposition
du Mans, en 1842. Mais c'est surtout dans ces derniers temps
que l'importance des constructions entreprises par l'État et par
les particuliers, la recherche plus grande qui est apportée dans
la décoration des édifices et dans l'ornementation des apparte-
ments, et les facilités de transport créées par les nouvelles voies
de communication, ont donné une impulsion remarquable à
l'exploitation des marbres de l'Ouest.

Parmi les Exposants dont les produits figurent si avantageusement à notre Exposition, il en est deux que nous plaçons au
même rang pour les récompenses, bien qu'ils aient chacun des
mérites distincts et spéciaux: ce sont la Société LANDEAU,
NOYERS et Cie de Sablé et la Compagnie Marbrière et Industrielle du Maine, dont le siége principal est à Paris.

La Société LANDEAU, NOYERS et Cie, s'est formée, en 1841,
des éléments qui composaient depuis longtemps l'établissement
de marbrerie de la famille Landeau. Par de grands sacrifices et
des efforts intelligents, elle est parvenue à imprimer un accroissement progressif à son industrie. C'est à elle que l'on doit la
mise en exploitation des marbres des environs de Bouère.

Elle exploite aujourd'hui huit carrières, savoir : trois dans les
communes de Sablé et de Juigné, une à Louverné, et quatre
dans les communes de Bouère et de Grez-en-Bouère. Les scieries, au nombre de quatre, qu'elle possède et qu'elle maintient
en activité constante à Solesmes, à Sablé et à Bouessay, utili-
sent une force hydraulique de 100 à 120 chevaux, et contiennent plus de 340 lames de scies. La première, composée de
170 lames, a été déjà souvent citée pour la bonne construction
de ses machines, et particulièrement pour l'emploi d'un régulateur ingénieux qui est employé à modérer l'action des scies.
Le nombre des ouvriers employés, tant à l'extérieur que dans
les ateliers des scieries, s'élève à 200.

La bonne qualité des produits et le mérite des exploitants
ont été proclamés dans diverses Expositions, et leur ont valu :

En 1842, une médaille d'argent, au Mans ;

En 1844, une médaille d'argent, à Paris ;

En 1852, une médaille d'or, à Laval ;

En 1855, une médaille de 2ᵉ classe à l'Exposition Universelle, à Paris.

Les produits exposés cette année, presque tous remarquables pour le choix et pour le poli du marbre, et quelques-uns pour leur bas prix, comprennent :

1º Dix-neuf échantillons de divers marbres exploités par les exposants ;

1º Un fût de colonne cannelée, monolithe, de 6ᵐ 30 de hauteur, sur 0ᵐ 40 de diamètre moyen, en marbre noir, et du prix de 500 francs ;

3º Un tombeau de forme gothique, d'un beau modèle, aussi en marbre noir, de 450 fr. ;

4º Une cheminée en marbre rose, dite du genre Louis XV, de 2ᵐ 00 de frise, et de 800 fr. ;

5º Une cheminée en marbre gris panaché, dite du genre Pompadour, de 1ᵐ 40 de frise, et cotée au prix extrêmement bas de 90 fr.

Le Jury décerne une médaille d'argent à MM. Landeau, Noyers et Cⁱᵉ, à Sablé.

La Compagnie MARBRIÈRE ET INDUSTRIELLE DU MAINE s'est fondée en 1851 ; elle possède 10 carrières dans les départements de la Sarthe et de la Mayenne, 2 scieries, au Mans et à Pontlieue, comprenant 400 lames de scies, des machines à raboter, des tours servant à exécuter les moulures, à dresser les tables rondes, etc. ; et un grand atelier de marbrerie au Mans. Ces établissements occupent plus de 250 ouvriers. Les carrières produisent annuellement 1.000 à 1.500 mètres cubes de marbre, et une quantité considérable de pierre à chaux et de pierre de taille, socles, soubassements, marches, etc. Les scieries débitent de 600 à 800 mètres carrés de tranches de marbre. La fabrication mensuelle de l'atelier de marbrerie donne pour 7.500 à 8.000 fr. de produits.

En dehors de notre localité, la Compagnie Marbrière possède dans les Pyrénées 3 carrières en propre, avec deux établissements pour scier et travailler le marbre, et des baux de 29 années qui lui confèrent des droits d'exploitation dans 28 communes. Elle a également des carrières dans le Jura, les Alpes, les Bouches-du-Rhône, la Côte-d'Or, etc., et, dans ce dernier département, au centre de ses carrières, une scierie et un atelier de fabrication en pleine activité.

Sur un grand nombre de ses carrières, elle s'occupe de la fabrication de la chaux, par deux procédés qui sont sa propriété.

En nous renfermant dans les limites de la région qui est appelée à concourir à notre Exposition, nous reconnaissons à la Compagnie Marbrière des mérites propres, qui reposent sur les faits suivants.

Aux carrières qui étaient exploitées avant sa formation, elle en a joint de nouvelles qu'elle a ouvertes, et qui ont augmenté notablement le nombre des variétés de marbres que l'on tire du pays. Les rapports importants qu'elle a établis avec des artistes et des architectes, et les commandes qu'elle a obtenues pour le Louvre et pour d'autres édifices de la capitale l'ont amenée à appliquer des formes et des dessins plus corrects à sa fabrication, et à donner une grande extension aux débouchés des marbres de l'Ouest. Enfin, le but qu'elle s'était proposé dès le début, et qu'elle a su atteindre, d'ouvrir le marché de Paris à son industrie, lui a fait abaisser ses prix de vente, et a exercé, sur toute la fabrication locale, une influence très-utile pour le plus grand nombre des consommateurs.

En 1855, alors que les entreprises de la Compagnie marbrière n'avaient pas encore pris tout le développement qu'elles ont reçu depuis, le Jury international de l'Exposition universelle lui a voté, comme à MM. Landeau, Noyers et Cⁱᵉ, une médaille de 2ᵉ classe (1).

(1) Exposition Universelle de 1855. — Rapports du Jury mixte international, publiés sous la direction de S. A. I. le Prince Napoléon, page 757.

La Compagnie marbrière expose :

1° Douze tranches polies de marbres du pays, 10 tranches polies de marbres des Hautes-Pyrénées, du Lot, du Doubs, de la Côte-d'Or et des Ardennes, et un échantillon prismatique de Sarrancolin des Pyrénées. Les prix de tous ces marbres sont indiqués et se résument comme il suit :

DÉSIGNATION DES MARBRES.	PRIX DE VENTE DES MARBRES :		
	EN BLOCS, le mètre cube.	EN TRANCHES brutes, le mètre carré.	EN TRANCHES polies, le mètre carré.
Marbres de l'Ouest........	90 à 250 f.	7 à 13 f.	14 à 30 f.
Marbres des autres départements.............	450 à 650 f.	15 f. 80 à 21 f. 50	28 à 35 f.
Sarrancolin des Hautes-Pyrénées..............	850 f.	27 f.	42 f.

2° Dix-neuf cheminées, savoir : 12 en marbres du pays, dont 11 du prix de 8 fr. 50 c. à 180 fr., et une à consoles, style Louis XV, ornée, du prix de 1000 fr., et 7 en marbres des Pyrénées, du Jura, du Lot et du Calvados, du prix de 150 à 450 fr. ;

3° Onze tables rondes, en marbres du pays, cotées aux prix de 5 à 7 fr., pour celles qui sont sans pied, et aux prix de 11 à 25 fr. pour les tables montées sur un pied de fonte ;

4° Vingt-quatre objets divers, tels que pendules (125 à 280 fr.), coupes (15 à 150 fr.), consoles (150 fr.), presse-papiers (1 fr. 75 c. à 5 fr.), pavage en incrustations (9 fr. 50 c. le mètre carré).

Les prix cotés sont appelés par les Exposants prix de propriétaires. Des remises, qui varient de 5 à 15 p. 0/0 et s'élèvent pour quelques articles à 20 p. 0/0, sont faites aux marbriers, entrepreneurs, architectes, etc.

Presque tous les produits exposés méritent des éloges ; mais nous appelons particulièrement l'attention sur la cheminée Louis XV qui était placée dans le petit salon de l'Exposition et qui est d'un très-beau marbre du pays. Le travail en est dû à un ouvrier du Mans, le sieur Blanchouin. L'ensemble du dessin est d'un bon caractère; de petites imperfections se remarquent dans les détails de la sculpture : nous en parlons avec la conviction que l'ouvrier de talent, qui a exécuté cette cheminée, arrivera facilement à mieux faire, et nous le signalons comme un coopérateur utile et recommandable de la marbrerie du Mans.

Le Jury décerne une médaille d'argent à la Société Marbrière et Industrielle du Maine, et accorde une mention honorable à l'ouvrier marbrier Blanchouin, au Mans.

MM. Michel et Cie, à Sablé, sont à leur début et déjà ils exploitent quatre carrières : deux de marbre noir, à Juigné ; une de marbre rose et de Sarrancolin de l'Ouest, à Grez-en-Bouère, et une de marbre gris, à Louverné. Ils possèdent, à Sablé même, une scierie de 250 lames et emploient 75 ouvriers.

Les produits qu'ils exposent se composent de tranches polies de marbres d'un beau choix, d'un monument funèbre et d'une table, dont le pied, d'une bonne forme, est fait d'un seul morceau et mérite d'être remarqué.

Le Jury décerne une médaille de bronze à MM. Michel et Cie, à Sablé.

M. Legrand a créé des ateliers de marbrerie au Mans. Il exploite quatre carrières qui fournissent du marbre noir, à Auvers-le-Hamon ; du marbre noir et blanc et du marbre gris-Napoléon, de l'Ouest, à Joué-en-Charnie ; du marbre gris-jaune, gris-violet et gris-rose, à Loué. La scierie, composée de 60 lames, est susceptible d'être augmentée. Le nombre des ouvriers qu'il emploie est de 30 à 40.

M. Legrand a eu des difficultés à vaincre pour fonder son établissement. Ses produits consistent, en grande partie, en marbres vulgaires et de nuances ternes ; mais ils présentent des qualités sous le rapport de la solidité, et quelques-uns sont d'un prix très-modéré.

Les objets exposés consistent en onze cheminées, dans les prix de 9 à 150 fr. ; un bénitier de 275 fr.; une mangeoire sur consoles, cotée 280 fr., conforme au modèle d'une commande exécutée pour l'Élysée-Napoléon; quatre tables de 50 à 80 centimètres de diamètre, de 4 à 25 fr.; une écritoire de 40 fr.; des presse-papier, de 7 fr.; un porte-allumettes de 4 fr.; enfin deux blocs, échantillons de pierre brute des carrières de Loué et de Joué-en-Charnie.

Le Jury décerne une médaille de bronze à M. Legrand, au Mans.

M. Poirier, marbrier au Mans, expose une cheminée, dite du style Louis XV, en marbre de l'Ouest, d'un bon poli et du prix assez modéré de 350 fr.

L'atelier, déjà ancien, de M. Poirier, est estimé pour ses produits; une mention honorable lui est accordée.

MM. Jalodin et Cⁱᵉ, marbriers au Mans, exposent deux cheminées en marbre de l'Ouest et une table mosaïque.

Les cheminées sont d'un bon travail manuel; elles sont du prix très-bas de 120 fr. et 180 fr.

La table mosaïque, avec ses incrustations nombreuses et bien exécutées, rentre dans la catégorie des chefs-d'œuvre d'ouvriers qui décèlent plus d'habileté que de goût, plus de patience que d'esprit industriel. Le prix de 800 fr., auquel elle est cotée, n'a rien d'exagéré si l'on considère la difficulté et l'exécution de l'ouvrage; mais on peut regretter que d'habiles ouvriers aient appliqué leur adresse et leur temps à un objet pour lequel il est si difficile qu'ils obtiennent une juste rémunération de leur travail.

Le Jury leur accorde une mention honorable.

6° Ardoises.

Le schiste ardoisier se rencontre abondamment dans l'Ouest de la France. Indépendamment des carrières de l'Anjou, qui sont les plus importantes de l'Empire, on compte de nombreuses ardoisières dans les départements du Finistère, **du** Morbihan, d'Ille-et-Vilaine et de la Mayenne, et quelques-unes dans ceux de la Sarthe et du Calvados.

De toutes ces exploitations, il n'y en a que deux qui aient envoyé des échantillons de leurs produits : les ardoisières de Chattemoue (Mayenne) et celles de Saint-Léonard-des-Bois (Sarthe).

La Compagnie des ardoisières de Chattemoue, formée vers l'année 1838, s'est transformée en une société anonyme, autorisée par décret du 8 septembre 1853.

Le schiste qu'elle exploite, un peu moins fissile que celui d'Angers, mais en même temps plus dur et moins absorbant, résiste très-bien à la pluie et à la gelée, et se prête au travail de la scie et du polissage. Ces qualités le rendent propre non-seulement à la fabrication des ardoises tégulaires, mais aussi à celle d'une foule d'autres objets, tels que matériaux de carrelage, dalles pour trottoirs, monuments funèbres, tables de billards, etc. L'expérience que l'on en a faite depuis longtemps au Mans prouve que ce schiste, appliqué au dallage des trottoirs, est d'un excellent usage. Les tables de billard de Chattemoue sont supérieures à ce qu'aucune autre carrière française puisse encore fournir en ce genre, et le cèdent peu aux belles tables que l'on tire d'Angleterre.

La Compagnie de Chattemoue emploie à l'extraction deux machines à vapeur, de la force de 26 chevaux. Une troisième machine à vapeur, de la puissance de 6 chevaux, sert de moteur dans l'atelier de fabrication des dallages.

Le nombre des ouvriers s'élève à 173.

La production annuelle est environ de 8.761 milliers d'ardoises, qui valent. . . . . 153.000 f.

Et 4.155 mètres carrés de dallages et de tranches appropriées à divers usages et valant.. . . . 32.660

Total. . . . . . . 185.660 f.

Les ardoisières de Chattemoue ont obtenu :

En 1839, à Paris, une médaille de bronze ;

En 1842, à Alençon, une médaille d'argent ;

En 1851, à Londres, une mention honorable ;

En 1852, à Laval, une médaille d'or.

Les produits exposés au Mans sont trois tables du prix de 10 fr., de 60 fr. et de 100 fr.; une table de billard de 100 fr., en deux morceaux; une grande cuve rectangulaire de 1000 litres de capacité, et du prix de 100 fr.; des carreaux pour dallages de 12 à 30 fr. le cent, et des ardoises de première qualité, de 0^m 30 sur 0^m 22, du prix assez élevé de 38 fr. le millier.

La Compagnie de Chattemoue fait de grands sacrifices pour donner un développement progressif à son industrie, ainsi que pour établir et améliorer la fabrication de produits très-variés. Il y a lieu d'espérer que de nouveaux efforts lui permettront d'abaisser le prix de quelques-uns d'entre eux, et d'ouvrir ainsi de nouveaux débouchés à son importante industrie.

Le Jury décerne une médaille d'argent à la Société anonyme des ardoisières de Chattemoue.

La Compagnie des ardoisières de saint-léonard-des-bois n'est définitivement constituée que depuis quatre à cinq mois. Elle a pris de bonnes dispositions pour mettre le schiste à découvert et ouvrir son chantier d'exploitation. Les ardoises de divers échantillons qu'elle expose sont faites avec soin, et bien qu'elles se ressentent, sous le rapport de la dureté et de la texture, de ce qu'elles proviennent d'un point rapproché de la surface du sol, elles paraissent annoncer un schiste sain, de bonne qualité, fournissant des feuilles d'une assez grande dimension, et elles permettent d'espérer une exploitation avantageuse

La fabrication est, en ce moment, de 3000 ardoises par jour.

Les prix de vente sont établis ainsi qu'il suit :

1re carrée, de 0^m 30 sur 0^m 22, le mille. . . . . . . 27 f.

3me — de 0^m 28 sur 0^m 195, *id.* 22

5me — de 0^m 25 sur 0^m 16, *id.* 18

Ardoise mêlée. 9

Le mille de ce dernier échantillon couvre onze mètres superficiels.

Les grands échantillons anglais, semblables à ceux qui sont exposés, sont cotés aux prix suivants :

1er échantillon, de 0^m 64 sur 0^m 36, le mille.. . 160 f.

2me — , de 0^m 60 sur 0^m 36, *id.* 150

3me — , de 0^m 60 sur 0^m 31, *id.* 140

4me — , de 0^m 54 sur 0^m 31, *id.* 125

Les premiers travaux des ardoisières de Saint-Léonard sont convenablement dirigés et dignes d'être encouragés. Le Jury accorde une mention honorable à MM. Leconte et Cie, propriétaires exploitants de ces ardoisières.

7° Meules à moudre.

Les silex-meulières que l'on exploite pour la fabrication des meules appartiennent presque tous au terrain tertiaire.

Pendant longtemps les gîtes de La Ferté-sous-Jouarre (Seine-et-Marne) ont été à peu près seuls en possession de fournir des meules à la France entière, et d'en exporter dans toute l'Europe et même aux États-Unis. Aujourd'hui on en extrait, en France, de quelques autres localités, dont trois sont représentées à notre Exposition : Lésigny (Vienne), Cinq-Mars-la-Pile (Indre-et-Loire), et Villaines-la-Gonais (Sarthe).

Les meules de Lésigny sont en général fort estimées. Lorsque la pierre est bien choisie, elles satisfont très-bien à la condition, importante pour la mouture fine, de bien triturer le grain et d'en étendre l'écorce en lames, de manière à produire une farine dépouillée de son. La plupart des anciennes carrières qui ont fait la réputation de Lésigny sont aujourd'hui épuisées ; mais il en a été ouvert de nouvelles, et cette industrie occupe encore 100 à 150 ouvriers, travaillant dans dix chantiers différents.

La qualité des meules de Cinq-Mars-la-Pile approche beaucoup de celle des meules de Lésigny ; en général, cependant, la plupart des meuniers donnent la préférence à ces dernières.

L'existence du silex-meulière à Villaines-la-Gonais, au-dessus d'un dépôt de calcaire lacustre, a été signalée, il y a vingt-cinq ans environ, par le savant géologue M. Triger, dont les persévérantes recherches ont jeté tant de jour sur la constitution géologique du département de la Sarthe, au profit de l'industrie et de l'agriculture du pays (1). Mais ce n'est que quelques années plus tard que l'exploitation de ces gîtes a été commencée. La texture du silex-meulière de Villaines est plus caverneuse que celle des pierres de Lésigny et de Cinq-Mars, et ressemble un peu plus à la pierre de La Ferté-sous-Jouarre. Le grain en est d'ailleurs très-dur. La présence de nombreuses cavités offre quelques avantages ; elles admettent de l'air qui empêche la farine de s'échauffer autant qu'avec d'autres pierres, et elles produisent des aspérités qui sont favorables à la rapidité de la mouture ; ces meules sont en même temps moins sujettes à devenir lisses et à se *graisser*, suivant l'expression des meuniers. Mais elles tendent, d'un autre côté, à produire un son plus fin et qui se sépare moins bien de la farine. Ces indications, recueillies auprès des personnes compétentes, font comprendre l'importance qu'il y a à bien choisir les meules, suivant la nature des grains auxquels on les applique, et aussi suivant le genre de mouture que l'on veut obtenir. On se sert également de meules pour broyer les vernis et les couleurs. La dureté de la pierre de Villaines la rend très-propre à cet usage. — Les carrières de Villaines occupent 90 à 100 ouvriers environ, dans trois chantiers différents. Les redevances payées par

___

(1) La carte topographique et géologique de la Sarthe, dressée à l'échelle de 1 à 40.000 par M. Triger, est l'un des travaux les plus remarquables en ce genre qui aient encore été produits.

les trois exploitants, aux propriétaires des carrières, s'élèvent annuellement au chiffre de 18 à 20 mille francs.

M. Leveau-Baudry paraît être le premier qui ait commencé, en 1845, à exploiter le silex-meulière à Villaines-la-Gonais. Il approvisionne aujourd'hui de meules non-seulement un grand nombre d'usines françaises, y compris quelques fabriques de meules de La Ferté-sous-Jouarre, mais aussi des maisons importantes de Breslau (Prusse) et de Liverpool, pour l'Angleterre et pour l'Amérique.

M. Leveau expose sept meules de différents diamètres, trois morceaux ou *carreaux* taillés pour sa fabrication courante, et trois carreaux bruts, tels qu'il les livre au commerce. Ses produits sont bons et bien fabriqués.

Le Jury décerne une médaille de bronze à M. Leveau-Baudry, à Villaines-la-Gonais (Sarthe).

M. Crinière a établi, en 1847, une fabrique de meules à Villaines-la-Gonais. Il a puissamment concouru à propager la connaissance de ces meules et à les faire adopter par le commerce. Sa fabrication a au moins autant d'importance que celle de M. Leveau. Les meules qu'il expose, au nombre de trois, avec six échantillons de carreaux, annoncent un gîte avantageux sous le rapport de la bonne qualité de la pierre.

M. Crinière a obtenu, en 1852, une médaille de bronze, à Laval. Le Jury lui décerne également une médaille de bronze.

MM. Brisgault frères, exploitants de carrières et fabricants de meules à Cinq-Mars-la-Pile, ont une belle exposition de meules et de carreaux. Leurs produits sont presque tous recommandables pour le choix de la pierre et pour la bonne fabrication, à laquelle ils apportent le plus grand soin en travaillant eux-mêmes avec leurs ouvriers, qui sont au nombre de 15 à 20. Ils ont obtenu, en 1855, une mention honorable à l'Exposition Universelle; en 1856 et en 1857, des médailles de bronze aux concours régionaux de Tours et de Châteauroux.

Le Jury leur décerne une médaille de bronze.

M. Thibault-Boilesve, propriétaire de carrières de silex à Cinq-Mars-la-Pile, les fait exploiter sur une assez grande échelle. Après s'être borné d'abord à livrer au commerce des boitards, carreaux, panneaux, meules à broyer les couleurs, etc., il a commencé depuis quelques années à faire fabriquer des meules à moudre le grain. Il expose plusieurs meules confectionnées dans ses ateliers, et des échantillons de bonne pierre meulière. Quelques-unes des meules exposées laissent un peu à désirer sous le rapport des soins apportés dans la fabrication. Néanmoins ses produits sont généralement estimés, suivant l'attestation de quelques mécaniciens recommandables qu'il compte dans sa clientèle.

Le Jury lui accorde une mention honorable.

M. Drouault, de Lésigny, expose trois meules, dont l'une, composée d'échantillons, présente des morceaux de qualités très-diverses. M. Drouault ne fournit aucun renseignement sur son entreprise ; mais il résulte de ceux que nous avons pu recueillir que son exploitation, d'une date encore assez récente, a obtenu une mention honorable à l'Exposition Universelle de 1855, et qu'elle mérite d'être encouragée.

Le Jury lui accorde une mention honorable.

2ᵉ SECTION — FONTES ET FERS.

Renseignements Généraux.

L'industrie du fer, dans l'ouest de la France, remonte aux temps les plus reculés. La preuve de ce fait se trouve dans les amas considérables de scories d'anciennes forges à bras, que l'on trouve abondamment dans les départements de la Sarthe et de la Mayenne. Sur beaucoup de points, ces restes d'une industrie à son début ont servi à la construction de routes anciennes, que les archéologues reconnaissent pour être des voies romaines, ce qui nous fournit la date certaine de leur origine.

Les procédés de fabrication qui étaient alors suivis ne sont pas exactement connus : on sait seulement que le fer était obtenu par le traitement direct des minerais , à l'aide de moyens imparfaits, sans l'emploi de moteurs inanimés, et avec une grande dépense de main-d'œuvre et de matières premières.

Ce n'est que vers la moitié du xvie siècle, au plus tôt, que l'on a pu, dans nos contrées, arriver à la connaissance du traitement des minerais dans des fourneaux à cuve, alimentés par des souffleries à moteurs hydrauliques et produisant de la fonte de fer ; ainsi qu'à celle de la conversion de la fonte en fer malléable par la méthode que l'on nomme *l'affinage-wallon.*

L'art de la métallurgie du fer, arrivé à ce dernier point, est resté longtemps stationnaire. Les conditions où se trouvait la fabrication expliquent cette stagnation. Les forges, possédées par les propriétaires des forêts, avaient pour double objet d'utiliser le bois du pays et de fournir du fer à la consommation locale ; aucune circonstance n'excitait à travailler autrement qu'on ne faisait, tant que l'état de la viabilité ne permettait ni de donner au bois une destination plus avantageuse, ni d'exporter les produits de nos forges, ni de recevoir ici, en concurrence avec ces produits, les fers fabriqués ailleurs. Dans cette situation, les procédés de la fabrication étaient presque entièrement abandonnés à la routine des ouvriers , et formaient même, comme de prétendus secrets, l'apanage de quelques familles de forgerons.

Aussi les progrès les plus sérieux qu'ait réalisés la sidérurgie, dans l'ouest de la France, ne datent-ils que de 15 à 20 ans, et ont-ils été accomplis sous nos yeux. Ces progrès ont surtout consisté à imprimer une extension beaucoup plus grande à la production de la fonte moulée, en l'appropriant sous mille formes aux usages les plus variés ; à donner plus de force aux machines soufflantes ; à chauffer l'air qui est lancé dans les hauts-fourneaux, en appliquant à cet usage les gaz qui se dégagent de ces appareils ; à accroître à la fois la hauteur des hauts-fourneaux, la durée des campagnes, et la production journalière ; enfin, dans ces dernières années, à augmenter l'économie de combustible produite par ces diverses améliorations, en substituant en partie le coke au charbon de bois dans le traitement des minerais de fer.

Quant à la fabrication du fer lui-même, elle est encore la même dans la plupart de nos forges qu'il y a trois siècles, sauf des modifications de détails dans les machines et dans les soins apportés au forgeage. Il en résulte que le prix de revient du fer est plus élevé dans l'ouest de la France que dans les autres lieux de production, et que nos fers restent exclusivement affectés aux usages locaux. Ces observations ne s'appliquent pas aux grandes usines d'Aron (Mayenne) et de Paimpont (Ille-et-Vilaine), où l'on a importé la méthode de l'affinage à la houille et du laminage. Nous avons le regret de ne pas voir les produits de ces usines figurer à notre Expsition.

Les produits exposés sont des fontes et des fers de M. Roussel à Orthe (Mayenne) ; des fers de M. Fouré-Buon, à Vibraye, et de M. Cornu, à Chemiré-en-Charnie : et des fontes de MM. Doré, Chevé et Cie, au Mans.

EXPOSANTS.

Avant de parler des récompenses, nous devons mentionner tout d'abord les usines de MM. Doré, Chevé et Cie, qui se trouvent hors de concours, par la présence de M. Doré dans le Jury de l'Exposition.

MM. Doré et Chevé ont créé, en 1840, la première fonderie en 2e fusion qui ait été établie au Mans. L'utilité de cette usine pour la production des fontes de construction, fontes d'ornement et fontes mécaniques, et la bonne qualité de ses produits, ont été proclamées, dès l'année 1842, à l'Exposition du Mans, et ont valu à ses habiles fondateurs une médaille d'argent, grand module. Ils n'ont pas cessé depuis cette époque d'y apporter des accroissements successifs, et ils en ont fait un établissement de premier ordre. Leur usine du Mans comprend, entre autres, une fabrication spéciale et très-considérable pour les chemins de fer, notamment en plaques tournantes. Le beau spécimen qui en figure à l'Exposition sert de base à un magnifique trophée, où l'on admire aussi des appareils à air chaud et de gros tuyaux d'une très-belle exécution. Le buste du général Négrier, qui occupe le sommet de la pyramide, a été tiré d'épaisseur, et fondu dans leurs ateliers, d'après un modèle en plâtre de M. Bra ; il est exposé tel qu'il est sorti du moule, et permet de juger de la perfection qu'ils atteignent dans les moulages les plus difficiles.

Pour pouvoir suffire aux commandes qu'ils recevaient de toutes parts, MM. Doré et Chevé ont rétabli, en 1855, un haut-fourneau dans l'ancienne forge d'Anthoigné (Sarthe), où M. Doré avait fait son premier apprentissage de mouleur, et qui était en chômage depuis 12 à 15 ans, et ils ont acquis le haut-fourneau de Cordé (Sarthe, qui allait être abandonné.

Voici en quels termes M. le Préfet de la Sarthe s'exprime, au sujet de l'établissement d'Anthoigné, dans son Rapport au Conseil général, session de 1856 :

« Cette usine est très-remarquable pour la manière intelligente dont elle est établie et dirigée. Le mode de construction du haut-fourneau, l'exécution parfaite de son moteur hydraulique et de ses machines soufflantes, les appareils extrêmement ingénieux au moyen desquels les charges sont montées au gueulard, ceux qui servent à utiliser la chaleur perdue du haut-fourneau, tant pour chauffer l'air que pour fabriquer de la chaux, l'emploi simultané de charbon de bois et de coke ; en un mot, toutes les dispositions qui ont été adoptées réalisent les perfectionnements les plus avancés de l'art actuel de la métallurgie. »

Des améliorations analogues ont été faites dans l'usine de Cordé.

MM. Doré et Chevé, après être partis tous deux de la classe de simples ouvriers, se sont élevés par le travail et par l'intelligence au rang des industriels les plus distingués. En leur adressant ici les félicitations qu'ils méritent, nous sommes heureux de nous faire les interprètes de l'estime et des sympathies générales qui les entourent.

M. Roussel a acheté, en 1841, la forge d'Orthe avec la forêt de la Grande-Charnie. Il a eu tout à faire pour relever cette usine que la faillite des précédents propriétaires avait mise en état de chômage, et où ceux-ci, dans leurs meilleures années de fabrication, produisaient :

300.000 kil. de fonte moulée à 33 fr. les 100 k.	99.000 f.
150.000 kil. de fers à 50 fr. — .	75.000
Total.	174.000

M. Roussel a consacré les premières années à réorganiser le personnel et le matériel de son usine, à lui reconquérir une clientèle, et à étudier à fond les améliorations dont elle serait susceptible. En 1847, il a donné au haut-fourneau les grandes dimensions qu'il a maintenant ; puis il a successivement introduit les divers progrès que nous énumérions plus haut, et qu'il a été le premier à appliquer dans notre région. Pour amener la fabrication au point où elle est aujourd'hui parvenue, il a fallu d'énormes sacrifices et près de dix années d'un travail très-persévérant et souvent ingrat, au milieu des circonstances difficiles qui ont surgi pendant cette période de temps.

La production annuelle de l'usine d'Orthe est approximativement de :

1.600.000 k. de fontes moulées, à 280 f. les 1.000 k.	448.000 f.
120.000 k. de fers à 450 f. —	54.000 f.
Total.	502.000 f.

Dès l'année 1854, la marche actuelle était imprimée aux forges d'Orthe, et cette usine ne suffisait plus à M. Roussel pour appliquer son intelligente activité, ses éminentes qualités industrielles. Il a acquis depuis cette époque le haut-fourneau de Carrouges (Orne), et pris à ferme l'importante forge de la Gaudinière (Sarthe), avec la forêt de Pail, appartenant à Mme la Marquise de Polignac. Le premier de ces établissements, qui était abandonné depuis six ans, a produit, en 1855 et 1856, 2.200.000 kilog. de fonte, lesquels ont été en grande partie livrés, sous forme de coussinets, à la Compagnie des chemins de fer de l'Ouest.

A la Gaudinière, M. Roussel a reconstruit un haut-fourneau de grandes dimensions, qu'il a pourvu d'une puissante machine soufflante, et il a disposé l'ancien fourneau de manière à calciner de la pierre à chaux, à feu continu, au moyen des gaz du premier. L'usine contient, en outre, trois feux de forge et une fonderie, dont les produits se placent avec facilité dans la Normandie. Les augmentations faites et récemment terminées dans l'usine de la Gaudinière n'ont pas permis encore de lui donner toute son activité, qui comporte, avec les appareils dont elle est maintenant pourvue, une production annuelle de 2.000.000 k. de fonte, dont 600.000 k. seront convertis en fer.

Le nombre des ouvriers employés dans les usines est :

A Orthe, de....................	220
A Carrouges, de.....	75
A la Gaudinière, de..	60
TOTAL	355

non compris les bûcherons, mineurs, voituriers et autres ouvriers du dehors.

Les 355 ouvriers reçoivent, en salaires.....	211.000 f.
En outre, la main-d'œuvre et les transports figurent, dans la valeur du combustible, pour..	282.000
Et dans celle du minerai et de la castine, pour.	155.000
C'est donc à un total de....................	648.000 f.

que s'élèvent les sommes qui sont payées chaque année aux ouvriers, et qui se répandent dans le pays.

L'ensemble très-remarquable des objets exposés comprend :

1° *En articles de ménage*, une grande variété de marmites anglaises, ordinaires et marmites-toupies, coquelles, casseroles, fourneaux, galetoires, chaudrons, chaudières, fourneaux, poêles à marmite, chenets à figure, potagers, coquilles, daubières et poissonnières ;

2° *En articles fondus sur modèles et pièces mécaniques*, une grille montée, des vases ornés et vases Médicis, une grande chaudière à sucre de 2 mètres de diamètre sur 1 mètre de profondeur, une chaudière à rebord de 1.200 litres, des tuyaux de conduite de 2^m 60 de longueur, sur 43 à 216 millimètres de diamètre ; des boîtes de roues, charrues, plaques de foyer, tuyères de maréchal et de haut-fourneau, poids à peser et à horloges, engrenages, poulies à gorge, coussinets de rails, pilons à pommes, une borne-fontaine (modèle du Mans), une plaque (Ville de Mayenne) ;

3° *En fer au bois martelé*, des assortiments de cercles de roues de socquerie, de fer fendu, de feuillard et fer rouge, et une tuyère à eau ;

4° *En matières premières et intermédiaires*, divers échantillons de minerais, de castine et de fonte brute pour la 2e fusion.

M. Roussel a obtenu :

En 1852, à Laval, une médaille d'or ;

En 1853, à Angers, une médaille de vermeil ;

En 1854, à Rennes, une médaille d'argent ;

En 1855, à Paris, une médaille de 2e classe et une mention honorable.

Le Jury décerne à M. Roussel la plus haute distinction dont il puisse disposer, une médaille d'honneur en vermeil.

M. Fouré-Buon dirige et exploite depuis plus de 20 ans la forge de Vibraye (Sarthe), appartenant à M. le marquis de Vibraye. Il s'est constamment appliqué à y maintenir la fabrication à la hauteur des besoins croissants de l'industrie du pays. Il y a aussi apporté des améliorations pour utiliser la flamme de ses forges d'affinerie à préparer la fonte à l'affinage.

Son usine rend de grands services, en ce qu'on y exécute, sur modèles pour les mécaniciens, des pièces de grosse forge, qu'on obtiendrait difficilement ailleurs.

M. Fouré expose deux grosses barres, pour bandages de roues, qui ont 140 sur 40 millimètres de section, et dont l'une est cintrée ; un assortiment de socquerie ; des leviers, pinces, essieux, fers à pioches et battants de cloches. Toutes les pièces sont d'une bonne fabrication.

Le Jury décerne une médaille d'argent à M. Fouré-Buon, maître de forges à Vibraye.

M. Cornu a repris depuis peu de temps les forges de Chemiré-en-Charnie (Sarthe). Il expose des fers pour bandages de roues, en barres droites et cintrées, un assortiment de socquerie et du fer fendu.

Ces produits répondent à des besoins locaux et annoncent une bonne fabrication courante.

Le Jury accorde une mention honorable à M. Cornu, maître de forges à Chemiré-en-Charnie.

COOPÉRATEURS.

Une industrie aussi importante que la métallurgie du fer a appelé aussi des récompenses sur ceux des ouvriers qui contribuent le plus utilement à sa prospérité. Les plus méritants des coopérateurs de cette industrie qui aient été signalés au Jury sont au nombre de dix, savoir :

M. Julien Cossé, mouleur aux forges d'Orthe ; ouvrier habile, remplissant ses devoirs avec conscience, attaché à l'établissement depuis plus de dix ans ;

M. Pierre Pioger, contre-maître à la fonderie de Saint-Pavin, au Mans ; attaché à cet établissement depuis sa fondation, il est très-entendu dans la direction du moulage de la fonte, et rend des services dévoués ;

M. Joseph Pioger, premier mouleur de la fonderie de Saint-Pavin ; ouvrier laborieux et habile, attaché à l'établissement depuis quinze ans ;

M. Lucien Boisard, chef modeleur de la fonderie de Saint-Pavin ; bon ouvrier, d'une intelligence remarquable pour la confection des modèles, et d'un dévouement éprouvé ;

M. Constant Gadois, ouvrier à la forge de Vibraye ; très-bon forgeron ; ouvrier plein de zèle et d'intelligence, rendant d'excellents services pour le forgeage des pièces difficiles ;

M. Alfred Héron, forgeron et mécanicien aux forges d'Orthe ; ouvrier intelligent, laborieux et très-dévoué ;

M. Jacques Sennequin, mouleur en poteries aux forges d'Orthe ; très-bon mouleur, laborieux, d'une conduite irréprochable ;

M. Isidore Saillant, maréchal à la forge de Vibraye ; ouvrier très-méritant, d'un zèle exemplaire, signalé au Jury par le chef de l'établissement ;

M. François Courvasier, sous-chef de l'atelier d'ajustage de Saint-Pavin ; ouvrier très-recommandable, ayant neuf ans de bons services dans l'établissement et ayant surtout contribué utilement à la fabrication des plaques tournantes pour chemins de fer ;

M. Louis Tessier, contre-maître mouleur, au haut-fourneau d'Anthoigné (Sarthe) ; ouvrier adroit, très-dévoué, d'une excellente conduite, attaché depuis quinze ans aux usines de MM. Doré et Chevé.

Le Jury décerne des médailles de bronze à MM. Cossé, Pierre Pioger, Joseph Pioger, Boisard et Gadois, et des mentions honorables à MM. Héron, Sennequin, Saillant, Courvasier et Tessier.

3ᵉ SECTION. — ALLIAGES ET MÉTAUX OUVRÉS.

Nous plaçons dans la troisième section, sans qu'il soit possible de les soumettre à un classement méthodique, un grand nombre d'objets dont la fabrication a pour base l'emploi des métaux, simples ou alliés, fondus ou ouvrés, obtenus à la main ou par des procédés mécaniques.

En tête de cette section se présentent d'abord les objets qui sont hors de concours ; les cloches et appareils de M. Bollée, membre du Jury, et le robinet de M. Surmont, vice-président du Jury.

1º Cloches. — Machines d'ateliers.

M. Bollée, déjà cité dans la première classe pour les utiles et ingénieux perfectionnements qu'il a apportés aux béliers hydrauliques, expose, en outre, quatre cloches fondues pour l'église d'Ecommoy, et donnant, d'après le diapason du Conservatoire, les notes *ré*, *mi*, *fa* dièze et *la*; une machine à diviser et à tailler les roues d'engrenage, une machine à faire les burins ; et une paire de cylindres à lisser le papier, construite pour MM. Tonnelier et Cⁱᵉ.

Tous ces produits , très-beaux en eux-mêmes , inspirent d'autant plus d'intérêt que M. Bollée doit à son propre mérite le rang élevé qu'il occupe parmi nous, comme industriel recommandable et comme habile mécanicien. Après avoir été simple fondeur de cloches ambulant, comme toutes les personnes qui pratiquaient alors cet état, puis attaché , comme fondeur , à l'usine de M. Gourdin, à Mayet, il est parvenu à créer au Mans une usine à la fois remarquable comme étant l'une des fonderies de cloches les plus importantes qu'il y ait en France, et comme réunissant l'outillage le plus parfait pour les appareils divers dont il entreprend la construction. Un tel résultat est dû à un travail opiniâtre, aidé par un grand esprit d'investigation et d'invention. Le besoin de se rendre toujours un compte juste de tout ce qu'il voyait le conduisait progressivement à acquérir les connaissances théoriques utiles à son art; et ces connaissances, jointes à une pratique expérimentée, dirigeaient à leur tour son imagination inventive dans la voie du véritable progrès.

En même temps qu'il apportait ses soins à la beauté et à la netteté du moulage des cloches, il appliquait les lois de l'acoustique à leur construction. En prenant pour base le diapason du

Conservatoire, il a construit un instrument et calculé des tables qui lui permettent d'exprimer numériquement la note que sonne toute cloche donnée, et de déterminer ensuite les dimensions d'une cloche dont le son soit à un intervalle indiqué de celui de la première. Ces tables, qui contiennent le diamètre des cloches de millimètre en millimètre, et pour tous les degrés sonores, sont calculées pour le type principal. Elles tiennent compte de l'effet du retrait et de l'influence qu'exercent sur le son la densité du métal et son état de trempe, circonstances qui varient avec la grandeur des cloches, parce qu'elles dépendent de la rapidité du refroidissement dans le moule, et du tassement que le métal fondu produit sur lui-même. Au moyen de coefficients établis par un grand nombre d'observations, les mêmes tables servent encore à obtenir les mesures des cloches des autres types adoptés. Enfin, pour simplifier le travail d'atelier, M. Bollée a tracé, sur une planche en cuivre, une courbe qui fournit, sans calcul, les mêmes renseignements que les tables, et dont l'emploi est plus à la portée des ouvriers.

Lorsqu'on a déterminé le diamètre, qui est, dans chaque type, la dimension fondamentale de la cloche, il s'agit d'en tracer le profil sur une surface résistante, telle qu'un gabarit en cuivre. M. Bollée a imaginé, pour cet usage, un pantographe dont les branches sont placées dans le même plan, de manière à offrir plus de rigidité que le pantographe Gavard, et à donner, sur métal, un trait d'une exactitude et d'une netteté parfaites. Ce résultat, que M. Gavard lui-même jugeait impossible à obtenir, fait le plus grand honneur à M. Bollée.

Remplacer ainsi, dans toutes les opérations du fondeur de cloches, les pratiques de la routine par des principes raisonnés, par des procédés sûrs et rigoureux, voilà le secret de la justesse de son que M. Bollée sait obtenir.

Ses recherches ont également porté sur la construction des beffrois et sur la suspension des grosses cloches (telles que les bourdons établis par lui à Notre-Dame de Paris, à Saint Sulpice, à Saint-Jean-de-Lyon, à Bordeaux, etc.); sur la construction des cylindres à carillons ; sur celles des machines servant à tailler avec précision et rapidité toute espèce d'engrenages en fer et en fonte ; sur la fabrication des burins ; sur le problème jusque-là si difficile de construire des béliers hydrauliques durables, problème qu'il a complétement résolu.

Ce qui caractérise les nombreux travaux de M. Bollée, c'est qu'il ne s'est jamais occupé d'un objet sans y apporter de notables et ingénieux perfectionnements, et sans lui imprimer le cachet du véritable génie de la mécanique. Ajoutons que les bons conseils de M. Bollée ne font jamais défaut à ceux qui ont recours à son obligeance éclairée, et nous n'aurons encore présenté qu'une esquisse fort incomplète des services que cet intelligent fondeur mécanicien rend sans cesse à l'industrie du pays.

Le Jury se plait à consigner ici le nom de deux utiles coopérateurs de l'usine de M. Bollée :

M. Autreux, premier fondeur de cloches de la fonderie du Mans ; il travaille depuis vingt ans sous la direction de son maître, et remplit ses devoirs avec un zèle et une activité très-dignes d'éloges;

M. Pierre Mallet, mouleur de cloches ; il est signalé au Jury par le chef de l'établissement pour son extrême assiduité et pour les bons et loyaux services qu'il rend depuis très-longtemps.

Une médaille de bronze est accordée au premier, et une mention honorable au second.

2° Fontainerie.

Nous avons à examiner ici les robinets destinés aux grandes conduites d'eau dans les villes, et ceux qui servent à l'écoulement des liquides contenus dans des cuves.

Le robinet de M. Surmont appartient au premier genre. Son inventeur en a conçu l'idée lorsqu'il était maire du Mans ; nous pourrions dire parce qu'il était maire de la ville : car c'est le dévouement avec lequel M. Surmont s'est appliqué à améliorer tous les services, en y apportant en même temps la plus sage économie, qui l'a conduit à s'occuper du problème des robinets, dans l'intérêt de la distribution de nos eaux publiques.

On sait que les robinets à boisseau ne sont pas employés pour des tuyaux dont le diamètre excède 0^m 08 ; au delà d'une certaine grosseur, ils deviennent d'un prix excessif ; ils sont, en outre, d'une manœuvre difficile et arrivent promptement à . perdre l'eau. A partir des conduites de 0^m 081 inclusivement, on fait usage à Paris, à Dijon et ailleurs, de robinets-vannes qui ont été inventés en Angleterre, et notablement perfectionnés dans le service des eaux de la capitale.

Ces robinets sont étanches lorsqu'ils sont bien construits ; mais la fabrication en est assez difficile ; ils coûtent cher, et il faut un appareil spécial pour chaque conduite dans laquelle on veut intercepter le passage de l'eau. S'il s'agit d'un point de croisement de deux lignes principales, où l'on doive pouvoir supprimer à volonté l'écoulement dans chacune des quatre directions qui partent de ce point, on doit poser quatre robinets-vannes ; la dépense est telle, qu'à Paris même il s'en faut de beaucoup que ces robinets soient en quantité suffisante pour les besoins, de manière à assurer autant que possible l'approvisionnement d'un quartier, pendant qu'on ouvre une prise d'eau ou qu'on fait quelque réparation.

Le robinet de M. Surmont résout la difficulté d'une manière ingénieuse, simple et économique. Le même appareil contient, pour les croisements de lignes, quatre clapets distincts à garniture de caoutchouc ; ils sont disposés de telle manière que la fermeture des clapets est toujours favorisée par la charge de l'eau dont on veut arrêter l'écoulement. Comme l'on aurait ensuite à ouvrir les clapets contre la pression, une disposition spéciale permet de rétablir l'équilibre sur les faces opposées des obturateurs. Au Mans, où cet ingénieux appareil est appliqué depuis plusieurs années, il fonctionne d'une manière satisfaisante. L'exécution seule demandait encore quelques perfectionnements : nous sommes heureux de pouvoir annoncer qu'avec l'utile collaboration de MM. Doré, Chevé et Cie, qui se chargent de construire ces robinets, les difficultés d'exécution sont maintenant levées. Parmi tous les robinets qui sont employés, nous n'en connaissons aucun qui remplisse mieux son objet, et qui ne soit pas d'un prix beaucoup plus élevé.

Les personnes qui connaissent M. Surmont ne seront pas surprises d'apprendre qu'il a mis, à titre gratuit, son invention à la disposition de la ville du Mans; elle continue ainsi à jouir, sous ce rapport comme sous tant d'autres, des bienfaits que lui a laissés l'excellente administration de son ancien Maire.

MM. C. FAIVRE et fils, ingénieurs civils à Nantes, exposent aussi des robinets pour les conduites d'eau et de vapeur. La solution qu'ils présentent est simple et ingénieuse. A l'endroit où l'obturation doit se produire, existe un renflement où l'une des directions de la conduite se prolonge dans l'autre. La communication entre elles a lieu par le siége d'une soupape sur lequel une vis permet d'appuyer un disque de caoutchouc dont le bord est engagé dans le joint de la calotte du renflement. Cette disposition dispense de toute boîte à étoupes. — Pour les conduites de vapeur, c'est une rondelle métallique tournée, appliquée à la face inférieure de la lame de caoutchouc, qui vient reposer sur le siége de l'orifice de communication. Dans les grandes dimensions et sous des charges considérables, la fermeture de la soupape deviendrait trop difficile ; les inventeurs y ont pourvu par un *appareil de compensation ;* il consiste en une seconde lame de caoutchouc qui est établie à la face opposée de la conduite, et sur laquelle la vis agit par la tige de la première soupape, moyennant quoi la pression résistante est équilibrée.

Les robinets de MM. Faivre sont étanches ; ils s'ouvrent et se ferment assez lentement pour prévenir l'effet si nuisible des coups de bélier.

M. Jégou, ingénieur en chef des ponts et chaussées, nous fait connaître que, depuis six mois, il a fait poser un assez grand nombre de robinets de MM. Faivre sur les conduites de 54 et de 68 millimètres de la ville de Nantes, et qu'ils y fonctionnent d'une manière très-satisfaisante, sous une pression de 15 à 30 mètres d'eau. Aucun de ces appareils n'a dû être relevé depuis qu'ils sont en place. Un robinet-Faivre, sur conduite de 108 millimètres, a également bien fonctionné sous une charge de 30 mètres ; mais comme la manœuvre en était assez pénible, on l'a remplacé par un robinet à compensation qui est posé depuis trois mois et ne laisse rien à désirer. La lame de caoutchouc du robinet remplacé n'a présenté aucune altération après trois mois d'usage. M. Jégou se propose de mettre à l'essai les robinets de MM. Faivre sur des conduites d'un plus grand diamètre, et désire pouvoir les substituer aux robinets qui ont été primitivement adoptés.

Enfin, il y a à Nantes des robinets de MM. Faivre qui sont placés, dans diverses usines, sur des conduites de vapeur. Le caoutchouc paraît jusqu'à présent s'y être bien comporté.

Le prix des robinets de MM. Faivre est encore assez élevé, surtout si l'on considère qu'un robinet spécial est nécessaire pour chaque ligne de conduite. Voici un extrait du tarif communiqué par les inventeurs :

DIAMÈTRE DE LA CONDUITE en millimètres.	PRIX DES ROBINETS	
	ORDINAIRES.	A COMPENSATION.
20	8 fr.	»
50	24	»
80	51	»
110 et 108	91	135 fr.
162	160	250
217	230	345
244	270	390
297	306	436

Le robinet de MM. Faivre constitue une invention intéressante. Le Jury leur décerne une médaille de bronze.

M. Braiteau, à Pontlieue, expose trois modèles de robinets destinés à l'écoulement des liquides contenus dans des cuves.

Celui de ces modèles qui paraît le mieux approprié à sa destination se compose de deux soupapes, dites de baignoire, qui sont portées par la même tige verticale et entre lesquelles se trouve le raccord avec la cuve. La disposition en est ingénieuse. Au moyen de quelques améliorations que l'inventeur se propose d'y apporter encore, son robinet paraît devoir être d'un bon usage, et il offrirait, surtout sur les robinets que l'on emploie actuellement, l'avantage d'être d'un prix beaucoup moins élevé.

Les recherches de M. Braiteau sont intéressantes et dignes d'être encouragées. Le Jury lui accorde une mention honorable.

3° Alliages de cuivre, Horlogerie d'Allemagne, Quincaillerie.

Nous plaçons sous ce titre les produits de deux Exposants, MM. Lœfler et David-Lucet.

M. Lœfler a commencé, en 1845, à fabriquer au Mans des horloges dites d'Allemagne, avec des ouvriers amenés du duché de Bade. Il a successivement joint à son établissement une fonderie de cuivre, une fabrication considérable de pièces d'horlogerie et dé quincaillerie, et des ateliers de menuiserie.

L'importance à laquelle il a élevé son industrie ressort de ce qu'il fond annuellement environ 40.000 kil. de cuivre pur ou allié, dont une partie est livrée à des fabricants de Paris, et dont l'autre sert de matière première à la fabrication des objets suivants :

1° Dix à douze mille horloges ou réveils, à cages de bois, imitation des horloges d'Allemagne ;

2° Trente à quarante mille garnitures de pendules servant à la fabrication parisienne et consistant en lunettes, balanciers, timbres ou ressorts-timbres, avec leurs supports, équerres, vis, ponts et autres pièces détachées ;

3° Des articles variés pour la quincaillerie de meubles et de bâtiments, tels que roulettes, targettes, ornements de rampes, mouvements de sonnettes, etc. ;

4° Six mille kilogrammes de grelots, sonnettes, etc., fondus et montés pour le commerce.

Les ateliers de menuiserie produisent, indépendamment de nombreux modèles, environ 6000 à 7000 cabinets d'horloges (article qui jusqu'en 1852 se fabriquait exclusivement en Franche-Comté), et 2000 à 3000 chaufferettes en bois, qui sont entièrement garnies, pour la vente, dans l'établissement même de M. Lœfler.

Grâce aux dispositions prises par cet habile fabricant et à l'emploi de machines et d'outils fort bien montés, il est parvenu à fabriquer à un prix assez bas pour s'être ouvert un débouché important sur la place de Paris. Certains articles sont même obtenus avec une économie telle, qu'ils sont livrés aujourd'hui avec avantage dans la Forêt-Noire, c'est-à-dire dans la contrée même qui, pendant très-longtemps, était seule en possession de les fabriquer.

L'importation de son industrie au Mans, et l'extension qu'il a su lui donner, font le plus grand honneur à M. Lœfler. Le Jury lui décerne une médaille d'argent.

M. David-Lucet a fondé, en 1854, au Mans, une fabrique d'horloges dites d'Allemagne. Son usine comprend une fonderie, où il fond les pièces nécessaires à sa fabrication, avec l'aide d'un ouvrier qu'il a lui-même formé. Les produits sont bien exécutés et trouvent un placement facile dans le nord de la France, à Paris, dans la Bretagne, dans la Saintonge, etc.

Ce nouvel établissement est déjà très-intéressant et mérite d'être encouragé. Le Jury accorde à M. David-Lucet une mention honorable.

4° **Tissus métalliques.**

MM. Bienvenu frères, fabricants de tissus métalliques à Connerré (Sarthe), exposent des toiles très-variées à l'usage des raffineries de sucre, des moulins à farine, des papeteries, des pressoirs à huile, des brasseries, des féculeries et de la tamiserie en général.

MM. Bienvenu n'ont pas seulement le mérite d'avoir fondé leur industrie dans la Sarthe ; mais, de plus, les améliorations qu'ils ont apportées dans les machines et dans l'outillage leur permettent de produire les tissus métalliques avec une grande perfection et à des prix très-réduits. Quelques-unes de ces améliorations méritent d'être particulièrement mentionnées ici.

Dans la fabrication des toiles pour garde-manger, ils ont perfectionné le montage des pièces. Au lieu des toiles de 40 à 50^m. au plus que l'on faisait, ils sont parvenus à produire des pièces de 600 à 800^m et au delà. Le travail est plus rapide et plus économique ; les toiles qui se vendaient, il y a deux ans, de 1 fr. 10 à 1 fr. 40 le mètre, sont livrées maintenant au prix de 0 fr. 90 à 1 fr. 20 c.

La toile de laiton, servant pour les tambours centrifuges des raffineries de sucre, est remarquable pour sa force et sa bonne exécution. Le prix du mètre superficiel a été réduit de 40 fr. à 32 fr. Des attestations officielles établissent que cet article est, à lui seul, l'objet de livraisons très-considérables que MM. Bienvenu font à l'importante maison de MM. Derosne et Cail, à Paris, et à ses annexes de Bruxelles et d'Amsterdam.

La toile de fer est tout à fait semblable à celle de laiton et sert, comme celle-ci, à garnir les tambours centrifuges, mais seulement pour les colonies. La fabrication exige un matériel plus fort, à cause de la dureté plus grande du fer.

La touraille, fer recuit, de 0^m.60 de largeur, est obtenue sur un métier qui est muni d'un mouton très-puissant, inventé par MM. Bienvenu. L'avantage qui en résulte dans la rapidité de la fabrication leur a permis d'abaisser à 10 fr. le prix de vente du mètre courant, qui était de 14 à 15 fr.

La fabrication de la toile de fil étamé pour passe-bouillon, passe-lait, boules à infusion, etc., a été également perfectionnée ; le même ouvrier qui ne pouvait en faire, en 1854, que 3^m. de longueur par jour, peut aujourd'hui, grâce à un meilleur outillage, en produire jusqu'à 7^m.50.

M. le Maire de Connerré, auquel le Jury doit des renseignements authentiques sur l'importance de la fabrication de MM. Bienvenu frères, y a joint les attestations les plus honorables pour ces habiles fabricants, dont l'industrie grandit de jour en jour et mérite les plus sincères éloges.

Le Jury décerne une médaille d'argent à MM. Bienvenu frères.

5° **Boulons.**

M. GUILLET expose un très-bel assortiment de boulons, de formes et de dimensions variées, à l'usage des mécaniciens, des carrossiers, de la serrurerie en général. Il a commencé, en 1843, ce genre de fabrication, sur une très-petite échelle d'abord et avec des moyens fort limités. Peu à peu la bonne qualité de ses produits ayant accru sa clientèle et ses ressources, il a augmenté le nombre de ses ouvriers, complété et perfectionné son outillage, et il est ainsi parvenu progressivement à créer une industrie d'une véritable importance, qui occupe 50 à 60 ouvriers et qui possède des débouchés fort étendus.

En 1855, alors qu'il n'employait encore que 30 ouvriers, il a obtenu une médaille grand module à l'Exposition régionale de Rennes.

Ses ateliers renferment :

1° Quatre machines dirigées chacune par un enfant, et pouvant fileter ensemble, par jour, 9.000 à 10.000 boulons ;

2° Quatorze machines qui occupent chacune un homme, et servent à tarauder, par jour, 1.800 à 2.400 boulons :

3° Cinq tours où l'on tourne journellement 2500 à 3000 boulons ;

4° Quatre forges où travaillent 18 ouvriers, dont chacun estampe seul la tige de ses boulons et les termine sans le secours d'un aide ;

5° Un découpoir présentant une disposition ingénieuse, au moyen de laquelle un seul coup de balancier perce un boulon et en coupe un autre.

Le Jury s'est assuré, auprès de fabricants recommandables qui emploient depuis plusieurs années les boulons de M. Guillet, que les produits de la fabrication courante de cet habile industriel l'emportent, sous le rapport de la qualité, sur ceux des autres fabriques du même genre, et qu'ils sont néanmoins d'un prix moins élevé.

Le Jury décerne une médaille d'argent à M. Guillet de Rennes.

6° **Fils de fer, Fers à repasser.**

Mme veuve Pirard, demeurant à Angers et propriétaire de l'usine de Matheflond (Maine-et-Loire), présente une belle exposition de fils de fer, de fers à repasser avec porte-fers, de charnières de devanture et de fiches à baguette.

Ces divers produits sont à la fois remarquables par leur bonne exécution et par leur bas prix. Le Jury décerne une médaille de bronze à Mme veuve Pirard.

7° **Limes et Râpes.**

MM. Pigoury, père et fils, à l'Aigle (Orne), ont envoyé un assortiment de limes et de râpes. Les essais auxquels ces outils ont été soumis ont fait constater leur bonne qualité. Les prix en paraissent modérés. Une mention honorable est accordée à MM. Pigoury.

8° **Taillanderie.**

M. Neveu, au Mans, expose des pelles, marteaux à rhabiller les meules, louchets de tourbier et autres articles de taillanderie. Il donne une extension progressive à sa fabrication ; l'importance à laquelle elle est déjà parvenue prouve qu'elle répond aux besoins des consommateurs et justifie la mention honorable que le Jury accorde à M. Neveu.

9° Meubles en fer.

M. Buisneau, serrurier et fabricant de lits de fer, à La Flèche, expose des lits et divers meubles en fer. Ces produits, en général bien établis, sont surtout remarquables sous le rapport du bon marché. Nous citerons particulièrement un lit d'hôpital de 45 fr., un lit ordinaire de 30 fr., et des lits d'enfants de 9 à 11 fr.

M. Buisneau obtient une mention honorable.

10° Ouvrages en zinc.

M. Vaidye, ferblantier au Mans, expose des épis et divers objets en zinc. Les dessins en sont choisis avec goût, et l'exécution annonce une main habile et fort exercée. M. Vaidye est l'ouvrier du pays qui fabrique le mieux ce genre d'ouvrages, fort utiles pour l'ornementation extérieure des édifices. Il lui est décerné une médaille de bronze.

11° Orfévrerie d'église.

M. Denis-Morin, doreur-argenteur au Mans, expose deux ciboires en vermeil ornés, une exposition en cuivre verni, un ostensoir, un encensoir, des flambeaux et divers autres objets d'orfévrerie d'église. La dorure, l'argenture, le vernis et le montage des pièces sont exécutés avec soin et solidité dans son atelier, qui jouit depuis longtemps d'une bonne réputation. — Le Jury lui accorde une mention honorable.

12° Coutellerie.

Mme veuve Chemin et M. Préel-Raux, couteliers au Mans, exposent chacun une montre contenant divers articles de coutellerie, qui sont d'une bonne fabrication courante et méritent des mentions honorables à ces Exposants.

Le Jury accorde la même récompense à M. Constant Chemin, qui travaille pour Mme veuve Chemin. C'est un jeune ouvrier intelligent et adroit, qui a importé de bons modèles dans l'industrie locale et a fabriqué quelques-unes des meilleures pièces qui sont exposées.

CLASSE III.

ARTS CHIMIQUES ET ARTS DE PRÉCISION.

—

La 3me classe comprend environ 70 instruments ou appareils, et plus de 400 produits. Les objets formant cette classe, et soumis au Jury par 89 Exposants, ont été séparés en deux sections : la première, comprenant les instruments ou appareils ; et la seconde, les divers produits chimiques, engrais, etc., etc.

Ire SECTION. — INSTRUMENTS OU APPAREILS.

—

§ Ier. — INSTRUMENTS DE MESURE.

Parmi ces instruments l'on rencontre : 1° des horloges et des chronomètres pour la mesure du temps ; 2° des bascules, des balances et des romaines pour la détermination du poids des corps ; 3° des appareils pour connaître la température ou la force élastique d'un gaz ; 4° des compteurs.

1° Horloges et Chronomètres pour la mesure du temps.

Il est naturel de classer les objets d'une Exposition d'après le degré d'instruction qu'ils exigent chez l'artiste pour leur conception, et d'après l'habileté de main qu'ils nécessitent pour leur exécution ; et, à ce titre, nous mettons en tête les diverses formes du chronomètre. Sous ce rapport, notre Exposition était réellement brillante ; les diverses horloges exposées se signalaient principalement, en effet, à l'attention du Jury par le fini et la précision, qualités trop rares, mais indispensables.

HORLOGES PUBLIQUES. — Quatre horloges publiques, trois appareils à transmission sont exposés par MM. GOURDIN, de

Mayet. Leur nom est trop avantageusement connu pour qu'il soit nécessaire de désigner le genre de mérite qui les distingue ; nous ferons seulement remarquer que leur exposition présentait en même temps les dernières et ingénieuses inventions de M. Gourdin le père, les appareils nouveaux de M. Gourdin le fils, et une pièce exécutée par les petits-fils de M. Gourdin ; ce qui permet d'espérer que l'on retrouvera dans les petits-fils le génie inventif et l'habileté du grand-père et du père.

Le Jury a pu examiner là des horloges publiques, construites avec un soin parfait dans toutes leurs parties, des organes étudiés et des dispositions particulières heureuses et bien rendues : à une bonne construction, ajouter des prix très-modérés, c'est atteindre le double but de toute industrie.

C'est d'abord une très-forte horloge de luxe, à quarts doubles, pouvant sonner sur un timbre de 5000 kilog. Un rouage spécial peut transmettre l'heure sur plusieurs cadrans ; le mouvement du pendule compensateur est entretenu par un poids de 200 grammes. Prix 6000 fr.

Une très-forte horloge à demies et à répétition , pouvant sonner sur une cloche de 4000 kilog., du prix de 1500 fr.

Une horloge à quarts sonnant sur un timbre de 1000 kilog., du prix de 1200 fr.

Petite horloge pour mairie ou communauté, sonnant sur un timbre de 50 kilog. Prix 300 fr.

MM. Gourdin se sont montrés artistes habiles, surtout dans les divers modèles exposés, pour transmettre le mouvement aux aiguilles de plusieurs cadrans, à de grandes distances, tout en les maintenant à l'abri des coups de vent. Une transmission, par le moyen d'un plateau glissant sur des galets, peut supporter facilement un poids considérable, et se prête, en même temps, aux dilatations d'une longue tige, sans que le raccord des roues d'engrenage ait à en souffrir.

Une transmission formée de deux roues, dont l'une est taillée en vis sans fin à 15 filets, et l'autre menée par la première, a été l'objet d'une attention particulière de la part du Jury, qui, en admirant ce dernier travail, si simple dans sa construction, de M. Gourdin père, s'est assuré que cette pièce fournissait un mouvement doux aux aiguilles, tout en opposant une résistance complète au vent.

Un troisième mécanisme, placé derrière un cadran, transmet l'heure sans roue d'angle ni tige tournante, et communique, à toute distance, à une horloge par un simple fil de fer. Différentes pièces peuvent s'y joindre pour s'opposer à l'action du vent, si le cadran doit être extérieur.

Transmettre l'heure d'une horloge à toute distance, sur plusieurs cadrans, sans craindre ni dérangement ni complication dans les mouvements, ni coup de vent sur les aiguilles, tels sont les principaux mérites que nous présentent ces divers mécanismes.

Deux horlogers du Mans ont exposé des pièces de petite horlogerie, qui ont reçu l'approbation du Jury.

M. Bedeau avait présenté une potence pour mouvement de pendule en marche, un tour à sertir les pierres, un mouvement de pendule ordinaire, entièrement de sa façon, un échappement à cylindre dont le râteau a été soigneusement travaillé. M. Bedeau a montré qu'il était un bon horloger.

M. Boeteau a, de son côté, fait preuve d'un talent supérieur dans l'horlogerie de précision et dans l'horlogerie électrique. Son mérite, comme artiste et sa science d'horloger, ont été mis en évidence par les diverses pièces qu'il a exposées :

Un balancier compensateur pour chronomètre : on pouvait voir les diverses formes par lesquelles il doit passer avant d'être achevé ;

Un mouvement de voyage comprenant un balancier compensateur, et un ressort spirale pouvant donner, suivant MM. Laugier et Winnerl, des oscillations isochrones ; cette seule pièce est du plus rare mérite.

L'horlogerie a reçu de l'électricité un secours inespéré. M. Boëteau, dont l'esprit actif se lance volontiers vers tout ce qui demande science et habileté, est arrivé, dans cette partie, à des résultats fort remarquables.

Les interrupteurs ordinaires consistent en roues, partie conductrices, partie non conductrices ; le ressort, posant continuellement sur la roue, entraîne parfois des poussières métalliques sur les surfaces non conductrices ; il en résulte un passage électrique mal déterminé. Pour obvier à cet inconvénient, M. Boëteau obtient une séparation complète qui produit une interruption précise dans le courant ; ce système était adapté à la sonnerie d'une pendule.

Une pendule électrique sans rouage, dont le balancier, complétement libre, reçoit son impulsion d'un ressort spirale, que l'électricité vient bander à chaque oscillation double, était exposée par le même artiste. Cette pièce était remarquable par la simplicité de sa construction et la précision de son mouvement. M. Boëteau a semblé au Jury être à même de rendre de véritables services à l'horlogerie de précision et à l'horlogerie électrique : il est fort à souhaiter qu'un artiste aussi habile continue à travailler dans cette voie difficile.

2° Bascules, Balances et Romaines pour la détermination du poids des corps.

M. Dunial, du Mans, a exposé cinq bascules et trois balances Roberval. On ne saurait trop apprécier le service rendu à l'agriculture et au commerce par le bas prix auquel le bel outillage de M. Dunial lui permet de livrer ses instruments. La chimie et ses progrès n'ont pris naissance que du jour où la balance est venue fournir des renseignements indispensables au chimiste : sans prétendre que la terre soit un vaste laboratoire, on trouverait difficilement des contradicteurs, en avançant que l'emploi journalier d'une bascule, dans l'agriculture, sera cause de développements qu'elle n'a pas su trouver jusqu'à présent.

Le bas prix des appareils de M. Dunial, qui, dans ce but, est le premier avantage de tous, n'est pas leur seul mérite. En effet, il a exposé non-seulement des bascules ordinaires, mais des bascules pour voiture et des bascules à romaine, présentant des dispositions heureuses et qui leur sont particulières.

Le Jury a remarqué l'avantage que présente une certaine mobilité dans les couteaux de la bascule pour voiture à deux roues et des bascules à romaine. Celles-ci offrent deux particularités remarquables : la première est le double bras de la romaine, dont l'un fournit des kilogrammes, et l'autre des hectogrammes par des divisions de plus d'un centimètre de long ; la deuxième est la disposition du premier bras de levier, dont l'origine est au delà du couteau, ce qui détermine la tare ; il est, en outre, légèrement relevé au-dessus du couteau, de manière à augmenter la sensibilité de l'appareil.

Les balances Roberval offraient également une disposition ingénieuse pour régler l'instrument et rendre la pesée indépendante de la place des poids sur les plateaux. Cet appareil, qui tend à remplacer partout les balances de comptoir, avait besoin d'une telle modification ; c'est qu'en effet, la théorie élémentaire de la balance Roberval ne conduit à des pesées indépendantes de la place des poids, qu'autant que les points fixes le sont parfaitement, ce qui ne peut avoir lieu à l'aide de simples couteaux.

Le Jury a donc trouvé très-dignes d'éloges les divers perfectionnements apportés aux bascules et aux balances Roberval par cet Exposant ; il demeure convaincu qu'en continuant à marcher dans cette voie, M. Dumial donnera à ses instruments une précision qui achèvera de le mettre au-dessus de ses confrères.

3° Appareils pour connaître la température ou la force élastique d'un gaz.

Divers manomètres pour chaudières ou pour eaux gazeuses, robinets, sifflets d'alarme, indicateurs de niveau, indicateurs du vide, étaient exposés par MM. Desbordes fils, et Amédée Lipman, de Paris. Ces messieurs avaient joint à leur envoi des garnitures de longue-vue et objectif pour chambre noire : ces divers objets ne faisant pas partie du concours, le Jury n'aurait pu en rendre compte que s'ils avaient été hors ligne par leur nouveauté ou leur précision.

Ils exposaient, en même temps, un thermomètre bimétallique, d'après le système de M. Boëteau, qui, lui-même, en exposait un, mais plus parfait et présentant une disposition ingénieuse : l'addition d'un simple tube, en manière de cheminée, fait circuler l'air dans la spirale et la préserve de l'échauffement imparfait de l'air de la caisse. Le thermomètre devient alors assez sensible pour qu'il manifeste l'élévation de température, produite par la compression de l'air, et son refroidissement par la raréfaction du gaz. Le Jury n'est que juste en adressant à M. Boëteau de nouveaux éloges, et pense que cet Exposant a prouvé, une fois de plus, qu'il est horloger habile et homme de talent.

4° Compteurs.

M. Marolleau, horloger à Angers, a exposé un contrôleur universel pour carrière d'ardoises ou de charbon de terre : son objet, dans les ardoisières, est de compter les bassicots parvenus au point culminant ; il s'adapte aussi aux machines à changement de mèche, en usage dans les mines de charbon. Quoique d'une construction fort simple, il peut compter jusqu'au nombre 4800. On ne saurait méconnaître les services qu'il a déjà rendus dans les ardoisières.

Le compteur de M. Gourdin, de Mayet, doit être adapté au piston de la pompe de l'abattoir du Mans : ses indications vont jusqu'à 999.999. Six roues à rochet donnent les six chiffres du nombre : le mouvement en arrière est impossible, et un petit chariot, adapté à la tige conductrice, sert à régler la course voulue pour le dégagement des roues. Cet appareil remplit parfaitement les conditions de sa fonction.

§ 2. — APPAREILS DESTINÉS A L'ENSEIGNEMENT.

La petite machine à vapeur de M. A. Joniaux, du Mans, et la machine électro-magnétique, ont paru au Jury destinées à l'enseignement. Elles sont d'une bonne grandeur ; leur marche a toute la précision nécessaire : la disposition des pièces rend facile l'intelligence des organes. Le Jury pense que, dans une machine pour l'enseignement, il est bon d'arriver à produire un effet utile, appréciable, quoique ce soit souvent une difficulté dans les petites machines à vapeur, et surtout dans les machines électro-magnétiques.

M. Cottrel, professeur au Prytanée, avait envoyé quelques tableaux représentant les appareils pour la préparation chimique de divers produits : à leur aide, l'élève saisit dans tous ses détails, et d'un seul coup d'œil, une description parfois compliquée et nécessairement incomplète. C'est un service signalé que M. Cottrel a rendu aux maîtres et aux élèves du Prytanée.

Enfin, M. Damiens a fait admirer ses jolis plâtres, rendant avec tant de fidélité la nature : ils nous font voir les couches inclinées des calcaires de Sablé ; la couleur seule manque pour faire comprendre, dans ses moindres détails, la nature géologique du pays.

§ 3. INSTRUMENTS POUR L'EMPLOI ÉCONOMIQUE DE LA CHALEUR.

Lorsqu'on cherche à transformer un objet en un autre objet, soit en changeant sa nature élémentaire, soit en changeant sa forme et sa constitution, et lorsqu'on veut obtenir une force inanimée, on s'adresse presque toujours à la chaleur. Aussi, la création et l'emploi nouveau ou plus économique d'un combustible sont-ils regardés comme des inventions des plus utiles et toujours dignes d'un vif intérêt.

Quand on considère toutes les opérations domestiques ou industrielles si diverses, ne s'effectuant, pour la plupart, qu'à l'aide de la chaleur, on est forcé d'avouer que le feu est toujours le grand maître de la vie matérielle, et qu'il n'est pas déchu du rôle qu'il avait chez les anciens. Sans lui vouer un culte d'adoration, les modernes, par leurs découvertes, n'ont fait qu'étendre son domaine, et, jusqu'à présent, électricité et magnétisme, ses nouveaux associés, ne lui ont rien ravi. Il ne faut donc s'étonner ni de la variété des instruments compris sous le titre, ni de l'attention du Jury sur des objets, au premier abord, de peu d'importance. Ainsi l'usage si universellement répandu du café a suscité l'emploi de nouveaux appareils de torréfaction.

M. Chevrier, de Chartres, a exposé un torréfacteur sphérique en cuivre, d'une grande capacité, présentant à l'intérieur un agitateur en bois, animé d'un mouvement de rotation inverse; d'une construction un peu compliquée, et d'un prix élevé pour les résultats qu'on veut atteindre.

Un autre torréfacteur, dû à M. Duperray, de Fontevrault, est signalé par le Jury pour sa construction simple et économique : c'est un cylindre en tôle et à côtes, placé sur un petit fourneau muni d'un couvercle. Des essais ont prouvé que la disposition du fourneau était très-convenable, exigeant fort peu de combustible, et concentrant la chaleur sur le réservoir; la forme du cylindre donne une torréfaction uniforme, en déplaçant constamment la matière à torréfier. La nature de la matière et son prix de revient mettent cet instrument à la portée des consommateurs. L'usage apprendra, sans doute, à M. Duperray à composer certaines parties d'une tôle un peu plus forte.

Deux calorifères proposés n'ont pas paru supérieurs à ce qui se construit d'habitude en ce genre.

Une cheminée avec grille et courant d'air pour la combustion des anthracites était exposée par la Compagnie Marbrière et Industrielle du Maine. L'abondance de l'anthracite dans cette région et l'absence de la houille, la grande difficulté de brûler ce combustible, feront aisément comprendre l'importance d'une invention qui tendrait à l'utiliser dans les ménages. La théorie et diverses expériences récentes prouvent que l'anthracite dégage une plus forte chaleur que la houille pour un même poids.

Les dispositions à l'aide desquelles, dans la bouche de four de M. Petiteau, on règle l'échauffement du four et la cuisson du pain, ont été jugées dignes d'être signalées par le Jury.

Deux fourneaux économiques ont été examinés avec intérêt par le Jury.

Un fourneau de M. Morin, poêlier au Mans, a présenté dans sa construction diverses particularités ingénieuses, entre autres un bain-marie adapté à la caisse de l'appareil à rôtir et empêchant le jus qui s'écoule de se dessécher.

Si leurs prix avaient été moins élevés, les petits fourneaux de fonte de M. Clénet, de Mayenne, auraient reçu une approbation complète, comme fournissant aux plus petits ménages une économie notable dans l'emploi du combustible, tout en ne demandant qu'une place minime et pouvant ainsi s'adapter dans de très-petits logements. Les portes et le rôtissoir sont commodément installés.

Deux appareils de M. Michel, de Rennes, ont été signalés par le Jury. L'un est un cuvier en bois, communiquant par un tube latéral avec un générateur de vapeur, et destiné à cuire les légumes ou les racines pour l'alimentation des bestiaux. Il diffère peu de la chaudière Stanley, si ce n'est sous le rapport de la matière du cuvier.

Ce même appareil peut servir pour la lessive; mais, pour cet usage, un second appareil s'est montré de beaucoup supérieur par l'adjonction d'un second cuvier. La lessive peut alors s'effectuer d'une manière continue et fournir ainsi une bonne marche industrielle ; la chaudière chauffe l'un des cuviers pendant qu'on vide l'autre ; le linge expérimenté a été bien lavé. Quelques modifications apportées au générateur de la vapeur donneraient toute sécurité à cette opération, confiée dans les ménages à des journaliers qui souvent ignorent l'usage des chaudières à vapeur.

§ 4. INSTRUMENTS ET APPAREILS DIVERS.

Quelques instruments n'ont pas semblé rentrer dans une classification méthodique simple; ils sont loin néanmoins de manquer d'intérêt.

C'est ainsi que le Jury a vu fonctionner une fort jolie machine due à M. Carême et destinée à tailler les roseaux pour les métiers de tisserands, et des cannes pour les chaisiers ; elle fonctionne parfaitement bien. Un tour entraîne le roseau entre des couteaux qui taillent nettement l'écorce d'une épaisseur et d'une largeur constamment égales et régulières ; un seul homme peut faire et mieux faire l'ouvrage de plusieurs ouvriers. L'avantage d'une machine est évident ici, même pour les plus grands détracteurs du travail effectué par les machines.

Un moulin à café était exposé par M. Chevrier, de Chartres ; il se recommande par sa grande dimension, ses deux noix cylindriques dont on peut faire varier la distance, ses plaques latérales mobiles sous l'effort d'une pierre ou d'un corps résistant.

Un panier épurateur pour la fabrication du pain a été exposé par M. Tonnellier et construit par M. Landais, poêlier à Sablé, avec un soin et une précision dignes d'éloges.

Un modèle de frein de locomotive était exposé par MM. Lauckmann et Mareau, à la Sandrosière, près de Mortagne (Vendée). Il est fâcheux que dans ces sortes de choses il soit impossible de conclure du petit au grand, et qu'ainsi le Jury n'ait pu juger sa valeur effective, car M. Lauckman a montré dans ce modèle des idées ingénieuses et heureusement rendues. Il n'est personne qui n'apprécie hautement l'utilité d'un tel appareil de sûreté pour les chemins de fer.

Enfin, il reste à signaler deux tournebroches imaginés et exposés par M. Gourdin, de Mayet. L'un est presque un tournebroche de luxe; il est à ressort et muni d'une roue d'arrêt pour éviter de casser le ressort lorsqu'on le monte. L'autre, très-simple, est à poids, et construit dans le système de l'échappement à cylindre; son prix est très-peu élevé; le petit nombre de rouages le met à l'abri de dérangements nombreux; il peut porter 25 kil. C'est ainsi que des hommes de valeur réussissent sans descendre, lorsqu'ils consentent à employer leurs talents à des ouvrages qui semblent au-dessous d'eux.

2e SECTION. — PRODUITS CHIMIQUES, ENGRAIS, etc.

Les diverses matières comprises sous ce titre ont été distinguées en substances alimentaires, produits chimiques, engrais, chaux et ciments, terres et céramie, produits divers.

§ 1er. SUBSTANCES ALIMENTAIRES.

Les substances alimentaires semblent avoir le droit de marcher en tête de tout autre produit, eu égard à la réputation, méritée sous ce rapport, de nos départements de l'Ouest. Le voisinage de la mer, sans doute, et l'éloignement des montagnes leur donnent un climat tempéré, des journées d'un soleil chaud, des vents humides. La valeur des produits naturels a nécessairement apporté une certaine richesse, cause d'améliorations nombreuses et d'importation ou de création d'espèces nouvelles ou supérieures. Aussi peu de régions peuvent-elles entrer en concurrence avec celle-ci sous le rapport de la valeur et de la variété des produits alimentaires. Les quantités énormes vendues sur le marché de Paris, et l'estime dont ils jouissent, en sont la meilleure preuve.

Parmi les matières alimentaires, nous trouvons exposés des céréales ou leurs produits immédiats, des matières alcooliques, des aliments conservés et des aliments divers.

1° **Céréales.**

Farines. — Les farines sont une preuve de ce que nous avancions. Cette réputation sur la place de Paris n'a-t-elle pas, en effet, inspiré anciennement à nos populations la crainte d'être affamées par la capitale? La création des chemins de fer qui sillonnent le pays en tous sens et qui peuvent apporter en un instant toutes les substances nécessaires est très-propre à ôter le plus léger prétexte à ces frayeurs déraisonnables. Maintenant que l'extension des voies ferrées a augmenté le nombre des concurrents, nos farines sont maintenues dans les premiers rangs. Il a suffi qu'elles restassent ce qu'elles étaient : des farines tirées de nos blés supérieurs et obtenues par des minoteries comportant tous les perfectionnements connus. Aussi les farines exposées ont-elles été admirées justement par les étrangers. L'examen minutieux a montré au Jury que c'étaient bien des farines de première marque, tout en ne lui laissant distinguer que de très-minimes différences entre elles ; ces farines mériteraient donc la plus haute distinction que pouvait accorder le Jury ; mais, étonné du petit nombre d'Exposants, il a désiré s'assurer que ce n'étaient pas des produits exceptionnels. A sa grande satisfaction, il a pu se convaincre non-seulement que c'étaient bien des farines de fabrication courante, mais aussi que les farines prises chez les autres minotiers qui n'avaient pas exposé n'étaient nullement inférieures, mais étaient même parfois supérieures à celles de l'Exposition. Dans de telles circonstances, le Jury n'a pu que constater la beauté des farines de nos contrées, et il a pensé ne pouvoir séparer dans ses éloges l'agriculteur qui fournit le froment et le minotier qui en extrait la farine.

Amidons et fécules. — Quoique l'amidon et la fécule ne soient pas toujours destinés à l'alimentation, nous n'avons pu les séparer des farines. Le Jury a eu à examiner un grand nombre d'amidons et de fécules : l'emploi chaque jour croissant de ces produits, la maladie de la pomme de terre, la facile

extraction de ces substances expliquent facilement cette multi-
plication d'usines de ce genre.

Le Jury aime à signaler les services qu'elles ont rendus en
soustrayant ainsi à la maladie, par un râpage rapide, des quantités colossales de pommes de terre qui sans cela auraient été
complétement perdues. Ce n'est donc pas sans raison que ces
établissements ont des machines puissantes et emploient d'assez
grandes forces en chevaux et en vapeur.

Amidons. — M. Baligand, dont les usines se trouvent au
Lude et à Saint-Georges, a présenté de beaux amidons en
aiguilles et en marrons.

MM. Baligand et Lory, de La Suze, offrent des échantillons
d'amidons en aiguilles d'une très-belle longueur, d'un grain fin,
ainsi que des amidons en marrons et des amidons à dragées. Ces
Messieurs présentent doubles tous ces produits. Ils les obtiennent, en effet, par des blés du pays et par les blés plus secs des
Etats-Unis, qui fournissent pour l'amidon des produits notablement supérieurs. Leur collection, très-complète et très-remarquable, contenait en outre des amidons grillés pour l'impression
et des amidons gris ou résidus d'amidon.

Fecules. — La fécule était représentée par de nombreux
échantillons de fécule naturelle, fécule blanchie au chlore, fécule
teinte au bleu, fécule grillée. Toutes étaient de belle qualité ;
deux des Exposants ont été signalés par le Jury : MM. Poilvilain, et surtout M. Lelong, à Cré-sur-le-Loir ; leur fécule
était bien lavée, bien séchée, sans point noir, et n'ayant aucun
goût.

Pates alimentaires. — Les pâtes alimentaires de M. Renancourt, de Nantes, ont été jugées de bons produits, d'une bonne
confection.

Le Jury a pu admirer la magnifique exposition de pâtes,
vermicelle, macaroni, de M. Fayon, de Rennes. Il les obtient
avec les blés ordinaires de la Bretagne. La beauté des produits
fait le plus grand honneur à cet Exposant.

MM. Pineau, du Mans, exposaient aussi une fécule au cacao, qui promet un aliment sain, de bon goût et à bas prix.

Avant de passer à l'examen des matières alcooliques, nous avons un regret à exprimer. L'Exposition de 1836 présentait du sucre extrait d'une usine fondée dans le département de la Sarthe par M. Auguste de Clinchamp. C'était une nouvelle et importante industrie créée dans un département qui peut fournir d'énormes quantités de betteraves. La culture de cette racine ne jouit-elle pas de toute l'estime de nos agriculteurs, puisqu'on la voit primée par nos comices agricoles ! Où en est donc cette culture ? Où en est la fabrication du sucre dans nos pays, ou simplement la distillation des betteraves ? Lorsque tant de départements ont élevé de nombreuses distilleries à l'occasion du renchérissement des alcools, le Jury aurait été bien aise de trouver, dans l'Exposition, des renseignements positifs sur cette branche importante de l'industrie agricole.

2° Matières alcooliques.

Le défaut de récolte de raisin dans ces dernières années, tout en causant la rareté du vin, a donné naissance à une foule de boissons artificielles.

Le Jury aurait néanmoins vu avec plaisir une exposition des différents vins des diverses localités de la région : plusieurs sont justement estimées et fournissent des vins appréciés des connaisseurs. Si le soleil distribue aux corps leur éclat et leur couleur, il donne aussi, il est vrai, l'odeur et le parfum. Mais pourquoi calomnier le soleil de nos départements de l'Ouest ! il est peu de régions qui puissent présenter d'aussi belles variétés de fleurs et de fruits : quoique sur la limite de la maturation des vignes, nos coteaux peuvent néanmoins fournir des qualités supérieures. Ici, comme toujours, la culture et les soins sont presque garants du succès.

Le cidre, une des richesses du pays, n'était pas non plus représenté.

Il est vrai que le vin de Saumur champanisé est bien du vin et non une boisson factice. M. Bolognesi le livre à très-bas prix. C'est un vin mousseux et léger, qui par son prix et ses qualités analogues rivalise facilement avec le vin de Champagne. Le même Exposant avait du vin de marc à 0 fr. 10 c. la bouteille. Dans un temps où le vin est aussi cher, il faut louer les efforts de ceux qui arrivent à livrer aux consommateurs des boissons ayant presque toutes les qualités du vin, surtout lorsqu'on les retire d'un résidu inutile.

M. Roy a fait de nombreuses recherches sur les vins, il s'est entouré de tout ce que la science avait pu dire sur un pareil sujet. Ses travaux personnels l'ont conduit à une méthode particulière pour répondre à ce besoin de liqueurs fermentées : pour lui le principe amer et parfumé est plus nécessaire dans une boisson que le principe alcoolique, qu'il est toujours facile de se procurer. Il a donc composé et exposé des essences destinées à améliorer les vins et les liqueurs en général, ainsi qu'un extrait de raisin, sous la forme d'une sorte de raisiné, à l'aide duquel on peut refaire du vin véritable. Le Jury a regretté de n'avoir pas été à même de porter un jugement motivé sur cette exposition qui offrait un véritable intérêt.

La rareté du vin entraîne la rareté du vinaigre ; aussi la préparation de vinaigres artificiels est-elle antérieure à celle des vins artificiels ; mais l'introduction d'un acide pyroligneux ou de quelque autre acide, même végétal, fournit un vinaigre ayant bien la propriété acide, mais dépourvu de saveur, et dont l'usage ne peut être affirmé hygiénique.

Les boissons artificielles exposées n'ont pas paru au Jury dignes d'encouragement. Il s'est d'ailleurs montré fort difficile au sujet des préparations destinées à remplacer des produits naturels : vins et vinaigres artificiels, tapioca artificiel, cafés artificiels, engrais artificiels. En effet, la seule conservation du nom du produit peut induire en erreur la masse des consommateurs. C'est ouvrir la porte à la fraude : aussi l'administration supérieure a-t-elle cru de son devoir d'intervenir pour exercer une protection nécessaire. Il faut, en effet, que l'acheteur sache qu'on lui offre une substance artificielle ; une telle matière doit en outre présenter les qualités qui font rechercher le produit naturel : l'aliment doit être nourrissant, l'engrais doit apporter au sol certains principes fertilisants. Si les produits artificiels ne sont pas supérieurs à ceux de la nature, il faut qu'on puisse constater l'infériorité; enfin, à égalité d'action, le produit artificiel qui vient en aide à la consommation ne doit pas être d'un prix supérieur. Le Jury n'a donc pas cru devoir signaler les préparations qui ne remplissaient pas ces diverses conditions.

M. Combier-Destre, de Saumur, a présenté des liqueurs qui supportent sans désavantage la comparaison avec les meilleures liqueurs connues. Sa liqueur Raspail ressemble à la liqueur des Chartreux, sans lui être inférieure; son anisette vaut l'anisette de Bordeaux : les parfums étaient bien fondus et convenablement assortis. Son exposition a donc semblé digne d'éloges.

3° Conservation des matières alimentaires.

Empêcher la fermentation ou la décomposition naturelle qui s'opère dans une substance alimentaire d'origine animale ou végétale, tel est le but qu'il faut remplir pour la conservation.

Le fromage est un produit conservé du lait. Un fromage d'une qualité supérieure était exposé par M. Turquet, fabricant à Doix, près Fontenay-le-Comte (Vendée). C'est l'objet d'une industrie qui mérite d'être encouragée dans les lieux où la vente du lait ne peut écouler tous les produits.

La dessication est employée en grand dans une foule de circonstances. Les légumes et les fruits sont ainsi souvent préparés. Comment se fait-il qu'il n'y ait qu'un seul Exposant? M. Pouplin, de Pontlieue, avait des légumes desséchés avec soin ; des poires tapées qui ne craignaient pas la comparaison avec celles que l'on prépare à la Bazoge ; des fruits, pommes et poires séchés en morceaux, d'un excellent emploi pour la préparation des boissons artificielles ; des pommes et des poires entières séchées et destinées à l'alimentation. Ce sont de bons produits.

Pourquoi tant d'abstentions dans un pays classé parmi les départements du Midi pour la bonne qualité, la variété et l'abondance de ses produits?

L'Exposition présentait des spécimens de fruits conservés par le sucre. M. Pineau, du Mans, avait sous ce rapport une collection assez complète.

Les conserves alimentaires font depuis bientôt trente années une des richesses de la Sarthe. De nombreux établissements se sont élevés, fournissant non-seulement à Paris et en France dans tous les départements, mais en Europe et dans toutes les parties du monde. Après une période de pertes considérables qui ont été subies par les diverses maisons qui s'occupent de ces préparations, les usines, grâce aux indications de MM. Favre et Silberman, grâce aux essais opérés dans divers établissements, ont repris une marche ascendante qui depuis ne s'est pas ralentie. L'extension du commerce a occasionné la variété des produits. Non contents de l'exportation des petits pois qui avaient fait la réputation des maisons du Mans, nos fabricants ont promptement ajouté la préparation des autres légumes, haricots verts, asperges, chicorée, artichauts, tomates, céleris, choux, épinards, fèves, oseille, salsifis ; ou encore des ceps, des champignons, truffes, marrons ; des pâtés de toutes sortes, gibier, volaille, porc, mouton, veau, bœuf, poissons divers, surtout des sardines.

Les gourmets ne sont pas seuls à profiter de ces préparations : les voyageurs, surtout ceux qui traversent la mer sur des bâtiments du commerce ou sur des vaisseaux de l'Etat, trouvent une alimentation fraîche et parfaitement saine qui les préserve de ces terribles maladies développées si souvent par l'usage exclusif des viandes et des poissons salés. C'est à leur emploi qu'il faut attribuer une grande amélioration dans le traitement des malades de la marine ou des malades de nos armées dans les dernières expéditions. Aussi les préparations des vivres frais pour équipage, à des prix très-modérés, ont-elles rendu des services signalés à nos ambulances en Algérie ou en Crimée. D'ailleurs les perfectionnements divers ont conduit le fabricant à baisser le prix de ces articles de consommation, et, malgré la hausse générale survenue sur tous les marchés de substances alimentaires, une diminution de 30 p. 0/0 depuis une quinzaine d'années vient prouver la sûreté des méthodes et la bonne administration de ces établissements.

Ce que nous disons ici s'applique en particulier à la maison de MM. Pellier frères : c'est elle surtout qui a droit à la reconnaissance du public. Fondée en 1830 par M. Lerebours, sous le pseudonyme de J. Coneau, elle passa entre les mains de MM. Pellier frères en 1841. Cette même année, ils fondaient un établissement spécial pour la sardine et les poissons divers à la Turballe, dans la baie du Croisic : en 1855, ils allaient encore fonder une nouvelle maison aux Sables-d'Olonne. Leur établissement du Mans continuait à prospérer, de telle sorte qu'en outre d'une centaine d'ouvriers constamment employés par eux, leur seule maison du Mans exige chaque année de cinq à six cents femmes pour le seul égrenage des petits pois. Cette extension n'a pas lieu au détriment de la qualité des produits. Leur réputation est trop solidement établie pour qu'il soit nécessaire d'en parler : qu'il nous suffise de rappeler que cette maison a obtenu diverses médailles en 1834 et en 1844 à Paris ; une mention honorable à la *Great Exhibition;* une médaille en 1852 à Laval, et deux à l'Exposition Universelle ; enfin une au Concours régional. Pour prendre une idée de leurs produits, il suffit de lire la note du rapporteur à l'Exposition universelle ; ils sont qualifiés *Excellents Produits.* Ces Messieurs se trouvent hors concours par la présence de l'un d'eux au milieu du Jury. Il était inutile d'examiner leurs produits ; cet examen n'aurait conduit à rien de nouveau et ne pouvait augmenter la reconnaissance que le pays leur doit.

Cependant le Jury a dû comparer les produits exposés par eux et par un autre fabricant : une supériorité marquée a été constatée, à la suite de cet examen, en faveur des produits de MM. Pellier.

4° **Aliments divers.**

CAFÉS. — La mode du café s'est tellement développée dans nos campagnes, qu'elle a donné naissance à une industrie qui frise la déloyauté : nous voulons parler des cafés artificiels que sans doute l'administration supérieure empêchera de vendre sous cette dénomination. Toutes les graines grillées, carbonisées, mêlées et le plus souvent non mêlées avec du véritable café, constituent ces cafés qui donnent une infusion noire, avec un arome d'un goût plus ou moins mauvais ; il n'y a pas de raison pour s'arrêter plutôt sur les cafés à bon marché que sur ceux qui trompent davantage le consommateur par un prix moins différent de celui du vrai café. Il y avait, il est vrai, des cafés entiers torréfiés ; mais ce seul fait d'une bonne torréfaction n'a pas pu mériter une récompense.

CHOCOLATS. — L'Exposition présentait de nombreux chocolats fabriqués dans notre ville du Mans. Le prix généralement élevé de cet aliment et son emploi assez restreint dans l'alimentation empêchent de s'expliquer, au premier abord, le nombre et l'importance de ces établissements. On peut dès lors s'assurer que leur existence et leur prospérité ne peuvent provenir que d'une bonne préparation et d'une vente à un prix relativement modéré, qui permettent l'exportation dans 20 ou 25 départements.

Ce seul fait, à lui seul, est à honneur à nos fabricants. A l'Exposition Universelle, la supériorité des chocolats français semblait tenir en partie à l'emploi des cylindres de pierre : le Jury aurait donc désiré trouver ce système plus généralement employé ; malgré tous les soins possibles, le broyage entre surfaces de fer altère la couleur ou la saveur du chocolat.

Plusieurs fabriques importantes présentaient leurs produits. Le Jury a trouvé une supériorité marquée dans les chocolats de M. Besnier, du Mans. Cette maison doit être également citée pour l'étendue de ses relations.

M. Molina, du Mans, a conservé le broyage à bras d'homme ; cependant cette opération est faite convenablement, et c'est peut-être au soin qu'il donne à la préparation de son chocolat, et à l'emploi d'un cylindre en pierre, qu'il faut attribuer la bonne qualité des produits que cet industriel a soumis à l'examen du Jury.

§ 2. PRODUITS CHIMIQUES.

Les produits chimiques de la région ont été dignement représentés : 4 Exposants exploitent ou certaines dolomies, ou les sels des mers et des varecks.

La préparation des eaux gazeuses et, en général, de l'acide carbonique, effectuée anciennement sur les calcaires, se fait mieux sur les carbonates calcaires et magnésiens, par la formation d'un sulfate de magnésie soluble : la conséquence de ce fait fut la recherche des gisements dolomitiques ; on n'a pas été longtemps à découvrir, dans leur voisinage, des lits de sables également dolomitiques, mais d'une exploitation beaucoup plus avantageuse.

Les eaux de la mer, ou des cendres lessivées, ont fourni une foule de produits qu'on a pu traiter directement ou transformer par les méthodes ingénieuses du savant M. Balard.

M. Chevallier, du Mans, a présenté des sulfates de soude en petits et en gros cristaux, du bicarbonate de soude, de la magnésie anglaise en pains, de l'hydrate de magnésie et de la magnésie calcinée. C'est à lui qu'on doit la fabrication en France de la magnésie anglaise en pains : cette invention date de 1844, dans le laboratoire de M. Mallet : c'est un service signalé qu'il a rendu aux arts chimiques en France. Mais, à l'Exposition, M. Chevallier a montré qu'il avait à cœur d'obtenir la plus belle magnésie : la pureté du produit, son insipidité prouvent tous les soins qu'il donne à une préparation aussi importante : ses produits sont bien débarrassés des sels de fer, qu'il est si difficile d'enlever complétement. Tous ses composés de magnésie ont semblé parfaitement préparés : le sulfate présente une cristallisation fixe, soyeuse, éclatante. La blancheur et la netteté des formes cristallines suffiraient pour indiquer, dans les autres matières exposées par lui, la pureté si recherchée, si difficile à atteindre et si rarement obtenue. L'exposition de M. Chevallier est donc extrêmement remarquable, surtout par ses composés magnésiens.

M. Langlois, du Mans, prépare en grand pour la pharmacie, et surtout pour les arts et l'agriculture, différents produits de soude et de magnésie qu'il tire soit des dolomies du pays, soit des eaux de la mer, à Poulignen. C'est une fabrication importante, surtout pour les arts qui exigent, avant tout, le bas prix : seul il a exposé du citrate de magnésie, dont la consommation devient assez abondante.

M. Malapert, de Poitiers, a exposé du sulfate de soude en petites écailles, destiné aux mélanges frigorifiques, ainsi que de très-beaux échantillons de sulfate de magnésie : il avait joint à son envoi des médaillons en sulfate de magnésie, dont il faisait hommage au musée de la ville.

M. Paisant, à Pont-l'Abbé (Finistère), possède depuis 1840 une maison considérable qui emploie des machines puissantes et de nombreux ouvriers pour l'extraction des sels des eaux de la mer et des varecks rejetés sur la côte. Ce qui a été le plus remarqué dans ses produits, ce sont du brome, de l'iode et de beaux composés iodés : la préparation de ces substances a pris une importance considérable depuis qu'elles sont devenues d'un usage journalier en photographie, et qu'elles semblent jouir d'une sorte de prédilection de la part des médecins :

les richesses extraites de la mer profitent à tout le monde, parce qu'on ne saurait appauvrir l'Océan.

La beauté des produits de M. Paisant est incontestable.

Nous rangerons également parmi ces produits du savon vert de M. GUILLER, du Mans, et la belle colle forte fabriquée par M. PASSIN-MAUXION, de Sainte-Colombe, que le Jury s'est plu à signaler.

M. TULASNE, du Mans, avait exposé de belles couleurs obtenues par lui, des produits liquides fort commodes, du jaune de chrome d'une vivacité de ton remarquable, des ocres fournies par certaines terres des environs ; ce qui a fait surtout distinguer ce fabricant, c'est sa belle collection de vernis tout préparés pour les diverses industries, et qui le recommandent à l'attention du public.

M. L'HOMME-LEFORT, de Belleville, a exposé un mastic mou pour greffer, qui a le grand avantage de pouvoir être employé en toute circonstance, sans qu'il soit besoin d'un réchaud, toujours incommode. Son emploi ne saurait être trop recommandé.

§ 3. ENGRAIS.

Les engrais exposés étaient ce qu'on appelle des engrais artificiels, composés de résidus de raffinerie, résidus d'animaux, sables de la mer, varecks, etc., etc., toutes matières d'un emploi nul dans l'économie ou dans l'industrie, et fournissant un engrais riche en matières fertilisantes.

Rendre vénale une matière inutile et même nuisible, créer une nouvelle source de richesses pour l'agriculture, c'est atteindre un des buts les plus honorables de l'industrie moderne. Aussi, quelle que soit la conclusion du Jury relativement à ces engrais, il tient à redire bien haut combien il estime de pareils travaux et combien il en désire le succès. Aussi eût-il été heureux d'être le Jury d'une société d'encouragement, pour demander, pour ces divers industriels, la marque distinctive la plus

relevée : il aurait agi comme d'autres sociétés d'encouragement qui, dernièrement encore, engageaient ces industriels à
marcher chacun dans la voie qu'il s'était ouverte. Mais des
considérations d'un autre ordre ont préoccupé le Jury, il devait
non pas voir si cette direction était heureuse, mais si les résultats auxquels on était arrivé étaient actuellement avantageux
pour l'agriculture. Sous ce rapport, malgré ses recherches, il
n'a pu affirmer que ces engrais fussent d'un avantage incontestable et dussent être préférés aux autres engrais. En parlant, sur ce sujet, des engrais artificiels, un célèbre agriculteur, M. Barral, disait :

« Un engrais fabriqué par l'industrie, livré au commerce,
« est sujet à tant de falsifications aisées à dissimuler, difficiles
« à reconnaître, qu'il peut être très-hasardeux de récompen-
« ser l'Exposant d'une telle denrée : rien ne garantit la cons-
« tance du produit ; il ne porte pas son cachet d'authenticité ;
« une médaille peut devenir une occasion nouvelle de rendre
« l'agriculture victime de la fraude... De là, la nécessité de
« n'encourager que des idées nouvelles, utiles, de ne récom-
« penser que des services constatés autrement que par l'envoi
« de simples échantillons... C'est un moyen transitoire devant
« conduire à préparer, dans les fermes mêmes, une plus grande
« masse de fumiers, en fournissant un excédant de nourriture
« pour le bétail. »

Nous avons deux questions à résoudre : 1° quelle est leur
valeur comme engrais ? 2° quelle est leur valeur comme engrais
artificiels, devant remplacer des engrais naturels ?

La théorie indiquait au Jury que les matières qui composaient ces divers engrais, contenant les principes des meilleurs engrais, devaient avoir un effet sensible sur les récoltes ;
mais, en agriculture surtout, les considérations théoriques ont
peu de poids quand elles ne sont pas accompagnées des données
de l'expérience. L'odeur décelait facilement la présence des
substances ammoniacales, et plusieurs avaient la forme de
grains secs, si commode et si convenable pour la diffusion sur

12

les champs ; d'autres présentaient cependant la consistance gluante, qui cause une véritable répulsion chez les ouvriers. Si des essais, dépassant nécessairement le temps d'une Exposition, ne pouvaient être tentés par le Jury, des certificats, émanant de personnes très-compétentes, affirmaient qu'elles avaient obtenu des résultats très-marqués dans l'emploi de ces engrais ; mais, malheureusement, lorsqu'il s'agit d'engrais, il n'est pas rationnel d'attribuer à une seule récolte la dépense occasionnée par un engrais, lorsque ses effets se continuent pendant plusieurs années. Sous ce point de vue, les essais comparatifs ne peuvent être appréciés d'une manière certaine qu'après plusieurs années, en tenant un compte exact de la somme des produits obtenus pendant la rotation tout entière.

Aussi, le plus récent des certificats, tout en donnant un certain avantage à l'un des engrais exposés, demande, avec prudence et sagesse, à ne conclure que l'an prochain.

D'un autre côté, les agriculteurs savent l'inégale action d'un engrais sur les différents terrains, et lorsqu'on voit le noir des raffineries avoir tant d'énergie sur certains sols, et si peu sur d'autres, comment se prononcer sur des engrais qui, dans quelques essais, ont montré la même irrégularité d'énergie ?

Le Jury ne peut donc porter de jugement sur la valeur des engrais proposés. Mais ces engrais, qui sont artificiels, même dans le cas où ils seraient reconnus inférieurs aux engrais naturels (et telle n'est pas la prétention du Jury), pourraient cependant avoir une valeur comparative réelle, comme matières artificielles, remplaçant ou suppléant les engrais naturels. Aussi, avons-nous cherché s'ils remplissaient les conditions d'une bonne substance artificielle. Ils remplissaient parfaitement la première condition, celle de présenter les qualités pour lesquelles ils sont vendus : ce sont des engrais. Tout homme peut-il, à simple vue, constater la supériorité ou l'infériorité de ces engrais sur les engrais naturels ? Évidemment non : il est vrai que plus d'un fournissait l'analyse garantie de ses produits; mais, pour l'agriculteur, cette analyse, qui constate la constance de l'engrais et qui éloigne tout soupçon de mélange, n'est pas une donnée suffisante de sa valeur.

Enfin, pour qu'un produit artificiel vienne en aide à la consommation, il faut qu'à égalité de prix, il ait une valeur non inférieure, ou qu'à égalité d'action, il ne soit pas d'un prix supérieur, sans quoi l'agriculteur n'a pas avantage à employer un engrais artificiel, qui, n'entrant pas en concurrence avec l'engrais naturel, ne lui vient pas en aide, lorsque celui-ci est insuffisant.

L'appréciation de la valeur de l'engrais par la théorie se fait souvent par la contenance en azote. Sans assumer la responsabilité de cette manière d'envisager la puissance des engrais, fort commode sans doute, mais peut-être un peu exclusive, nous avons appuyé des calculs sur cette base, et nous sommes arrivés aux résultats suivants, d'après les analyses connues du guano du Pérou, comme type, et des analyses des engrais artificiels données par les Exposants.

Le kilogramme d'azote revient à moins de 2 fr. 80 dans le guano du Pérou, et, dans les engrais artificiels exposés, à plus de 4 fr. 10. Les chiffres ici ont trop d'éloquence. Souvent, il est vrai, il faut tenir compte des phosphates, mais le guano du Pérou ne contient pas moins de phosphate que les engrais proposés, d'après les analyses qu'on nous a présentées.

Donc, au point de vue théorique, à égalité d'action, les engrais artificiels sont d'un prix de beaucoup supérieur. La pratique, tout incomplète qu'elle se soit présentée, donnait d'ailleurs des indications dans le même sens.

D'après un agriculteur distingué, le moins cher de ces engrais, au point de vue de l'azote, a donné des résultats inférieurs au guano du Pérou. Un terrain avait été fumé alternativement : une planche par du guano du Pérou, la planche suivante par cet engrais : on avait eu soin d'y mettre, pour la même somme, des deux engrais; la différence fut complétement en faveur du guano du Pérou.

Ces insuccès doivent être signalés, car l'emploi de certains engrais artificiels pourrait avoir pour effet de décourager à tort l'agriculteur, généralement peu disposé à entrer dans la voie des expérimentations, et de l'empêcher ainsi de faire usage du véritable guano.

Le Jury ne se trouve donc pas suffisamment éclairé sur l'effet des engrais artificiels pour recommander leur emploi ; mais il approuve hautement l'idée de ces produits et les procédés pour les obtenir, espérant que MM. les Exposants arriveront à les livrer à un prix qui rendra ces engrais incontestablement utiles à l'agriculture.

§ 1. CHAUX ET CIMENTS.

Les carbonates calcaires donnent seuls de la chaux par leur cuisson. On distingue deux variétés principales : les chaux grasses, si précieuses pour l'agriculture, qui les emploie aujourd'hui sur une grande échelle, surtout dans nos régions de l'Ouest, et les chaux hydrauliques, si utiles pour toutes nos grandes constructions. Toutes les deux forment pâte avec l'eau ; mais tandis que la première se délaie dans l'eau, la seconde s'y durcit ; de là l'emploi de cette dernière, non-seulement dans les travaux submergés, mais aussi dans les parties humides des habitations et dans les travaux exposés à la pluie. M. Vicat, auquel l'humanité entière doit être reconnaissante de ses études importantes sur ce sujet, a signalé dans la Sarthe un grand nombre de calcaires dans lesquels on peut développer le caractère hydraulique.

Un géologue de notre département, qui est en même temps chimiste, M. Ed. Guéranger, a étudié dans ce pays un nombre considérable de chaux et de ciments. Aussi est-il étonnant que l'Exposition n'ait présenté qu'une chaux hydraulique et qu'un ciment manifestant très-difficilement la propriété hydraulique.

Cependant, M. Harel, du Mans, présentait une nouvelle application de ces produits dans la construction en béton de larges tuyaux destinés à la conduite des eaux. Ils ont été remarqués par leur bonne façon et leur grand diamètre. C'est un nouvel emploi de cette matière, précieuse à tant d'égards, et un nouveau service rendu par M. Harel à son département.

§ 5. TERRES FAÇONNÉES, BRIQUES, PAVÉS OU CARREAUX, TUYAUX DE DRAINAGE.

Une préparation simple transforme l'argile en briques, pavés ou tuyaux de drainage. Chacun de ces objets doit présenter des caractères qui lui soient propres. Un pavé doit être dur, résistant, imperméable ; les bons tuyaux de drainage, tout en présentant cette dureté, se montrent en même temps cylindriques et sonores ; leur raccordement exige un soin particulier.

Parmi les fabriques qui exposent de la tuilerie, M. Busson-Lagroie, de Soulitré, s'est fait remarquer par ses tuyaux de drainage et la rondeur des manchons destinés à les assembler : il est bon de se rappeler que cette maison accepta, dans l'origine et alors que le succès n'était rien moins que certain, de fabriquer ces produits, si recherchés depuis des agriculteurs de nos pays. Ces tuyaux et ces manchons ont été signalés par la qualité de la matière et la régularité de la forme.

Il faut également noter les tuyaux de drainage de M. Dubas-Guyet, comme ayant été justement appréciés par le Jury.

Beaucoup de pavés étaient trop tendres : ceux de M. Piard, de Pruillé le-Chétif, au contraire, sont durs et imperméables.

Poterie proprement dite. — La terre façonnée pour les différents usages domestiques forme la poterie proprement dite. Recouverte d'un émail blanc, c'est la faïence. Le grès constitue une branche spéciale. Divers gisements permettent de fabriquer la poterie par excellence, la porcelaine. Nous sommes assez heureux pour posséder tous ces genres d'industrie dans la région.

MM. Cador et Beatrix, de Malicorne, avaient exposé un grand nombre d'objets divers de faïence. La variété des formes et surtout le bel émail dont ces Exposants savent recouvrir leurs poteries , ainsi que l'étendue de leurs relations , les ont fait depuis longtemps remarquer du commerce. Tout est fait pour les campagnes ; le débit en est considérable, mais la beauté et la régularité de la forme, l'élégance des contours, sont , pour un objet d'utilité, un charme de plus que l'on peut désirer, même pour la campagne.

La maison CADOR et LAUMONNIER, de Malicorne, avait une belle collection de grès et de poterie en cailloux d'une bonne forme, recouverte d'un beau vernis.

Le Jury a également remarqué de bonnes formes dans l'exposition de M. BERGER, du Mans.

La recherche et l'emploi du kaolin et du feldspath dans le plateau armoricain ont paru au Jury mériter d'attirer toute son attention sur l'exposition de M. GOUBIN, de Daoulas (Finistère). Cette exposition comprenait et la matière première et les produits façonnés. Comme la porcelaine est, sous tous les rapports, la plus belle poterie, c'est rendre un service signalé que d'exploiter les matières élémentaires que présente le sol de la Bretagne. On ne peut exiger d'une fabrique qui commence toute la perfection possible, quand on réfléchit aux difficultés sans nombre que le praticien rencontre. L'importance du service rendu est, d'après le Jury, digne des plus grands éloges, surtout lorsqu'on remarque que la découverte du kaolin ne remonte pas, en Bretagne, à plus de dix-huit mois.

Le Jury a constaté avec regret l'absence d'un produit voisin de la porcelaine et qui est bien connu dans le pays. Le verre et le cristal n'étaient point représentés, quoique la région possède plusieurs verreries d'une assez grande importance.

§ 6. PRODUITS DIVERS.

Sous ce titre nous rangerons des papiers, des matières grasses ou saponifiables, et quelques produits non classés.

1° **Papiers.**

Cinq Exposants, remarquables à divers titres, se rangent dans ce chapitre. Trois fabricants de papiers, MM. Tonnellier, Quetin-Bezard et Blanchard, fabriquent des papiers résistants à la traction, sonores, homogènes, unis, collés ou non collés, et propres à l'impression : ce sont de bons et beaux papiers.

M. Tonnellier a exposé un papier pot d'une belle qualité ; mais ses papiers sont en général poilés et nuageux ; son exploitation récente a pris avec rapidité un grand développement.

La fabrique de M. Quetin-Bezard, à Poncé, remonte à près d'un siècle. Fondée en 1760 par M. Savatier, elle est depuis 1792 sous le nom de M. Quetin. Elle emploie un grand nombre d'ouvriers et livre des quantités considérables de produits très-variés. Son papier pot a paru un peu bleu, mais le Jury a remarqué ses papiers bulle et ses papiers d'emballage.

Ces papiers étaient d'ailleurs comparés à des papiers hors ligne exposés par M. Blanchard, de Nantes. Papiers collés, papiers non-collés, papiers pelure, surtout papier pelure sans colle, et papier pot, se sont montrés magnifiques, et ont semblé avoir atteint toute la perfection désirable. La famille Blanchard a fondé, depuis fort longtemps, la manufacture d'Entiers, commune de Cuyand, près de Clisson. Une machine anglaise, en 1830, la transforma en fabrique de papiers à la mécanique. Dans ces maisons, qui, dès longtemps, passent de père en fils, la valeur des produits ne peut jamais décroître ; chaque génération hérite de l'expérience de la génération qui la précède sans interruption, et tient à honneur d'apporter son amélioration particulière.

MM. Malapert et Pichon, de Poitiers, ont présenté des papiers-filtres d'un nouveau genre, qui sont tout taillés et ont leurs plis marqués d'avance, comme cela se fait parfois. L'invention consiste en une gaze empâtée au centre, et destinée à donner de la solidité à cette partie la plus importante du filtre.

Le Jury cite avec éloges cette invention, destinée, d'après lui, à recevoir un assez grand développement, à cause de la sûreté qu'elle donne pour le filtrage des liqueurs.

2° Cartons.

Nous ne pouvons omettre, sans trahir les intérêts de notre contrée, les produits très-remarquables de l'usine de Mme veuve Chaloigne, dit Janvier-Dinocheau. Nous avons trouvé une série d'échantillons de ses cartons-pâte, qui sont très-dignes d'attention, tant sous le rapport de la fabrication et de la solidité, que sous le rapport des prix auxquels ils sont livrés au commerce de détail. Cette industrie, existant au Mans depuis de longues années, a semblé mériter à tous égards d'être signalée et récompensée. Le Jury invite toutefois Mme Chaloigne a rendre courante la fabrication de cartons semblables à ceux qu'elle a envoyés comme spécimens.

3° Cire, Stéarine et Suifs.

La bougie a été de tout temps, on le sait, un des produits importants du département de la Sarthe.

Deux Exposants du Mans ont présenté de la cire et de la stéarine, M. Guiller et M. Fouqueret-Leconte, qui possèdent chacun une fabrique très-importante ; mais noblesse oblige, et ces Messieurs n'ignorent pas que les ciriers du Mans doivent tenir à honneur de faire non-seulement aussi bien, mais même toujours mieux que qui que ce soit, quoique le gaz et certaines huiles puissent venir faire une rude concurrence à la bougie.

La cire du pays se blanchit mal : les fabricants de bougies et de cierges emploient, de préférence, des cires étrangères; les uns la tirent de New-York; les autres s'adressent aux départements voisins, la Bretagne, la Normandie. En général, des terres à blé noir nourrissent facilement les abeilles, et fournissent, au commerce, des cires d'un blanchiment plus facile.

La stéarine, qui remplace la cire dans les bougies ordinaires, n'est pas produite ici : les fabricants de bougie ne s'occupent qu'à la fondre : un peu de suif facilite le blanchiment et le travail de la stéarine. Tout est préparé en dehors, même les mèches tressées d'après la méthode de M. de Cambacérès. M. Guiller se recommande par l'étendue de ses relations , la qualité de ses produits, constamment bonne et identique à elle-même.

Les suifs ont paru au Jury d'une fort belle qualité. Fondus en branche par M. Venot, au Mans , sans addition d'aucun agent chimique, ils sont blancs, secs et sans odeur. M. Venot attribue avec raison la beauté de ses suifs à l'origine de ses matières premières, à sa méthode d'extraction, qui lui laisse d'excellents résidus, fort estimés pour l'engraissement des porcs. M. Venot n'emploie que la graisse, plus compacte et plus ferme, d'animaux abattus maigres.

M. Morin, au Mans, exposait de l'huile de pied de bœuf, du dégras et diverses autres matières. Le Jury ne pouvait oublier un industriel qui a su tirer un parti utile de tous ces résidus d'abattoir et de cuisine.

La résine, l'essence et la colophane de M. Renou, de la Guettrie, près de Baugé, ont été signalés comme de très-beaux produits Leur qualité irréprochable prouve que les pins de nos pays sont susceptibles de devenir une source de richesses pour ceux qui, comme M. Renou, les exploitent avec intelligence. La limpidité et la pureté de ces substances ont été remarquées par le Jury, qui s'est étonné que l'opération du gemmage soit aussi peu pratiquée dans le pays, quand on songe aux produits qu'on en retire, et aux savons, si recherchés par certaines industries, que peut former la colophane.

CLASSE IV.

TISSUS.

Les objets compris en cette classe ont été répartis en 9 sections.

1° Toiles de lin et de chanvre, écrues et blanches.

2° Fils de chanvre, écrus et blanchis.

3° Cordages.

4° Dentelles.

5° Tissus de coton.

6° Tissus de laine.

7° Tissus imperméables.

8° Crins.

9° Instruments employés pour la fabrication des fils et tissus.

EXPOSÉ.

La section des tissus se compose presque entièrement de toiles de lin et de chanvre. — Leur fabrication prend un développement constant : il suffit, pour en faire connaître l'importance, de dire qu'elle fait battre environ dix mille métiers dans notre Département. — La bonne qualité des toiles de la Sarthe, la facilité avec laquelle nos ouvriers se prêtent aux genres variés qu'on leur fait faire, semblent assurer un bel avenir à notre principale industrie.

L'admission de nos toiles dans les fournitures de la guerre, en 1854-1855, a rendu le plus grand service au pays ; elle a perfectionné nos ouvriers, et aujourd'hui nous pouvons lutter avec les meilleures fabriques de France.

Une partie seulement de l'industrie toilière est représentée à notre Exposition. Plusieurs fabriques n'y figurent pas, telles que celles de Mamers et de Château-du-Loir. Ajoutons que nous devons constater, avec regret, l'abstention de plusieurs départements, entre autres : la Mayenne, Maine-et-Loire, les Côtes-du-Nord, le Finistère, l'Ille-et-Vilaine. Si ces départements avaient répondu à notre appel, notre Exposition aurait été entièrement remarquable sous le rapport des tissus de chanvre et de lin.

§ I. — TOILES DE LIN ET DE CHANVRE.

Nous devons signaler tout d'abord l'exposition, *hors concours*, de MM. Cohin et Cie. Leurs deux établissements du Breil et du Mans ont donné une impulsion nouvelle au tissage de notre pays, et nous sentons ici le besoin d'acquitter une dette de reconnaissance, au nom du Département, envers l'habile industriel qui les a fondés.

La fabrique du Breil a pris, depuis quelques années, une grande extension. Plus de 4 millions de mètres de toiles ont été fabriqués dans cet établissement, de 1854 à 1856 ; une grande partie était destinée aux fournitures de la guerre. C'est au Breil, et sur l'initiative du chef de cet établissement, qu'ont été fabriqués les types des toiles : *sacs-abris, tentes d'officiers, tentes de soldats,* et *sacs de subsistances,* adoptés par l'administration de la guerre. Sur ces types, plus de 6 millions de mètres ont été fabriqués dans la Sarthe, de 1854 à 1856. — Depuis la paix, Le Breil n'a rien perdu de son activité, la fabrication des toiles fines y est montée sur une large échelle. Près de 200 métiers sont occupés par des ouvriers intelligents, formés dans l'établissement, et produisent de belles toiles pour chemises, dont plusieurs pièces écrues et blanches figurent à l'Exposition.

Les toiles présentées par la maison Cohin et Cie, du Mans, offrent un caractère tout différent ; ses toiles, fabriquées au Mans et à Fresnay, sont d'une excellente qualité ; on y trouve aussi des genres spéciaux à cette maison, ce sont des *cordas,* toiles croisées, employées dans le Midi pour linge de table, et surtout des toiles fabriquées dans des métiers mécaniques, et d'une exécution parfaite : il y a là un progrès réel et de grandes difficultés vaincues.

C'est à l'initiative de M. Cornilleau, directeur de cet établissement, que nous devons l'introduction du tissage mécanique des toiles dans notre Département ; c'est à lui également que nous devons les premiers essais d'épuration mécanique des chanvres, au moyen de batteurs qui remplacent la *braie* des paysans.

Le Jury a vu, dans les ateliers de M. Cornilleau, ces ingénieux appareils ; il y a admiré des métiers mécaniques fonctionnant avec une régularité parfaite et donnant de bons et beaux produits ; enfin, il a remarqué un métier d'une forme toute nouvelle, construit chez M. Cornilleau et avec sa coopération.

Qu'on nous permette ici de présenter quelques remarques sur l'importance et l'avenir du tissage mécanique. Cette question, selon nous, mérite une considération sérieuse. — Depuis plus de 30 ans, les toiles communes sont tissées mécaniquement en Ecosse ; le tissage manuel disparait de plus en plus dans ce pays : à peine rencontre-t-on encore quelques métiers sur des points isolés. -- L'Irlande, avec sa spécialité de toiles fines et sa main-d'œuvre à bas prix, n'avait pas suivi ce progrès. Il y a deux ans, on y comptait à peine quelques métiers mécaniques ; c'était même une opinion généralement accréditée, que jamais on ne parviendrait à faire des toiles fines mécaniquement. Depuis deux ans, une grande révolution s'est opérée dans cette industrie. — Deux modifications hardies permirent de résoudre tout d'un coup ce problème cherché depuis 30 ans, et considéré comme insoluble. — Remarquons, en passant, que ces modifications apportent une économie notable dans les frais de production. — Aujourd'hui, des métiers pour les toiles fines se montent en grand nombre à Belfast, et sur divers points de l'Irlande des établissements considérables surgissent pour ce tissage, à l'étonnement de tout le monde ; les résultats dépassent l'attente des plus enthousiastes. En présence de ces faits, pouvons-nous douter de l'avenir de cette industrie ? — Attendrons-nous que ces produits nouveaux envahissent tous les marchés, même les nôtres, paralysent nos métiers, et nous laissent encore en arrière ? — Nous croyons que ce n'est pas là l'esprit de l'industrie française. Nous comprenons aujourd'hui qu'il faut progresser ; celui qui s'arrête se trouve débordé par le flot qui s'avance. — Pendant que les économistes et les industriels discuteront sur les avantages des métiers mécaniques et à la main, les produits anglais encombreront nos marchés, et nous verrons encore notre belle industrie en souffrance. — Il faut agir ! il faut suivre le progrès ! — Dès lors le pays ne doit-il pas encourager ceux qui comprennent la position, et qui tentent des efforts généreux pour assurer à notre pays ces nouvelles conquêtes au prix de grands sacrifices ? — Ce sont ces considérations qui ont dirigé le Jury, quand il a décidé de décerner à M. Cornilleau, quoique à titre de coopérateur seulement, la plus grande récompense dont il dispose, la médaille de vermeil.

Nous devons mentionner ici l'exposition de MM. VÉTILLART frères, qui se trouvent également hors concours. Les fils blanchis exposés par eux sortent de leur travail de tous les jours. Solidité, régularité, bon apprêt, tel est le mérite, justement apprécié, des fils traités par MM. Vétillart.

Nous ajoutons que nous leur devrons bientôt un grand établissement, fonctionnant d'après les meilleurs procédés, qui donnera à nos toiles un bel et bon blanc, que nous sommes forcés d'aller chercher dans le Nord. Ce sera un nouveau service rendu à l'industrie de la Sarthe par MM. Vétillart.

Abordons maintenant les expositions de toile, qui doivent prendre part au concours.

Nous devons citer en première ligne celle de M. BARY jeune, du Mans, qui nous a le plus frappé. — Les toiles présentées par cette maison sont très-variées. Depuis la toile commune pour chemises d'ouvriers, jusqu'aux plus fines, toutes sont remarquables par leur excellente fabrication, le choix et l'assortiment des fils. Le Jury a remarqué, chez ce fabricant, un progrès réel et du plus haut intérêt, tant sous le rapport de la perfection du tissage que sous celui de la modicité des prix, qui se trouvent en rapport avec ceux des autres points de la France les plus avancés dans cette industrie. M. Bary occupe en moyenne 1000 ouvriers; il a de plus le mérite de donner dans notre ville un développement sérieux et plein d'avenir à la fabrication des toiles. Le Jury accorde à cet habile industriel une médaille de vermeil.

M. Verdier, Henri, de Fresnay, récompensé à l'Exposition Universelle de 1855, a soutenu sa belle fabrication de toiles de Fresnay, d'une très-bonne qualité. Comme le Jury international, nous n'avons d'autre reproche à lui adresser que le prix un peu élevé de ses toiles. L'exposition de M. Verdier mérite une médaille d'argent.

M. Richer-Levesque, d'Alençon, est le seul fabricant de cette localité qui ait exposé; il présente un assortiment de toiles variées dont la qualité est bien supérieure aux sortes ordinaires d'Alençon. Nous y avons trouvé quelques toiles d'une qualité hors ligne. Nous retrouverons cet industriel recommandable parmi les filateurs.

M. Paul Rousseau, de Fresnay, connu par la bonne qualité de ses toiles, a reçu des récompenses à toutes nos Expositions précédentes. Le Jury rappelle la médaille d'argent.

M. Renard-Gayet, de Fresnay. — Les efforts soutenus que fait M. Renard pour se maintenir au niveau des meilleurs fabricants de Fresnay méritent des éloges et des encouragements. Ses toiles fines sont parfaitement faites. Le Jury lui accorde une médaille d'argent.

M. Jouet-Dubois, de Parigné-l'Evêque, est un de ceux qui

ont fait faire le plus de progrès aux toiles rurales des environs du Mans. Son exposition est à signaler pour la bonne fabrication de ses produits. Il présente aussi des toiles à voiles en coton très-bien faites, et qui offrent un intérêt de nouveauté pour le pays. Le Jury accorde à M. Jouet une médaille de bronze.

M. Blanchard, Isidore, de Sillé-le-Guillaume. Ce fabricant a persisté à produire de bonnes toiles de chanvre en fil filé à la main, dont l'excellente qualité est appréciée par certains consommateurs, malgré leur prix excessivement élevé. Une médaille de bronze lui est décernée.

M. Bance, de Mortagne. — Ces toiles, exceptionnelles par leur prodigieuse largeur, ont été remarquées ici comme à l'Exposition Universelle. La consommation en est très-bornée. C'est une spécialité à laquelle M. Bance s'est attaché et qu'il produit seul en France. Cette exposition mérite une médaille de bronze. — La toile en 8 mètres de largeur a été fabriquée à Fresnay, par M. J. Gérard, tisserand. Le Jury tient d'autant plus à le constater ici, qu'informé trop tard de cette circonstance, il n'a pu se trouver à temps en mesure d'examiner le mérite de cet utile coopérateur, qui est au moins un très-habile ouvrier.

M. Bouttevin, de Verneil (Sarthe), présente deux toiles en grande laize, genre de Château-du-Loir. Ces toiles sont bien rendues ; l'une d'elles surtout est remarquable sous tous les rapports et mérite pour ce fabricant une mention honorable.

M. Bonnejent, du Mans, expose une toile jaune à pantalons, et une toile en 3^m 20, fabriquée dans un métier de 1^m 60 de largeur. Sans se prononcer sur le mérite de ce procédé de tissage, le Jury pense que cette innovation est ingénieuse, et accorde une mention honorable à M. Bonnejent.

MM. Bruneau père et Heurtebise, du Mans. — Nous avons remarqué, dans cette exposition, des essais de blanchiment du *chanvre en filasse.* Cette filasse, pilée après avoir été blanchie, est d'une douceur et d'une finesse remarquables. Quoique cette idée ne soit encore qu'à l'état d'essai, le Jury pense qu'elle peut donner des résultats intéressants et accorde pour cette exposition une médaille de bronze.

MM. Lesiour et Maillard, d'Alençon, exposent des fils qu'ils annoncent être blanchis par des procédés nouveaux. Ces blancs paraissent satisfaisants et méritent une mention honorable.

§ 2. — FILS DE CHANVRE.

MM. Richer-Levesque et Terry, d'Alençon. — M. Richer-Levesque a le mérite d'avoir introduit et perfectionné la filature du chanvre à sec et mouillé, dans nos contrées. Il a contribué à remonter essentiellement le tissage de nos toiles de ménage qui cessaient d'alimenter nos marchés et auraient disparu faute de fils de chanvre. Ces produits ont été d'une indispensable nécessité pour les fournitures de la guerre de 1854 à 1856. Cette maison expose de bons fils de sa fabrication ordinaire, de diverses qualités, tant en long brin qu'en étoupe, filés à sec et mouillés. Cette filature, qui possède 1600 broches et occupe plus de 300 ouvriers, donne des produits qui ont été appréciés par le Jury. Vu l'importance de cette industrie et le mérite de ces industriels, le Jury leur décerne une médaille de vermeil

MM. Gaëlé et Thoury sont propriétaires de la filature d'Yvré-l'Évêque, à laquelle ils ont fait subir des améliorations importantes. — Cet établissement, qui donne d'excellents produits, a toujours su se tenir au niveau des besoins de la fabrication. — Pendant la guerre, des services de nuit ont été établis pour satisfaire aux exigences du moment, et depuis la paix leur fabrication a pu se maintenir sur le même pied, tout en se modifiant suivant les besoins de la fabrique. Cet établissement occupe 220 ouvriers et compte 1000 broches ; il est

mis en mouvement par une force hydraulique de 70 chevaux.
Une médaille d'argent est décernée à ces habiles filateurs.

§ 3. CORDAGES.

M. Morin, Joseph, du Mans, expose des ficelles et des cordages de sa fabrication courante. Nous devons constater qu'il a, le premier, donné l'élan, dans notre pays, à cette industrie qui est montée aujourd'hui sur une grande échelle et occupe un nombre considérable d'ouvriers dans notre ville. A ce titre, le Jury accorde à M. Morin une médaille de bronze.

MM. Metais et Décourt, du Mans, présentent un assortiment de ficelles et de cordages qui témoignent de leur habileté ; mais le peu d'importance de leur fabrication et la consommation restreinte de ces produits ne nous permettent pas de nous étendre davantage sur le mérite de leur exposition. Nous avons remarqué avec intérêt une petite machine de leur invention, au moyen de laquelle on peut filer un fil simple, double ou triple, sans le secours d'un aide pour tourner la roue ; le cordier, par sa marche rétrograde, donne lui-même le mouvement aux crochets. Ce petit appareil présente des combinaisons ingénieuses. Le Jury accorde à ces Exposants une médaille de bronze.

§ 4. DENTELLES.

Mlle Mary, dite Lépine, d'Alençon, nous a envoyé de magnifiques échantillons de point d'Alençon. Ces dentelles sont aussi remarquables pour le goût des dessins que pour la perfection et la finesse du réseau. Mlle Mary mérite une médaille d'argent.

Les Sœurs de la Providence de Notre-Dame du Pré, au Mans, exposent des valenciennes faites dans leurs ateliers par des jeunes filles formées par elle ; la fabrication en est très-bonne, mais les prix en sont trop élevés. Ces dames ont le mérite d'avoir introduit cette industrie dans notre ville, et nous devons leur savoir gré des efforts qu'elles font pour atteindre ce but. 25 à 30 ouvrières sont occupées à ce travail sous leur direction. Elles ont joint à leur vitrine un manteau de nuit et une serviette d'enfant, remarquables par la perfection du travail. Le Jury, pour encourager leurs efforts, leur accorde une médaille de bronze.

§ 5. TISSUS DE COTON.

Mme veuve QUENTIN, de Bessé, envoie un assortiment d'articles de coton pour la campagne, remarquables par leur solidité, leur bonne confection, et leur prix modéré. Les futaines écrues et teintes peuvent rivaliser, pour la qualité et le prix, avec celles de toutes les autres fabriques. Nous voyons avec plaisir que l'industrie de Bessé se maintient au niveau du progrès, grâce aux efforts persévérants de cette maison. Cette exposition mérite une médaille d'argent.

M. JOUANNAUX, Gustave, à Coëmont. — Ce fabricant expose des ouates en rouleau qui sont parfaitement confectionnées sous tous les rapports. Elles sont bien collées, le coton en est très-beau. On ne peut trouver dans aucune fabrique un article mieux fait. M. Jouannaux a le premier introduit dans le commerce la ouate en pièces, qui se fabriquait autrefois toujours en feuilles. Le mérite de cette innovation, ainsi que la belle confection des objets exposés, décide le Jury à accorder une médaille d'argent à ce fabricant.

MM. DIOT et NOURRY, de Flers. — Cette maison présente un assortiment assez varié des étoffes de coton, dites articles de Flers; ce sont des coutils pour ameublements, et autres étoffes d'une bonne et solide fabrication; les prix en sont très-modérés; cette exposition mérite une médaille de bronze.

§ 6. TISSUS DE LAINE.

MM. COUASNON et BOREL, de Nogent-le-Rotrou. — Nous avons ici une exposition remarquable d'un produit qui avait autrefois une importance considérable dans notre pays et dans le Perche. Ce sont des étamines pour pavillons, pour voiles de religieuses, et des étoffes de laines diverses. Nous avons surtout remarqué la perfection d'exécution des articles pour voiles. Les échantillons de laine peignée du Perche méritent aussi une attention particulière. Cette laine forme des chaînes supérieures à celles produites par les laines du Midi. Cette maison importante, qui occupe 250 ouvriers, prend la laine à l'état brut, pour lui faire subir toutes les transformations dont nous avons ici des échantillons. Le Jury récompense ces habiles industriels par une médaille d'argent.

M. Guiller, Prosper, de Saint-Denis-les-Ponts, près Châteaudun. — Cette exposition de couvertures de laine mérite de fixer l'attention. La fabrication en est très-soignée ; les lainages fort beaux, et les prix peu élevés. Le Jury accorde une médaille de bronze à M. Guiller pour ces excellents produits.

M. Husson-Labiche, de Chartres. — Cette maison expose des bas de laine d'une fabrication parfaite et en très-belle matière. Les prix en sont très-modérés. Cet industriel recommandable, outre son atelier de Chartres, en possède deux autres aux environs d'Amiens, qui occupent de 35 à 40 ouvriers, surtout des enfants de 14 à 16 ans. Le Jury accorde à cette industrie méritante une médaille de bronze.

M. Fournier-Bouttevin, de Mayet, expose des produits de sa fabrication ordinaire, connus sous le nom d'Etoffes de Mayet. Il présente aussi une pièce de drap, qui est la première fabriquée dans cette localité. Ses étoffes communes, employées dans les campagnes et justement appréciées, méritent une mention honorable.

§ 7. TISSUS IMPERMÉABLES.

MM. Degaigné et Cie, d'Angers. — Cette maison présente une grande variété d'objets préparés par le procédé d'imperméabilisation qui lui est propre. Ces objets sont souples, légers, et d'un prix très-modéré. Cette industrie est appelée à rendre de grands services. L'ensemble de cette exposition mérite une médaille de bronze.

M. A. BÉRANGER, du Mans. — Le Jury remarque, parmi les objets exposés par M. Béranger, ses toiles imperméabilisées et histasapées, ainsi que divers objets confectionnés avec ces toiles. Les efforts tentés par M. Béranger pour introduire dans notre ville cette utile industrie méritent des encouragements. Le Jury lui accorde une médaille de bronze.

M. DESBOIS-RICHARD, d'Angers. — Cette exposition se compose d'une bâche imperméable et d'un rouleau de cordages préparé par le même moyen. Ces produits sont connus pour être bons, et méritent une mention honorable.

M. FOUCHER aîné, de Rennes. — Cette collection de vêtements et d'étoffes, rendus imperméables par un procédé qui ne change rien à l'aspect du tissu, offre beaucoup d'intérêt. Il est facile de constater que cet apprêt nouvellement appliqué remplit bien son but, mais le Jury ne peut se prononcer sur la durée de cette préparation; il faudrait pour cela des expériences de longue haleine que nous n'étions pas en mesure de faire. Ne pouvant nous prononcer sur un point aussi important, nous devons nous borner à signaler les résultats que nous avons pu constater. Le Jury accorde à cette exposition une mention honorable.

§ 8. CRINS.

M. BRELAY, à Usseau (Deux-Sèvres), envoie un assortiment de crins carrés et frisés, et de soies pour la brosserie; ces produits sont intéressants; quelques mélanges de crins frisés sont d'un prix remarquablement bas. Les crins qu'il emploie sont tirés en partie d'Amérique; les soies proviennent de diverses provinces de France et particulièrement de la Bretagne et du Midi. Cette maison exporte une partie de ses produits en Angleterre. Le Jury accorde à cette exposition une mention honorable.

§ 9. INSTRUMENTS EMPLOYÉS POUR LA FABRICATION DES FILS ET TISSUS.

M. BOUTTIER, dit PAVACE, de Pontlieue. — Cet ouvrier expose un rouet qui permet à la fileuse de mettre son fil en écheveau, tout en continuant son travail ; ce résultat s'obtient au moyen d'une poulie fixée sur l'axe du rouet et qui communique le mouvement à un dévidoir sur lequel vient s'enrouler le fil de la bobine qui vient d'être faite. Il y a, par ce moyen, économie de temps pour la fileuse, sans augmentation sensible de l'effort qu'elle est obligée de produire. Cet outil ingénieux mérite une mention honorable.

M. CRANSAC, de Tours, a présenté un dévidoir mécanique à 10 bobines, marchant au moyen d'une pédale qui règne sur toute la longueur du métier, et permet à l'ouvrier de rattacher les fils rompus, tout en continuant le mouvement de la machine. La combinaison de cet appareil est ingénieuse et simple ; cependant la légèreté de sa construction ne peut lui permettre de rendre de grands services à l'industrie.

Cette machine fatigue beaucoup et a besoin de solidité et de précision. Elle peut cependant être utilisée pour la soie et le coton. Elle mérite une mention honorable.

MM. LECOMTE frères, à Nuillé, près le Breil ;
    LECOMTE fils ainé, au Breil ;
    LECOMTE, au Mans.

Ces trois fabricants présentent des peignes à tisser en acier, bien fabriqués et répondant aux besoins de la fabrication des toiles. Le Jury accorde à chacun d'eux une mention honorable.

M. HUBERT, au Mans. — Cet habile fabricant de peignes à tisser en canne mérite aussi une mention honorable.

CLASSE V.

CUIRS ET PEAUX , CHAUSSURES , FOURRURES ET CARROSSERIE.

—

La 5me classe a compris, dans son examen, les cuirs et peaux, les chaussures et formes, les fourrures, et enfin les harnais et les voitures. Ces derniers objets surtout ont fourni une exposition réellement brillante; et si le Jury a dû signaler quelques défauts, il a eu, par contre, la bonne fortune de rencontrer , dans la carrosserie, des produits dignes de figurer partout avec succès.

CUIRS ET PEAUX.

Dix-huit Exposants, tanneurs et corroyeurs, ont présenté à l'Exposition les cuirs et peaux préparés pour la sellerie, la chaussure et les divers usages auxquels sont appliqués les produits de leur industrie.

Si l'art du tanneur et du corroyeur n'ont point fait, dans ces dernières années, de ces progrès étonnants et rapides qui ont modifié tant d'industries, il n'est point resté stationnaire.

L'emploi judicieux des bons procédés de fabrication qui ont reçu la sanction du temps, et qui, malgré leur ancienneté, sont reconnus préférables à ceux par lesquels on a tenté de remplacer l'écorce et de diminuer la durée du tannage, est devenu plus général.

Les puissants et presque intelligents moyens offerts par les machines ont été appliqués à la compression des cuirs et à la trituration des écorces pour le tan, et ils sont venus faciliter bien des opérations et aider au développement de l'industrie qui nous occupe, et dont le rôle, bien que peu brillant, est un des plus utiles.

Il y a 10 à 15 ans, les villes de Château-Renault, Tours, Givet, dont les produits sont partout renommés, semblaient avoir et devoir conserver le privilége des bons procédés de tannage qui donnent aux cuirs la souplesse et la résistance nécessaires à un long et facile usage ; aujourd'hui les tanneries d'Ille-et-Vilaine, du Morbihan, de l'Orne et de la Sarthe, qui ont pris part au concours du Mans, ont démontré qu'elles pouvaient dignement soutenir la concurrence sur tous les marchés, tant pour les prix que pour la bonne qualité ; et leur production augmente chaque année.

Sans entrer dans aucun détail particulier pour chaque Exposant, ce qui nous entraînerait simplement dans des répétitions inévitables, nous signalerons sommairement ici les motifs des diverses récompenses décernées par le Jury, en regard de la mention de ces récompenses.

La même marche sera suivie pour ce qui concerne la chaussure et les fourrures.

Médailles d'argent.

E. Leroux, tanneur à Rennes.— Pour la qualité supérieure et le parfait tannage de ses cuirs forts.

Ch. Legoué, corroyeur au Mans.— Pour ses cuirs lustrés et ses veaux corroyés, qui ne laissent rien à désirer ; les empeignes pour galoches, ou brides russes de cette maison, réunissent l'élégance à la bonne confection.

Leprout-Vérité, tanneur, au Mans. — Pour la très-bonne préparation de ses cuirs de cheval lissés et effleurés.

Médailles de bronze.

Brizou fils ainé, tanneur à Rennes. — Pour cuirs forts lissés de bonne qualité, bien tannés.

Barrabe et Doré, tanneurs à Rennes. — Pour cuirs forts lissés et vaches lissées de bonne qualité.

Corniquel, tanneur à Vannes. — Pour veaux cirés et veaux gris, préparés pour empeignes, remarquables par leur souplesse.

Mentions honorables.

Albert Havard, tanneur à La Flèche.—Pour la qualité reconnue des produits de sa fabrique ; les cuirs exposés par cette honorable maison n'étaient pas, comme préparation, à la hauteur de la bonne réputation qu'elle s'est acquise.

Hardy frères, tanneurs à La Flèche. — Pour cuirs à courroies bien préparés.

Bazile, à Châteaubriand. — Pour peaux de vaches bien corroyées.

A. P. Bourdon, tanneur à Argentan (Orne). — Pour cuirs façon de Hongrie.

Bellanger, bourrelier à Pontlieue (Sarthe). — Pour ses courroies de transmission auxquelles il applique un mode de couture très-recommandable.

A. Vannier, corroyeur au Mans. — Pour ses brides de galoches et de sabots, bien préparées et livrées à bas prix.

CHAUSSURES.

Médaille de bronze.

Chazelle et Cⁱᵉ, fabricants de chaussures à Tours. — Pour la bonne confection de leurs chaussures clouées, bottes, bottines et souliers; les matières premières sont de qualité choisie ; coupe élégante. Le découpage par procédés mécaniques permet d'offrir des prix peu élevés, sans nuire à la solidité.

Mentions honorables.

Memin, au Mans. — Souliers et bottines cousus, de coupe élégante.

Carre, formier au Mans. — Formes de chaussures remarquables par leur exécution.

FOURRURES.

Le Jury décerne une médaille de bronze à M. Th. Thouin, fourreur au Mans, pour sa collection de fourrures exécutées dans ses ateliers, avec une véritable perfection ; son tapis rond en peaux de renards du pays, sa descente de lit, ses manchons sont l'œuvre d'ouvriers habiles et intelligents. Cet Exposant s'est distingué dans la confection de ses manchons allemands pour hommes.

HARNAIS.

Les colliers à plaques exposés par M. Bodeau, de Marsilly-sur-Maulne (Indre-et-Loire), ont offert au Jury un progrès véritable. Réunissant la solidité nécessaire au tirage de très-lourds fardeaux, à la légèreté qui manque généralement aux objets de ce genre, ils ont semblé dignes d'être signalés d'une manière toute spéciale, eu égard aux nombreux usages de ces colliers et à la grande utilité pratique qu'ils ont. Le Jury a donc décerné, d'après ces considérations, une médaille d'argent à M. Bodeau.

Les trois harnais de voiture sortis des ateliers de M. Pouriau fils, du Mans, sont des modèles à offrir aux selliers harna-cheurs ; la coupe en est gracieuse, les boucles d'une élégance et d'une solidité remarquables ; le cuir, enfin, d'excellente qua-lité, est cousu et travaillé avec un soin extrême.

Il est malheureux que l'on ne puisse arriver à une sem-blable perfection qu'en faisant de grands sacrifices et en payant un prix qui, pour les neuf dixièmes des acheteurs, semblera trop élevé.

Ce prix est cependant complétement justifié par le bon choix et la valeur réelle des matières premières, autant que par leur mise en œuvre et leur emploi.

Comme le nom de M. Pouriau fils doit se retrouver plus loin, à l'article des *Voitures*, pour mériter encore les éloges du Jury, nous n'avons point de récompense à mentionner ici en sa faveur.

VOITURES.

En tête de cet article, nous devons tout d'abord signaler l'exposition de voitures faites par M. Pouriau fils, du Mans, que nous avons déjà cité avec éloges dans l'article précédent.

Cette exposition comprend un coupé bien exécuté, dont la forme est bonne et dont la garniture simple et de bon goût est en même temps confortable ; puis une victoria et une voiture dite clarence , peinte en bleu d'outre-mer et garnie en reps de soie gris, qui est gracieuse, bien exécutée et très-finie dans ses détails et son ensemble. Aux yeux du Jury, ces deux dernières voitures témoignent, à tous égards, d'un véritable progrès dans l'industrie de la carrosserie en province.

La victoria , laissée en blanc à dessein, pourrait soutenir la comparaison avec les voitures sorties de très-bons ateliers de Paris. La serrurerie surtout, ainsi que le montage et l'ajustage du fer sur le bois, approchent de la perfection.

Pour arriver à de pareils résultats en province, un fabricant doit non-seulement avoir d'excellents ouvriers, mais encore connaître et aimer son état en véritable artiste.

Le Jury a donc décerné, sans hésiter, une médaille de vermeil à M. Pouriau fils, pour l'ensemble de son exposition de voitures et de harnais.

Mais, comme à côté du chef d'établissement, on ne doit point oublier l'atelier qui sait concourir à une aussi excellente fabrication, le Jury, dans l'impossibilité de récompenser nominativement tous les bons ouvriers, a choisi l'un des meilleurs, celui qui, par la bonté de ses services comme par leur ancienneté, peut à bon droit représenter l'atelier tout entier, M. Trollier (Joseph), maître forgeron, attaché depuis 22 ans à l'établissement de MM. Pouriau père et fils. Le Jury lui décerne personnellement une médaille de bronze de coopérateur, pour récompenser en lui non-seulement d'excellents services, mais leur continuité prolongée, ainsi que l'ouvrier d'une excellente conduite, à l'atelier comme au dehors.

M. Nouet, du Mans, a exposé une américaine, laissée en blanc, qui offre, dans sa serrurerie, des qualités réelles de solidité et de bonne exécution. Il devra soigner davantage la fermeture des portières et le travail du bois. Néanmoins le Jury, reconnaissant que M. Nouet a prouvé qu'il peut arriver à faire très-bien, lui décerne une médaille de bronze.

M. Poirier (René), de La Flèche, expose une américaine en noir, dont l'aspect général n'est pas complétement gracieux, mais qui offre cependant de bonnes parties. La serrurerie est fine, bien faite, mais un peu trop légère pour offrir une solidité complète. La voiture est bien montée dans son aplomb et avec les proportions exigées. Le Jury a accordé une mention honorable au sieur Poirier (Réné).

Un carrossier d'Angers, M. Chauvellier, a envoyé un tilbury, dont la coupe et quelques ornements sont peut-être un peu tourmentés, mais qui cependant est solide et bien exécuté dans plusieurs de ses parties. Les roues, bien faites, sont solides et légères, et les brancards bien disposés pour un tirage facile. La serrurerie, qui a paru bonne comme matière et comme exécution, offre deux innovations ou essais. Le palonnier, formé par un ressort, est placé en arrière de la traverse de devant, ou pièce de bois qui réunit les brancards. Une tige en fer part de chaque extrémité du palonnier, passe dans la traverse et se recourbe ensuite pour recevoir le trait. Cette disposition a sans doute pour but de rendre la pression du collier moins dure sur les épaules d'un cheval trop ardent, qui tire quelquefois par secousse ; mais l'application paraît peu justifiée pour une voiture aussi légère, et le prix de revient doit nécessairement en être augmenté.

La seconde innovation consiste en une charnière placée au point où deux supports en fer descendent de la caisse qui, placée en travers, vient se recourber de chaque côté et se rattacher aux brancards. Le ressort transversal qui porte cette charnière, au lieu d'être plat, est un peu incliné d'arrière en avant, et la caisse elle-même est penchée vers le cheval.

Cette charnière et ce manque d'aplomb sont sans doute destinés à annihiler les secousses au passage des ruisseaux, et celles, bien autrement désagréables, dues au trot du cheval dans les voitures qui, comme celle-ci, sont directement attachées sur les brancards.

Cette nouvelle disposition diminuera sans doute un peu ces secousses désagréables, mais sans les faire disparaître en entier probablement; d'un autre côté, nous devons dire que le prix de revient se trouvera plus élevé, et que l'exagération du travail ne tournera pas ici au profit de la grâce et du bon goût. Cependant, le Jury, tenant compte des recherches de M. Chauvellier, lui a accordé une mention honorable.

CLASSE VI.

CONSTRUCTIONS CIVILES, AMEUBLEMENT ET OBJETS DIVERS.

1re SECTION.

CONSTRUCTIONS CIVILES , ETC.

Sur les quinze départements appelés à concourir à notre Exposition, deux seulement (la Sarthe et la Vendée) se trouvent représentés dans cette section, et nous avons à signaler, avec plaisir, les produits de deux usines appartenant à notre ville du Mans, la scierie mécanique de M. DIOT-GILMAT, et celle de M. Alexandre LEGÉ. Ces établissements, qui se développent chaque jour, se sont présentés à nous, sinon comme entièrement semblables, du moins comme offrant l'un et l'autre de véritables mérites.

Chez M. Legé, l'installation est plus étendue ; et en outre des scies ordinaires, des machines à raboter et dresser les coins pour chemins de fer, nous y avons trouvé une belle machine à placage, dont les produits très-remarquables, en feuilles de différents bois, ont tout spécialement attiré notre attention dans la grande halle de l'Exposition. M. Legé possède aussi un atelier important pour la fabrication des coins, à Bruadan, près de Romorantin (Loir-et-Cher).

Chez M. Diot-Gilmat, qui a aussi un outillage pour fabriquer les coins de chemins de fer, disposé d'une manière différente, fort ingénieuse, nous avons trouvé, à côté des scies ordinaires, des machines à raboter et bouveter qui travaillent fort bien , et ont envoyé à l'Exposition des spécimens de parquets qui justifient la réputation dont ceux-ci jouissent au loin.

Presque en même temps, ces deux honorables industriels, chargés de commandes importantes en coins pour chemins de fer, ont été frappés des inconvénients que présente, dans l'emploi, le travail du bois sous les influences climatériques, qui font gonfler les coins en hiver et les font contracter en été, tellement qu'ils peuvent alors très-facilement glisser entre le rail et le coussinet. Pour remédier à ces inconvénients, ils ont cherché, chacun de leur côté, à dessécher artificiellement les coins. Sur leur demande, et afin de pouvoir indiquer, au moins approximativement, la valeur des résultats obtenus, nous avons fait, le 9 juin dernier, une série d'expériences (1), avec le concours de plusieurs ingénieurs, qui ont bien voulu nous aider et que nous remercierons ici d'une manière toute spéciale. Hâtons-nous de dire que de telles expériences, quoique conduites avec attention, auraient besoin d'être souvent répétées si l'on voulait formuler un avis absolu. Nous nous contenterons donc de constater, sous toutes réserves, que les procédés employés, en desséchant les bois, ont paru diminuer, d'une manière assez notable, leur résistance à la flexion, et réduire la charge sous laquelle la rupture se détermine. Nous croyons seulement que les bois ainsi desséchés, laissés ensuite quelque temps à couvert, mais exposés à l'air, devront beaucoup moins travailler, ce qui pourra être souvent d'un grand avantage. Toutefois, nous ne consignons cet avis que sous toutes réserves, nous le répétons, par suite de la nécessité d'expériences plus complètes et plus prolongées. C'est un point intéressant à étudier.

Mais revenons aux deux Exposants, dont l'esprit véritablement industriel, on le voit, ne se repose pas dans le présent et cherche à progresser. Sachons les en louer hautement. Les approvisionnements importants que nous avons vus dans les cours et sous les hangars des deux établissements témoignent, par leur qualité comme par leur quantité, de la valeur

(1) On trouvera, à la fin de ce rapport, les tableaux graphiques et numériques de ces expériences, publiés seulement à titre de renseignement.

des deux usines, qui ont chacune pour moteur une belle machine à vapeur.

On a donc trouvé de grands éloges à donner des deux côtés; et dans l'impossibilité de faire pencher la balance sans risquer de devenir injuste, on a dû accorder, aux deux, des récompenses égales, en tenant compte des compensations indiquées plus haut. Nous avons là deux usines importantes, dont les chefs ne s'arrêteront pas, nous l'espérons, dans la voie du progrès, et dont l'existence a une véritable importance pour la ville du Mans. Le Jury a donc accordé :

Une médaille d'argent à M. Alexandre Legé, et une médaille semblable à M. Diot-Gilmat.

L'Exposant que la Vendée a fourni, M. Genauzeau, de Fontenay-le-Comte, nous a envoyé une série de douelles pour tonneaux, obtenues par une scie mécanique qui débite le bois suivant la courbure nécessaire pour ce genre de travail. Les échantillons exposés accusent une perfection réelle, et, d'après les témoignages compétents que nous avons recueillis, les douelles ainsi fabriquées ne laissent rien à désirer. La scie courbe de M. Genauzeau, perfectionnée par lui, permet de varier les épaisseurs obtenues, et même d'évider les douves au milieu de la longueur, ce qui est un point très-important pour la flexion nécessaire lors de la fabrication du tonneau. On conçoit, enfin, que ce procédé doit considérablement restreindre les déchets du bois. M. Genauzeau annonce qu'un billot, qui produit avec le travail ordinaire, au couteau et à la doloire, 14 à 16 douves, en donne 40 par sa machine, qui peut en débiter 1000 par jour. Admis à l'Exposition de 1856, à La Rochelle, M. Genauzeau y a obtenu une médaille de bronze.

Le Jury a pensé que cet Exposant, dont le procédé présente une véritable importance au point de vue industriel, méritait une récompense, et une médaille de bronze a été décernée à M. Genauzeau.

On donne, on le sait, le nom de *stuc* au plâtre gaché avec

de la gélatine ou de la colle forte, ou bien au mélange de la poussière de marbre blanc avec de la chaux ou de la colle forte. Cette fabrication est extrêmement ancienne et remonte même à la plus haute antiquité. Mais nous devons dire que l'Exposition Universelle de 1855 elle-même n'a constaté aucun progrès important fait dans cette industrie, en sorte que nous ne pouvons nous attendre à trouver rien de nouveau ici dans cette branche d'industrie.

Parmi les objets en stuc figurant à l'Exposition, nous avons remarqué un fût de colonne imitant le marbre vert, surmonté d'un vase imitant le marbre blanc, le tout fabriqué par M. Choplain, stucateur plâtrier au Mans. La fabrication en est très-bonne, et le poli ne laisse rien à désirer, mais les prix sont beaucoup trop élevés.

Le Jury a donc accordé une mention honorable à cet industriel, qui a donné aussi un spécimen de carrelage, dit en ciment anglais, acquérant une grande dureté et un assez beau poli. Ce ciment est un mélange de plâtre, d'alun et de colle, qui se vend fort cher (40 cent. le kilog.), par suite du brevet qui protége encore l'inventeur, dont nous ignorons le nom. Il en résulte que le prix du mètre carré s'élève à 6 fr.

Nous devons signaler, enfin, un échantillon de pierre, poli et exposé par M. Choplain, qui obtient une surface parfaitement unie en remplissant les pores de la pierre avec du stuc liquide, ne donnant aucune épaisseur.

MM. Trottier, frères, Schweppé et Cⁱᵉ, d'Angers, exposent des tuyaux qu'ils désignent sous le nom de tuyaux en bois et coltar combinés, pour conduites de gaz et d'eau. Leurs procédés de fabrication sont très-ingénieux, en ce qu'ils permettent de tirer d'un même morceau de bois plusieurs tuyaux à l'état de cylindres concentriques. Le bois est ensuite imprégné d'huile et de coltar, et reçoit un enduit de bitume à l'intérieur et à l'extérieur.

Ces tuyaux offrent l'avantage de ne pas être sujets à l'oxidation, aux altérations chimiques, ni à la production de concrétions intérieures, comme les tuyaux de métal. L'adhérence du bitume au bois est plus forte que celle du bitume à la tôle employée dans le système Chameray, où les différences de dilatabilité tendent, d'ailleurs, à fendiller l'enduit.

De nombreuses attestations établissent que les tuyaux de MM. Trottier et Cie sont employés depuis plusieurs années pour les conduites de gaz, dans les villes d'Angers, de Brest, de Riom, de Castres, de Rennes, d'Alençon, de Laval, de Dijon, etc., et qu'ils sont d'un excellent usage. Ils sont également reconnus avantageux pour certaines conduites d'eau, probablement lorsque l'écoulement a lieu sous une faible pression.

Les prix auxquels ces fabricants les livrent au commerce donnent une économie de 25 p. 0/0 moins cher que les tuyaux en tôle et bitume, qui coûtent eux-mêmes de 30 à 40 p. 0/0 moins cher que les tuyaux de fonte.

Le Jury décerne une médaille de bronze à MM. Trottier frères, Schweppé et Cie.

Il a accordé enfin une mention honorable à M. Mariette, du Mans, qui a exposé une jolie grille en fer entourant les béliers hydrauliques dus à M. Bollée. M. Mariette est un habile serrurier, bien connu au Mans : aussi devons-nous exprimer ici nos regrets qu'il ne nous ait pas envoyé des produits d'un ordre plus élevé, qui eussent permis de mieux constater sa valeur.

En terminant l'examen de cette première section, qu'il nous soit permis d'exprimer le regret que les propriétaires des nombreuses carrières de divers matériaux, qui se rencontrent dans les quinze départements de la région de l'Ouest, n'aient pas songé à nous envoyer des échantillons de leurs produits. Au point de vue des constructions et du pays, c'est une lacune fâcheuse, que nous ne saurions trop inviter à combler dans les prochaines Expositions de la région. On faciliterait ainsi la

statistique, si importante à faire, des matériaux naturels, **et on**
vulgariserait la connaissance de nos richesses sous ce rapport.
Il importerait, bien entendu, de produire tous les prix de ces
matériaux sur carrière , en donnant des échantillons *bruts,*
taillés, et même *polis* dans certains cas.

2ᵉ SECTION.

MEUBLES ET OUVRAGES D'ÉBÉNISTERIE, DE MARQUETERIE, ETC., ET BILLARDS.

Trois départements (la Sarthe, Maine-et-Loire et la Loire-
Inférieure) figurent dans cette section, et quoiqu'il y ait quelques observations à faire au sujet du goût et des prix pour
certains des objets exposés, le Jury a été heureux de trouver
là des produits dignes d'être signalés.

On doit désigner tout d'abord et en première ligne M. Cornevin, de La Flèche, que l'on peut appeler un véritable artiste.
Il a envoyé des marqueteries fines en bois, qui sont de petits
chefs-d'œuvre de fabrication et de goût. Mais là n'est pas leur
seul mérite. M. Cornevin, par une étude longue, patiente et
surtout très-intelligente de la contexture des bois naturels, de
leurs diverses colorations suivant le sens de la coupe, est arrivé
à ce résultat, bien digne de remarque, qu'il compose toutes ses
marqueteries, ses mosaïques, pour mieux dire, uniquement
avec les bois livrés par la nature, sans recourir à aucune action
chimique pour la teinture des diverses nuances. Deux couleurs
seulement font défaut à M. Cornevin, le vert et le bleu ; mais
la faute en est à la nature, qui nous a refusé des bois de ces
teintes particulières. C'était le cas d'appliquer les procédés
d'injections colorantes du docteur Boucherie, et c'est ce qu'a
fait l'Exposant, qui a obtenu ainsi des bois colorés dans leurs
fibres, et non pas seulement teints à l'extérieur.

M. Cornevin a donc paru plus qu'un habile ouvrier, c'est un
véritable *mosaïste,* et après avoir admiré ses plaques pour
broches de femme, ses coffrets, et tout spécialement des reproductions parfaites de nature morte, le Jury a décerné à cet

artiste la récompense la plus élevée, une des médailles de vermeil.

Espérons que **M.** Cornevin complétera son œuvre par la publication de ses intéressantes études sur les bois, donnant la classification qu'il a trouvée pour en retirer les diverses nuances nécessaires à la mosaïque. Ce sera un véritable service rendu à son art.

M. Hubert, constructeur d'escaliers au Mans, a exposé un charmant modèle d'escalier à double montée, dont la disposition et les courbures véritablement gracieuses produiraient, sans doute, un fort bon effet en exécution. Il a publié, en outre, il y a quelques années, un ouvrage pratique, formant un guide sûr pour les ouvriers de sa spécialité. M. Hubert a successivement reçu, aux Expositions précédentes du Mans, une médaille de bronze en 1836, et une médaille d'argent en 1842. Le Jury a accordé un rappel de médaille d'argent pour cet Exposant.

MM. Degaigné et Cⁱᵉ, d'Angers, ont envoyé un buffet de salle à manger, en chêne sculpté (style renaissance, du temps de Henri II), et les trois gros meubles d'une chambre à coucher, en bois de palissandre, dont le style moins pur ne répond pas à une classification bien nette.

Ces meubles, très-bien exécutés, sont d'un bon aspect, et nous signalerons l'heureux assemblage du bois de palissandre *mat*, ressortant nettement sur le bois de même nature poli et verni.

Les ornements de piliers d'angles de ces trois meubles sont surtout gracieusement composés et sculptés. Il en est de même de l'ensemble et des détails du petit buffet en chêne.

En l'absence de certificats d'origine, vainement demandés à M. Degaigné, le Jury a dû recourir lui-même à des informations directes. Il en est résulté que M. Degaigné ne possède à Angers aucun atelier de fabrication, et qu'ainsi, les meubles exposés n'étant pas de lui, il se trouve tout naturellement rejeté de tout concours.

M. Rebours, du Mans, a exposé un vaste buffet de salle à manger, en chêne, ainsi que deux armoires à glace et un lit en palissandre et en bois de rose. Si nous avons pu signaler une bonne fabrication pour ces trois derniers meubles, nous avons le regret de constater que leur ornementation, ainsi que tout le buffet en chêne, pèche considérablement sous le rapport du goût.

Le Jury a donc été empêché par ces trois motifs d'accorder, comme il l'eût voulu, une mention honorable pour la main-d'œuvre des meubles de chambre à coucher.

Que M. Rebours ne se décourage pas ; il a toute l'étoffe d'un bon fabricant, et, avec de sérieuses études, il saura facilement atteindre aux plus hautes récompenses, dans les prochaines Expositions.

M. Leguay, de Nantes, a exposé un beau billard dont le travail est fort bon, quoiqu'on puisse lui reprocher peut-être un peu de lourdeur dans l'ornementation. Ce billard, monté sur une table en ardoise de Chattemoue, offre de véritables qualités, les bandes en sont justes et convenablement élastiques. On signalera la disposition ingénieuse des blouses, entièrement dissimulées à l'extérieur et ne portant aucune appendice saillant sur les faces du bois de l'encadrement, appendice toujours assez disgracieux. Une coulisse mobile ferme les blouses au niveau du tapis, lorsqu'on veut jouer sans leur secours.

L'on doit faire remarquer enfin que les assemblages du bois de l'encadrement de tout le meuble ne portent aucun boulon ou cheville visible à l'extérieur, ce qui constitue une fabrication plus gracieuse à l'œil.

Le Jury a donc accordé une médaille de bronze à M. Leguay, de Nantes, qui applique le même genre de fabrication à des bois moins riches, et, par suite, dote des avantages de son système, des billards d'un prix ordinaire et usuel.

3ᵉ SECTION.

OBJETS DE DÉCORATION OU D'AMEUBLEMENT EN BOIS , ENCADREMENTS,
CADRES, ETC.; OUVRAGES DE TAPISSIER, SIÉGES GARNIS , RIDEAUX, ETC.

M. JAFFRÉ, de Lorient, a exposé un spécimen d'encadrements, passe-partout de plusieurs formes réellement élégantes.
Tout est parfaitement exécuté, avec un goût véritable, et indique
une main intelligente et fort habile.

Le Jury a décerné à M. Jaffré une médaille de bronze.

Dans cette même section, on doit signaler M. GAUDRAY, de
Sablé, qui a envoyé à l'Exposition divers siéges (chaises en
canne, prie-Dieu,) entièrement fabriqués dans son atelier.
Quoique les formes manquent un peu de légèreté et d'élégance,
c'est là une industrie dont l'introduction mérite des encouragements, dans l'intérêt du pays.

Le Jury a accordé une mention honorable à M. Gaudray,
en l'engageant toutefois à améliorer suffisamment ses moyens
de fabrication, pour abaisser notablement ses prix, trop élevés
aujourd'hui.

Pour les ouvrages de tapissier, comprenant les siéges garnis,
les rideaux, portières, tentures en étoffes, etc., on a remarqué,
en première ligne, l'exposition de M. BERTIN-LAMARE, dont les
rideaux de fenêtre et les divers siéges garnis révèlent une main
habile. On pourrait seulement désirer peut-être plus de sobriété,
plus de simplicité dans l'agencement des draperies, qui y gagne-
raient en élégance. Les divers siéges sont bien garnis et font
honneur à ses ateliers. Les bois, dessinés et fabriqués exprès
pour la maison Bertin, n'ont pas été présentés pour leur travail, mais on les mentionnera afin de pouvoir citer avec éloges,
pour la solidité et la perfection de leur dorure , le nom de
M. Héry, dont on regrette de ne rien avoir trouvé en son nom
personnel : d'autant plus que les bordures dorées sorties de ses
mains peuvent rivaliser avec ce que Paris donne de meilleur.

Quant à M. Bertin-Lamare, le Jury lui a décerné une médaille d'argent.

M. Fournier, de La Flèche, est représenté par divers siéges garnis en soie et en cuir gaufré, dont le travail lui fait réellement honneur, surtout pour les meubles capitonnés, et pour le grand fauteuil en cuir gaufré, dans lequel il y a une certaine difficulté vaincue. Quoique les bois des siéges ne soient pas spécialement présentés, on doit dire qu'ils laissent à désirer dans la forme, sous le rapport du goût. La maison de M. Fournier ne pourra que gagner en plaçant ses bonnes garnitures sur de bons modèles de bois.

Le Jury a accordé une mention honorable à M. Fournier.

M. Allain, de Rennes, expose un bois de fauteuil, dit renaissance, qui paraît bien solidement fait, mais sans beaucoup de goût. Le fauteuil de malade, fort ordinaire de forme et de garniture, renferme une disposition ingénieuse pour renverser à volonté le dossier, sans présenter aucun appareil extérieur, disgracieux à l'œil, et toujours désagréable dans ces sortes de meubles.

Le Jury accorde une mention honorable à M. Allain.

M. Mauduit, du Mans, a construit une chambre à coucher complète, dont il a non-seulement garni les meubles (lit, toilette et siéges), mais dont il a dessiné tous les bois, qui ont été exécutés en poirier noirci par M. Trouvé, du Mans. Au point de vue du goût, cet ensemble, qui ne répond à aucun style bien défini, laisse malheureusement beaucoup à désirer, quoique le travail du tapissier indique une main très-habile. Ainsi, tout en engageant cet Exposant à faire de sérieuses études en ce qui concerne la décoration, l'agencement des étoffes pour les couleurs, etc., le Jury a accordé à M. Mauduit une mention honorable, pour le travail considérable que cet Exposant n'a pas craint d'aborder seul, en réponse à l'appel fait lors de l'avis de l'Exposition industrielle du Mans.

4ᵉ SECTION.

PAPIERS PEINTS , PEINTURE EN DÉCORS ET IMITATION DES BOIS; MATÉRIEL
D'ILLUMINATION POUR LES FÊTES.

L'industrie des papiers peints, qui, on le sait, nous vient de
la Chine, a pour objet de remplacer la peinture à fresque ou
les tentures en étoffes, moyens toujours fort dispendieux et qui
sont uniquement réservés pour les palais ou les châteaux
royaux. En imitant les étoffes, en reproduisant des bouquets
de fleurs ou des feuillages , le papier plaît aux yeux , égaye
nos intérieurs, et lorsqu'il réussit à descendre aux prix les
plus modiques, il en résulte que l'art et l'industrie se réunissent pour répondre aux désirs de chacun, à tous les échelons
de la société. Nous devons donc demander aux fabricants de
papiers peints de bien étudier les dessins à reproduire, de les
varier, tout en améliorant assez leur fabrication pour que les
prix deviennent de plus en plus accessibles au plus grand
nombre. Pour nos fabriques de provinces, c'est ce dernier but
qu'elles doivent principalement poursuivre. Faire à bon marché, avec le plus de goût possible, telle doit être leur devise.
Tout en proscrivant les reproductions de scènes diverses, dont
le dessin est toujours pour le moins faux et déplorable, nos
industriels doivent rendre leurs papiers accessibles aux plus
modestes logements.

Notre Exposition renfermait les produits de deux fabriques
assez importantes de papiers peints : ceux de M. HERMANT, de
Rennes, et ceux de M. BOURDELOIS, du Mans. Nous devons tout
d'abord des éloges à ces deux Exposants, pour l'introduction,
dans notre région de l'Ouest, de cette industrie, qui était presque concentrée à Paris. En multipliant ainsi les centres de production, ils ne rendent pas seulement service à leurs contrées,
mais ils aideront ainsi la France à conserver la supériorité
qu'elle possède en ce genre d'industrie, et qui rend, à cet
égard, toutes les nations presque tributaires de notre pays.

M. Hermant, dont la fabrique a été fondée à Rennes, en 1829, nous a envoyé des papiers ordinaires, des papiers à bouquets et des spécimens fort remarquables de veloutés, qui pourraient presque se placer à côté de certains produits analogues de Paris. L'ensemble des papiers nous a paru très-satisfaisant et digne d'une récompense.

La manufacture de Rennes, qui a reçu, aux Expositions de cette ville, une médaille d'argent en 1852, et une médaille d'or en 1854, a eu l'avantage de recevoir une mention honorable à l'Exposition Universelle de 1855.

Le Jury a décerné à M. Hermant, de Rennes, une médaille d'argent.

L'exposition de M. Bourdelois comprend des papiers riches, surtout des veloutés qui sont bien venus, mais qui manquent de relief et de brillant. D'après les renseignements fournis par cet Exposant, il fabrique des papiers ordinaires qu'il nous a montrés et qui sont établis dans des prix assez convenables. Nous engagerons cette manufacture, qui fait déjà bien, à soigner la partie des dessins, qui manquent un peu d'élégance et de nouveauté. C'est cependant un élément indispensable de cette industrie qu'il importe de toujours étudier.

Le Jury a décerné à M. Bourdelois, du Mans, une médaille de bronze.

Malgré les avantages incontestables dus à l'industrie des papiers peints, pour la décoration intérieure des habitations, on ne doit point négliger les peintures sur panneaux, imitant les bois, les marbres, etc., plus spécialement utilisées pour l'ornementation des salles à manger et des cages d'escalier. A ce titre, nous sommes heureux d'avoir rencontré les produits de M. Millanvois, du Mans, qui imitent, à s'y méprendre, le chêne, le frêne, etc. M. Millanvois est plein de goût, et il a en quelque sorte importé dans notre ville cette spécialité de peintures, en donnant, par ses travaux, des modèles qui avaient été rarement atteints avant lui.

Le Jury a décerné une médaille d'argent à Millanvois, dont la présence au Mans a déjà eu une heureuse et salutaire influence.

M. K'vella fils, de Rennes, a exposé une série de lanternes pour fêtes publiques, qui sont heureusement disposées. Un petit toit en fer blanc ondulé préserve la lumière de l'atteinte de la pluie. La substitution de la toile perse au papier donne une grande variété de couleurs et de dessins, en même temps qu'une plus grande durée à l'appareil. Les expériences faites spécialement leur ont été très-favorables.

Le Jury a accordé une mention honorable à M. K'vella fils.

5ᵉ SECTION.

CONFECTION DES ARTICLES DE VÊTEMENTS, OBJETS DE MODE OU DE FANTAISIE, GANTERIE, CHAPEAUX, ETC., ETC.

Les industries relatives à l'habillement sont représentées en petit nombre. Cependant nous avons à signaler quelques produits dignes d'éloges. En première ligne, comme par la date de son existence dans notre Département, nous trouvons la fabrication des gants pour hommes et pour femmes.

M. Houdemon, de La Flèche, nous a envoyé de nombreux et beaux spécimens de gants, qui tous justifient la réputation dont ces produits jouissent. Sa fabrique, qui occupe plus de 200 personnes, comprend la teinture des peaux ; et les échantillons des diverses nuances employées pour la ganterie sont d'une égalité de teinte faisant le plus grand honneur à M. Houdemon, qu'on ne saurait trop louer pour ses efforts constants et intelligents, qui ont su doter notre pays d'une fabrique importante et complète. Ses produits, on le sait, s'écoulent sur le marché de Paris, où il possède une maison de détail. La coupe, comme le travail de la piqûre, ne laisse rien à désirer.

Le Jury a décerné une médaille d'argent à M. Houdemon.

Notre ville du Mans est représentée pour la même fabrication par Mme Lebatteux, qui occupe déjà une soixantaine de personnes, et qui fait teindre ici une partie de ses peaux. Les quelques gants exposés sont d'une bonne fabrication et méritent d'être signalés.

Le Jury a acordé une mention honorable à Mme Lebatteux.

Malgré la réserve toute naturelle que nous devons apporter dans l'examen d'un vêtement aussi intime, nous devons parler des corsets, puisqu'ils figurent à notre Exposition et qu'ils sont devenus l'objet d'une fabrication industrielle. Un empereur lui-même, Joseph II d'Autriche, qui vivait en 1765, a daigné s'en occuper, mais pour en proscrire l'usage dans les maisons d'orphelins, dans les couvents et les institutions de son empire. Ce que les médecins les plus célèbres n'ont pu arrêter, à commencer par Riolan, premier médecin de Catherine de Médicis, nous ne pouvons avoir la prétention d'y introduire aucune modification. Mais qu'on nous permette de joindre notre voix à celle de la science, pour tenir l'attention éveillée sur l'emploi du corset, qui peut devenir si dangereux, surtout pour les jeunes filles. Nous voudrions, par nos avis, pouvoir arrêter son emploi sur le seuil de l'atelier et de la mansarde, « où la femme, constamment soumise à l'effort et à l'attitude nécessités par sa profession, souffre bien davantage de sa pernicieuse action. Le corset vient ainsi s'ajouter encore aux causes, déjà si nombreuses, d'épuisement et de destruction que peut contenir le régime habituel des classes laborieuses » (1).

Qu'on nous pardonne cette digression, qui de longtemps, sans doute, n'empêchera pas qu'on ait à examiner ces produits, dont la fabrication industrielle, dans laquelle on a substitué le tissage à la couture et le métier mécanique à l'aiguille, s'est perfectionnée à mesure que l'empire du corset s'est étendu.

(1) Nous empruntons les citations entre guillemets au volume si intéressant publié en 1856, et contenant tous les rapports du Jury mixte international de l'Exposition Universelle de 1855.

Tous les spécimens exposés sont d'un bon travail ; mais nous avons à signaler, dans les corsets de Mme Maillet, une disposition ingénieuse d'agrafes, qui a pour but de faciliter l'élargissement de la partie supérieure.

Le Jury a accordé une mention honorable à Mme Maillet.

Les chapeaux de soie pour hommes, dont la fabrication avait presque détrôné celle des chapeaux de feutre, de 1835 à 1838, ont amené à ce résultat qu'en baissant notablement de prix, par suite de progrès incessants, ils sont entrés dans la consommation de la classe la plus nombreuse. — En économie politique, on le sait, il y a tout avantage à rapprocher la production de la consommation, pour éviter à cette dernière la surcharge des frais de transport. A ce titre donc, nous devons signaler les fabriques introduites dans notre pays pour les chapeaux ordinaires et les chapeaux fins.

MM. Bigot et Gorski, tous deux du Mans, ont envoyé, en ces différents genres, de bons spécimens bien faits, d'une grande légèreté et de teintes bien uniformes. Les carcasses en feutre proviennent d'une fabrique située à Montfort, dans notre département. Les prix de ces deux fabricants sont renfermés dans de bonnes limites et sont descendus à 5 fr. pour les chapeaux ordinaires destinés à la campagne.

Ce sont là de bons résultats de fabrication locale, et le Jury a décerné une médaille de bronze à M. Bigot, et une médaille semblable à M. Gorski.

Divers articles à l'aiguille et au crochet dignes d'être remarqués ont été envoyés par M. Jourdain, du Mans ; ces divers objets sont difficiles à définir, puisqu'ils participent de la broderie et de la passementerie. Ils ne forment donc pas une véritable industrie, mais on doit les citer surtout à cause de l'intérêt que nous inspirent les personnes (presque toujours des femmes) qui s'en occupent. Plusieurs des dessins présentés par M. Jourdain sont à signaler. Nous avons remarqué entre autres une broderie en soie et or des armes de la ville du Mans, fort bien exécutée.

Le Jury a accordé une mention honorable à M. Jourdain.

L'industrie du travail des cheveux n'était représentée, dans notre Exposition, que par une collection d'ouvrages dus à un artiste spécial, M. BELIN, du Mans. Comme industrie, cela présente peu d'importance ; mais si l'on songe au sentiment partagé par tous qui dicte ce désir d'avoir un souvenir intime et personnel de ceux que l'on aime, on comprendra que de tout temps on ait consacré, pour y répondre, le don des cheveux. Ces cheveux, souvent restes précieux de ceux qu'on a perdus, il fallait pourvoir à leur conservation. C'est alors qu'est née cette industrie qui les prépare et les transforme en médaillons, en bracelets, en tableaux, etc. Ce que nous avons eu à examiner, exécuté avec une grande adresse, tiendrait vraiment sa place à côté des petits chefs-d'œuvre que le célèbre Lemonnier, de Paris, avait envoyés à l'Exposition Universelle de 1855.

Le Jury a décerné une médaille de bronze à M. Belin.

Toutes les industries que nous venons d'examiner ne peuvent expédier leurs produits qu'à l'aide de ceux d'une autre industrie trop peu représentée dans notre Exposition. Nous voulons parler des objets en cartonnage, indispensables dans les bureaux comme dans tous les magasins.

Dans cette catégorie nous avons à signaler M. THÉVENIN, du Mans, dont les divers cartonnages sont bien traités, et livrés à des prix assez convenables.

Le Jury a accordé une mention honorable à M. Thévenin.

On emploie, dans la fabrication des peignes, l'écaille, l'ivoire, les cornes de buffles et de bœufs, le buis, etc. L'écaille la plus estimée vient de Manille et se trouve désignée dans le commerce sous le nom d'écaille des Indes. Cette matière, fournie par les carapaces des tortues, jouit d'une propriété très-précieuse en ce qu'elle ne laisse dans la fabrication aucun déchet improduc-

tif. Les moindres rognures, chauffées à une certaine température, se fondent et servent alors à faire des objets moulés,
moins estimés, il est vrai, que ceux obtenus d'abord. Dans le
travail de l'ivoire, le déchet peut atteindre jusqu'au tiers.

Un seul Exposant, M. Bié, du Mans, a envoyé des peignes.

Tous ces objets, fabriqués au Mans, y constituent une certaine production locale, digne d'encouragements. La matière
est bien travaillée, les formes sont d'un heureux modèle dans
leur simplicité, et le Jury a décerné une médaille de bronze à
M. Bié.

Dans l'industrie de la brosserie nous retrouverons un Exposant du Mans, M. Galot aîné, dont les produits méritent d'être
signalés pour leur bonne confection et pour leur solidité.
M. Galot fait exclusivement la brosserie ordinaire et commune,
et nous l'en louons, puisqu'il la traite avec un soin véritable.

Nous avons remarqué des balais sans emploi de colle pour
la fixation des crins, et des brosses attachées sur un seul fil, qui
nous paraissent de bonne fabrication.

Le Jury a décerné à M. Galot aîné une médaille de bronze.

L'industrie des pipes, de ces petits instruments si usuels et
qui, dans des conditions données, deviennent presque un
joyau, est bien représentée chez nous par les pipes en bois de
M. Guichard, de Rennes. Ces pipes bien connues, et qui ont
reçu une mention honorable à l'Exposition Universelle de
Paris, méritent d'être signalées pour la perfection de leur travail, comme pour la simplicité élégante de leurs formes. Elles
sont de plus livrées à très-bon marché et répondent bien à la
consommation du pays.

Le Jury a décerné une médaille de bronze à M. Guichard,
de Rennes.

A côté nous avons des pipes ordinaires en terre, provenant
d'une usine récemment établie à Rennes, par MM. Picard et Cⁱᵉ.

Cette pipe « compagne ordinaire du travail manuel » a paru

mériter une mention honorable à **M. Picard**, pour la **création** d'un établissement aussi important, dans nos contrées de l'Ouest. Il pourra être bon cependant qu'il recherche des modèles plus gracieux, plus agréables pour les petites figures qu'il représente sur certains de ces produits.

6ᵉ SECTION.

LITHOGRAPHIE, IMPRIMERIE, VERBOGRAPHIE, REGISTRES POUR LE COMMERCE, RELIURES ORDINAIRES ET DE LUXE, ETC.

Nous arrivons à l'une des branches les plus élevées de l'industrie, à celle qui touche le plus aux intérêts intellectuels, à l'imprimerie. Dans cette section notre ville se trouve à peu près seule, et, disons-le avec un certain orgueil, elle y est bien représentée. Deux de ses établissements en ce genre y figurent : l'un, fort ancien, jouit de la considération qui s'attache justement aux longues et honorables existences ; et l'autre, pour être plus jeune, offre de si bons résultats déjà, qu'on peut lui prédire d'heureux succès prolongés. Par ce que ce sont aujourd'hui ces deux grandes imprimeries, nous pouvons juger de ce qu'elles peuvent devenir. Sans vouloir être trop ambitieux, nous leur dirons à toutes deux : « Continuez à étudier et à progresser « avec ardeur ; vous avez tout ce qu'il faut pour doter un jour « notre Maine d'un établissement se rapprochant, s'il ne l'égale, « de celui dont la Touraine s'enorgueillit à si juste titre, et au « grand honneur de M. Mame. »

En étudiant avec attention les beaux et nombreux spécimens sortis des presses de MM. Julien, Lasnier, Cosnard et Cⁱᵉ, libraires-éditeurs au Mans, nous y avons constaté avec plaisir une netteté et une jeunesse de caractères qui seraient acceptées pour les plus belles éditions du meilleur livre. La disposition des titres, le choix des divers caractères rassemblés, tout indique un goût excellent. Cette imprimerie, qui s'occupe surtout de la publication des ouvrages religieux, s'accroîtra, nous l'espérons, dans l'intérêt de notre ville, et s'y maintiendra au rang élevé qu'elle a déjà su conquérir.

Parmi les nombreux ouvrages exposés par M. Monnoyer, aussi libraire-éditeur au Mans, dont le nom honorable est inscrit depuis si longtemps dans les annales de l'imprimerie du Mans, nous devons signaler ceux relatifs à l'archéologie qui nous offrent des gravures sur bois venues avec le texte lui-même ; un charmant petit volume en mignonnette tout récemment édité ; et, en première ligne, cette belle publication de tous les calques des vitraux de notre admirable Cathédrale du Mans. Ces calques, qui amènent tout naturellement sous notre plume les noms si estimés de M. Delarue et de notre savant collègue, M. Hucher, qui nous permettra de le louer hautement ici, quoiqu'il soit hors de concours comme membre du Jury ; ces calques, disons-nous, ont valu à leurs auteurs, on le sait, une médaille de 2ᵉ classe à l'Exposition Universelle de Paris. C'est là un grand honneur pour M. Monnoyer ; et puisque son nom doit heureusement se perpétuer dans son art, cultivé déjà par ses deux fils, qu'il nous soit permis d'appeler de tous nos vœux les progrès attendus de leur établissement. Noblesse oblige. Espérons donc que, s'inspirant des beaux travaux de M. Silbermann, ils pourront un jour nous donner directement ces productions complètes de vitraux, au moyen de l'impression typographique en couleur.

Les détails dans lesquels nous venons d'entrer indiquent de beaux et heureux résultats, qui appellent de hautes récompenses. Le Jury a donc décerné une médaille d'argent à MM. Julien, Lasnier, Cosnard et Cⁱᵉ, et une médaille semblable à M. Monnoyer.

En ce qui touche la lithographie, cet art trouvé par Senefelder de Prague, et qui appartient en propre à notre temps, nous avons le regret de ne pouvoir nous montrer très-riches. Nous savons sans aucun doute que la province offre peut-être des ressources trop restreintes pour encourager les frais d'établissement répondant aux divers besoins de la lithographie artistique. Cependant nous pouvons nous demander si cette province, où les travaux intellectuels sont partout en honneur, ne donnerait pas suffisamment d'occupation aux presses locales, si ces dernières étaient en état de tout produire, dans certaines limites toutefois. C'est aux artistes à résoudre ou tout au moins à examiner la question, que nous nous bornerons à poser ici. En attendant, nous constatons de louables efforts dans la lithographie que nous appellerons commerciale.

Le Jury a pu accorder une mention honorable à M. Barassé, d'Angers, pour les jolies lithographies de monuments au trait, dont l'introduction serait du moins facile au Mans; puis, une mention honorable pour de charmants petits spécimens de gravure sur pierre dus à MM. Duperray et Demay, du Mans.

A côté de tous ces produits, nous placerons l'œuvre de M. Guilory, de La Flèche, le *verbographe*, puisque cette œuvre a pour but d'apprendre à composer tous les mots de la langue française. D'après les renseignements recueillis, il y a là une idée très-ingénieuse, une appréciation très-intelligente de la décomposition des éléments divers des mots de notre langue. Cette instruction élémentaire donnée aux enfants sous forme de jeu peut, nous le croyons, amener de très-heureux résultats. A ce titre, le Jury a accordé une mention honorable aux travaux de M. Guilory.

Tout naturellement, l'art destiné à assurer la conservation des livres, le bel art de la reliure, doit trouver sa place dans la section que nous examinons, en distinguant les deux branches, la reliure des livres et celle des registres.

Notre Exposition présente, dans la première branche, de bons produits dus à M. Simier, relieur à Paris, et à M. Pinot-Barrier, relieur au Mans.

Quoiqu'établi à Paris, où il continue avec succès déjà les bonnes traditions de famille (1), M. Simier (Jean) appartient au

(1) M. Simier (Jean) est élève et neveu de René Simier, ancien relieur du Roi, qui, de 1800 à 1847, a constamment obtenu, avec son fils Alphonse, les plus hautes récompenses aux Expositions successives de Paris.

département de la Sarthe, où il est né, dans la commune d'Yvré-l'Evêque, et peut ainsi concourir, sous le bénéfice de l'article 4 de l'arrêté de M. le Préfet, en date du 10 décembre 1856.

Nous nous en félicitons, puisque cela nous a permis d'admirer de belles et bonnes reliures, bien traitées à tous les points de vue.

M. Simier s'est montré digne du milieu dans lequel il vit, et pourra, s'il le veut, en continuant à travailler sérieusement, accroître la renommée du nom qu'il porte et devenir l'émule des relieurs éminents dont la France s'enorgueillit à si juste titre. Remercions-le, en passant, du beau livre dont il a bien voulu faire hommage à la Bibliothèque du Mans : la reliure fait honneur à son atelier.

A côté de M. J. Simier, qui a obtenu une mention honorable en 1855, à Paris, nous sommes heureux de pouvoir placer M. Pinot-Barrier, qui appartient à notre ville, où il exerce depuis quelques années sa profession, à la satisfaction des bibliophiles. M. Pinot a encore, sans aucun doute, des progrès à réaliser dans son art ; mais, d'après ce qu'il a déjà montré, nous espérons beaucoup de lui, et nous le félicitons hautement d'avoir ramené au Mans la bonne reliure qui y était bien connue autrefois, et qui s'y trouvait un peu oubliée.

Aussi, tout en tenant compte des différences réelles qui existent encore entre les œuvres de ces deux artistes industriels, il a paru juste cependant de leur accorder la même récompense élevée. M. Simier est entouré d'exemples de premier ordre, et dispose ainsi de ressources plus complètes pour se perfectionner ; tandis que M. Pinot, pour compléter les études nécessaires, doit rencontrer plus de difficultés, avec des ressources plus limitées.

Le Jury a décerné une médaille d'argent à M. J. Simier, et une médaille semblable à M. Pinot-Barrier.

La seconde branche de l'art qui nous occupe, la reliure des registres, est représentée dans notre Exposition par trois maisons, dont les deux premières déjà ont été nommées et proposées pour une haute récompense, celles de MM. Julien et Cie et de M. Monnoyer. La troisième, celle de M. Deneau-Lagroie, du Mans, mérite d'être spécialement signalée pour la perfection et la solidité de son registre de commerce. Sans entrer dans tous les détails relatifs à cet art, qui a réellement pris naissance en 1807, à l'époque de l'adoption des parties doubles dans la comptabilité du Trésor public, nous dirons que cette fabrication exige certaines précautions, toutes spéciales, en rapport avec sa destination. Ainsi, l'ancienne reliure à nerfs et à dos fixes, a dû être abandonnée et remplacée par la reliure à la grecque et à dos brisé, dans laquelle le dos des cahiers est rendu indépendant du dos extérieur. Un bon registre doit s'ouvrir sans difficulté, bien à plat, à toutes ses pages, sans qu'il y en ait une seule qui tende à s'échapper des fils qui la maintiennent. Sous tous ces rapports, M. Deneau-Lagroie est arrivé à un bon résultat, et la réglure seule aurait besoin de quelques améliorations.

M. Deneau-Lagroie a, en outre, récemment introduit au Mans une industrie fort utile, et dont nous devons parler en nous occupant de son exposition. C'est une fabrication, sur assez grande échelle, de papiers verrés et d'émeri, si indispensables pour de nombreux ateliers. Il emploie diverses espèces de papiers, y compris le papier goudron et les feuilles de vieux registres hors de service. Tout cela a paru digne d'attention, et, à ce titre, le Jury a décerné une médaille de bronze à M. Deneau-Lagroie.

7e SECTION.

FABRICATION DES INSTRUMENTS DE MUSIQUE. PIANOS.

La musique, ce langage universel que toutes les nations entendent généralement avec plaisir, sinon en parfaite connaissance de cause, répond à un besoin de l'âme de l'ordre le plus élevé. De tout temps la fabrication des instruments de musique a donc été uue branche importante de l'industrie, en prenant ce mot dans son acception la plus haute, car ici la science et l'intelligence doivent être constamment les premiers guides, si l'on veut produire de bons instruments réellement dignes de ce nom. Cette universalité de goût, plus ou moins pur pour la musique, fait comprendre comment la production annuelle des seuls instruments que nous avons eu à examiner, les pianos, peut atteindre, tant en Europe qu'en Amérique, la somme d'environ 75 millions de fr. ; après l'Angleterre, qui y entre pour 27 millions, et l'Allemagne pour 16 millions, notre pays entre dans ce chiffre remarquable pour 10 millions chaque année.

Sans doute, cette somme est bien faible, industriellement parlant ; mais si l'on songe aux difficultés à vaincre pour obtenir un bon piano, on comprendra qu'il s'agit ici d'une industrie des plus compliquées. Il faut en effet, nous le répétons, d'après M. Fétis, le savant rapporteur du Jury international de 1855, résoudre ce problème : « Produire le meilleur son possible, le « plus intense, le plus moelleux, le plus clair, le plus suave et « le plus égal dans toute l'étendue du clavier. »

Les instruments envoyés à notre Exposition par MM. Bachmann, d'Angers et Tours, Bresseau et Gillet, d'Angers, et Bressler fils, de Nantes, sont tous des pianos droits, dont quelques-uns, à cordes obliques, peuvent prétendre à la catégorie de pianos d'artistes ou de concerts, et dont les autres doivent rentrer dans la catégorie des pianos d'étude et de fabrique. Disons tout d'abord que les trois facteurs, sans avoir des prix très-élevés, doivent surtout, en ce qui concerne la seconde catégorie, tendre, par tous leurs efforts, vers un abaissement notable de prix. Ces pianos, qui au point de vue de l'art ne peuvent avoir de valeur, en ont comme instruments d'étude, et à ce titre doivent être accessibles aux fortunes les plus médiocres. Nous rappellerons donc que le Jury international de 1855 a remarqué des instruments de cette espèce d'une facture satisfaisante, dont le prix ne dépassait pas 450 fr. ; ceci peut avoir une sérieuse importance et doit être pris en considération dans nos fabriques de province, pour rentrer dans l'ordre général d'idées qui doit constamment les guider.

Dans notre impuissance à définir ici en détail toutes les qualités diverses que doit offrir le piano, nous renverrons à l'excellent travail, déjà cité, de M. Fétis, et nous y puiserons ce principe important : « que, tout en faisant la part de la néces-« sité d'un bon mécanisme, il ne faut pas oublier que le son « est le résultat définitif, et que ce résultat n'est autre chose « que la musique elle-même, c'est-à-dire son élément fonda-« mental. »

A cet égard, la qualité du son nous paraît avoir de véritables progrès à faire, dans les deux derniers facteurs. Le son acquiert même une sécheresse métallique sensible, déjà constatée à l'Exposition de 1855 pour les pianos de MM. Bresseau et Gillet. Le Jury de 1855, en attribuant ce défaut aux cadres métalliques employés par ces facteurs, ajoute que cet emploi du fer ou de la fonte, déjà tenté en 1844, a été renouvelé en 1851 pour l'Exposition de Londres, par Pierre Erard, qui semble y avoir renoncé depuis. Disons cependant que les pianos de MM. Bresseau et Gillet présentent des qualités.

M. Bachmann, dont les pianos sont bien plus moelleux de son, a eu l'idée assez heureuse d'appliquer à l'attache des cordes le système à vis sans fin, mis en usage pour les contre-basses. Cela facilite notablement la tension pour les mains les plus faibles lorsqu'on veut accorder, et permet aussi d'arriver sans secousses, et sans la dépasser, à la tonalité cherchée. Nous ajouterons que les instruments de ce facteur, qui a un établissement à Angers et un autre à Tours, ont eu l'honneur d'être admis à l'Exposition Universelle de Paris, et d'y recevoir une médaille de 2e classe.

A la suite d'expériences comparatives faites sur tous les pianos exposés, successivement touchés dans des conditions identiques, et après avoir pris l'avis de personnes compétentes qui ont bien voulu nous aider de conseils utiles, dont nous ne saurions trop les remercier, le Jury a décerné une de ses

médailles de vermeil à M. Bachmann, et une médaille de bronze
à MM. Bresseau et Gillet. Il a de plus accordé une mention
honorable à M. Bressler fils, pour les efforts sérieux de sa
fabrication, qui ne pourra que s'élever par sa constante persévérance.

8ᵉ SECTION.

OBJETS DIVERS. FUSILS. CARTOUCHES. TAXIDERMIE, ETC.

Nous touchons enfin à la dernière section de la 6ᵉ classe, et
nous avons hâte de finir ce trop long rapport. Qu'il soit permis
cependant de réclamer quelques instants, pour les objets dont
le petit nombre ne pouvait exiger une section spéciale et dont
les propriétés ne rentraient dans aucune des sept sections que
nous venons d'examiner en détail. Nous désignerons seulement
ici les objets dignes d'être signalés; laissant de côté, sous bénéfice des conditions de l'exposé général, les autres produits, quoiqu'ils aient été tous examinés avec une religieuse attention.

M. Duchesne, du Mans, a envoyé des fusils de divers
modèles, dont il ne fabrique que quelques petites pièces, mais
qu'il polit et monte. Son travail accuse généralement du soin
et du goût. Le Jury lui a accordé une mention honorable.

M. Davoust, arquebusier à Alençon, expose de nouvelles
cartouches pour la chasse, qui portent son nom et qui peuvent
recevoir les diverses charges nécessaires en poudre et en plomb,
tout en s'adaptant aux divers systèmes de fusils en usage.
D'après des expériences complètes, très-minutieusement faites
par l'un des membres du Jury (M. de Villiers) : « Les résultats
« de la cartouche pour la portée ordinaire sont avantageux et
« le deviennent davantage pour la grande portée. Rarement
« un grain de plomb s'écarte de sa route. En résumé, l'inven-
« tion de M. Davoust paraît ingénieuse et utile. Ses prix sont
« encore un peu élevés; mais il parviendra facilement, sans

« doute, à les réduire, lorsque la fabrication aura reçu une plus
« grande extension. »

Le Jury a donc décerné une médaille de bronze à M. Davoust.

A côté des moyens de destruction des divers animaux qui
vivent près de nous, l'on doit placer les moyens de conservation qui permettent l'étude d'une branche bien importante de
l'histoire naturelle. Ces moyens forment depuis un demi-siècle
à peine un art véritable, désigné sous le nom de « Taxidermie. »
A ce double titre, d'aide indispensable pour la science et d'agré-
ment pour les yeux, les tentatives faites par les naturalistes
doivent attirer notre attention. Quoiqu'aucun Exposant ne nous
ait signalé l'introduction d'aucun procédé nouveau, pour les
objets soumis à notre examen, nous devons citer comme traités
avec ménagement pour la plume ou le poil, et bien réussis, les
divers spécimens envoyés par M. Dumergue, du Mans, qui a
exposé des têtes de bêtes fauves fort bien préparées, et
M. Lenormand, de Nogent-le-Rotrou, qui a une jolie collection
d'oiseaux, appartenant généralement à nos contrées.

Le Jury a accordé à chacun des deux une mention honorable.

Puisque nous en sommes aux moyens de conservation, nous
ne pouvons terminer sans mentionner celui qui joue un si
grand rôle dans tous les détails de la vie, pour la conservation
de la plupart des matières destinées à notre alimentation,
nous voulons parler du bouchage des bouteilles ou flacons.
M. Chalopin, établi aujourd'hui à la Chapelle-Saint-Denis,
près Paris, mais appartenant à notre département, puisqu'il y
est né, dans la commune de Briosne (canton de Bonnétable),
nous a envoyé une machine à boucher les bouteilles, qui a
déjà obtenu une mention honorable à l'Exposition Universelle
de 1855. Cette machine, assez simple, peu coûteuse, se prête
facilement au bouchage des bouteilles à goulots de diamètres
différents, et doit activer singulièrement l'opération, lorsque
l'on a une certaine quantité de bouteilles ou flacons à boucher.
Le Jury a décerné une médaille de bronze à M. Chalopin.

Pour clore cette section des objets divers, nous signalerons les articles de voyage exposés par M. Bardet, qui a récemment établi au Mans cette fabrication spéciale, et qui mérite d'être encouragé pour le bon travail et la solidité. Le Jury a accordé à M. Bardet une mention honorable.

Afin de remplir complétement les vues de la pensée élevée à laquelle nous devons l'Exposition qui aura, nous l'espérons, une heureuse influence dans le pays, nous ne pouvions laisser dans l'oubli les braves et intelligents coopérateurs qui méritent d'être signalés dans quelques-uns des établissements dont les chefs ont su mériter d'être proposés pour de hautes récompenses. Nous avons donc pris de nombreux renseignements à ce sujet, auprès de ces chefs, qui ont mis, à nous satisfaire, un empressement que l'on comprend facilement, et dont leurs agents et ouvriers doivent être reconnaissants.

Il ne nous reste plus qu'à faire connaître le résultat de nos investigations, et les récompenses accordées par le Jury à ces dignes et utiles coopérateurs. Nous avons recherché, non pas seulement l'ouvrier habile, intelligent, mais, en même temps, l'ouvrier sage et rangé ; nous avons pris aussi en très-sérieuse considération leur présence prolongée dans l'établissement.

Les noms qui vont suivre, classés dans l'ordre des sections, remplissent tous ces diverses conditions. Le Jury a décerné les récompenses suivantes aux coopérateurs, dans les diverses sections.

1ʳᵉ SECTION. —CONSTRUCTIONS CIVILES, ETC.

Médailles de bronze.

1° M. Garnier (Adolphe), chauffeur-mécanicien de l'usine de M. Legé. Très-adroit, entendant bien toutes les réparations à diriger dans l'usine. Très-attentif et dévoué à son travail, attaché à l'usine depuis quatre ans.

2° M. Daguet (François), contre-maître de l'usine de M. Diot-

Gilmat. Très-adroit; d'une rare exactitude; attaché à l'usine depuis quinze ans.

Mentions honorables.

1° M. Cottereau (Louis), chauffeur-mécanicien de l'usine de M. Legé. Très-soigneux, entendant bien la conduite de sa machine et la tenant avec une rare attention; attaché à l'usine depuis vingt ans à divers titres.

2° M. Pottier (Louis-Jean), coupeur de parquets chez M. Diot-Gilmat, chez lequel il travaille depuis vingt-trois ans; ouvrier très-adroit, intelligent et propre à conduire toutes sortes de scies dans l'usine.

6ᵉ SECTION. — IMPRIMERIE, ETC.

Médailles de bronze.

1° M. Terrault (Michel), contre-maître des compositeurs dans l'imprimerie Monnoyer, et attaché depuis 1827 à l'établissement. Il a toujours montré le plus grand zèle et le plus grand dévouement.

2° M. Bouttier (François-René), imprimeur-conducteur des mécaniques, chez MM. Julien, Lanier et Cⁱᵉ; ouvrier d'une excellente conduite, intelligent et des plus soigneux; attaché à l'établissement depuis sa fondation, par MM. Julien et Lanier, en 1846.

Mentions honorables.

1° M. Barrouille (Casimir), correcteur dans la maison Julien, Lanier et Cⁱᵉ, à laquelle il est attaché depuis sa fondation, en 1846; c'est un excellent employé, sous tous les rapports.

2° M. Mauclair (Louis), contre-maître des pressiers chez M. Monnoyer, depuis 1821. D'un très-grand zèle et digne d'être signalé.

NOTE RELATIVE AUX EXPÉRIENCES

faites par le Jury

SUR LA RÉSISTANCE DE DIVERS BOIS SÉCHÉS ARTIFICIELLEMENT.

(Annexe du Rapport de la 6e classe, sur les Expositions de MM. Diot et Legé,
marchands de bois au Mans.)

MM. Alex. Legé et Diot-Gilmat, marchands de bois au Mans,
ont, comme l'indique le rapport, simultanément essayé de sécher
artificiellement les bois destinés à la fabrication des coins de
chemins de fer, des parquets, etc.

Leurs procédés sont différents, quoique les résultats se
soient trouvés à peu près ide ntiques

M. Alex. Legé place les bois à sécher dans une vaste chaudière cylindrique en tôle de fer, à fond mobile fortement
boulonné sur son pourtour. Il introduit de la vapeur ayant une
tension qui varie entre 1 et 2 atmosphères. Les eaux de conden-
sation, fortement chargées de tanin, etc., sont évacuées au
moyen d'un petit tube inférieur, portant un robinet purgeur
que l'on ouvre fréquemment pendant l'opération. La durée de
ce bain de vapeur est variable suivant les bois, et M. Alex. Legé
se guide, pour la régler, sur le moment où l'eau sort du purgeur
entièrement claire, ce qui indique, à son sens, que toute la séve
du bois est alors enlevée. Pour les coins de chemins de fer,
l'opération dure de 6 à 8 heures.

Dans ce procédé, il importe de ne pas élever la tension de
la vapeur au delà des limites ci-dessus, sous peine de retirer des
bois tourmentés et devenant ainsi d'un emploi fort difficile.

A l'issue de la chaudière, M. Alex. Legé enlève toute l'eau
dont les bois sont imprégnés, soit en les plaçant dans une
étuve à 40 degrés, soit en les soumettant à un fort courant d'air
pendant 48 heures. La couleur du bois n'a point paru modifiée
par ces diverses opérations. Cet industriel attribue une valeur
telle à sa méthode, qu'il disait au Jury : « Je crois que j'obtiens
« ainsi des coins pour chemins de fer parfaitement secs, beau-

« coup plus durs que des coins faits avec des bois qui n'ont pas
« été séchés ainsi. »

M. Diot-Gilmat pense être arrivé aussi à des résultats semblables, quoique par des procédés différents.

Sa méthode consiste en une sorte de lessivage du bois, suivi
d'un séchage à l'étuve. Il place ses bois dans une grande cuve
en bois, fermée d'un couvercle mobile, et sur le fond de laquelle
se développe un serpentin en cuivre, à l'une des extrémités
duquel un robinet peut introduire de la vapeur, qui s'échappe
après avoir parcouru tout le serpentin.

Lorsque les bois, supportés par un châssis au-dessus de ce
serpentin, sont empilés dans la cuve, on les recouvre d'eau qui
se trouve bientôt échauffée par la vapeur circulant à la partie
inférieure. Après six ou huit heures de ce bain, on vide toute
l'eau, sans faire cesser la circulation de la vapeur, qui agit
alors comme dans les tuyaux d'un calorifère, pour transformer
la cuve en une sorte d'étuve. Les bois perdent alors toute l'eau
dont ils étaient imprégnés, et on les retire après trois ou quatre
heures; en sorte que toute l'opération, pour des coins de chemins
de fer ou pour des frises de parquets, dure de dix à douze heures.

Nous ajouterons que les bois légèrement teintés en gris foncé
par cette opération n'ont aucune coloration à l'intérieur, et qu'il
suffit du plus léger coup de rabot, pour retrouver le bois dans
sa couleur naturelle, ce qui offre un véritable intérêt pour les
frises de parquet.

Ainsi que nous l'avons dit plus haut, M. Alex. Legé et
M. Diot-Gilmat ne voient pas seulement dans leurs procédés
l'avantage de sécher le bois artificiellement d'une manière
rapide pour un prompt emploi, avantage très-réel, s'il est
complétement atteint pour les coins de chemins de fer, mais
leur attribuent encore cette propriété de rendre les bois plus
durs, plus tenaces.

Ces derniers faits étaient fort importants à vérifier, et, comme
l'indique le rapport de la sixième classe, le Jury s'est empressé,

sur la demande de ces deux honorables industriels, de préparer quelques expériences avec le concours obligeant d'ingénieurs, dont les connaissances spéciales et les lumières ont été d'un très-grand secours.

Après avoir marqué huit jours d'avance des bois de diverses essences, afin d'opérer sur des échantillons tout à fait comparables, d'après leur position respective dans les arbres dont ils provenaient, d'après l'exposition de ces arbres, etc., la moitié fut soumise à l'opération du séchage artificiel, chez M. Legé et chez M. Diot.

La semaine suivante, les bois choisis ayant été séchés, on fit débiter des tringles carrées ayant 2^m 00 de longueur et 0^m 025 à 0^m 03 environ de côté; de petits cubes ayant environ 0^m 10 de côté, et des coins de chemins de fer (modèles des chemins du midi et du chemin d'Orléans). Chaque fois , on avait un échantillon de bois séché et ·de bois non séché , entièrement comparable comme essence et qualité du bois.

Les tringles, placées sur les couteaux de deux supports espacés de 1^m 90 , ont été soumises à des charges successives agissant exactement au milieu, jusqu'à ce qu'on obtînt la rupture. Les flèches successives, dues aux diverses charges, étaient mesurées au moyen d'une aiguille mobile autour d'un axe fixe indépendant de la tringle , et donnant des lectures cinq fois plus fortes.

Les petits cubes, exactement mesurés dans toutes leurs dimensions, ont été pesés avec soin, et cette dernière opération a été répétée une seconde fois sur les mêmes échantillons qui avaient été séchés, après les avoir immergés pendant deux heures pour juger de la quantité d'eau reprise.

Les coins ont été soumis à une force de percussion, au moyen du choc d'un mouton en fonte tombant de diverses hauteurs.

Ces diverses expériences, suivies avec tout le soin possible, ont donné de nombreux résultats qui nous ont paru dignes d'être enregistrés, et, pour plus de clarté, nous les donnerons ici sous la forme de tableaux numériques et graphiques.

TABLEAU DES EXPÉRIENCES

POUR LA RÉSISTANCE A LA FLEXION DE TRINGLES EN BOIS DE DIVERSES ESSENCES, ARTIFICIELLEMENT SÉCHÉ OU NON SÉCHÉ.

DÉSIGNATION des ESSENCES DE BOIS.		SECTION en centimètres carrés.	POIDS de rupture.	FLÈCHE de rupture.	POIDS de rupture par centimètre carré.	OBSERVATIONS.
Expériences sur les bois de M. Legé, préparés par son procédé.						Les lettres semblables, dont l'une est marquée d'un indice, désignent deux tringles qui ont été levées à côté l'une de l'autre dans la même pièce de bois.
Bois de peuplier.....................	A'	»	»	»	»	Non soumis à l'expérience.
— Id. —	A	10c/s81	25k 00	0m 068	2 k 312	Séché.
— Id. —	B'	9. 76	20. 00	0.0696	2. 049	
— Id. —	B	9. 36	14. 00	1. 000	1. 495	Séché.
Bois de pin du pays.................	C'	10. 71	24. 00	0. 096	2. 241	L'expérience est sans valeur : il y a eu rupture sur un nœud pendant l'opération.
— Id. —	C	9. 97	37. 00	0. 340	3. 711	Séché.
Bois de chêne forestier...............	E'	9. 15	70. 00	0. 170	7. 650	
— Id. —	E	8. 14	45. 00	0. 160	5. 528	Séché.
— Id. —	F'	9. 18	75. 00	0. 248	8. 170	
— Id. —	F	8. 49	56. 00	0. 246	6. 595	Séché.
Bois de hêtre......................	G'	9. 66	65. 00	0. 162	6. 728	
— Id. —	G	9. 12	60. 00	0. 126	6. 578	Séché.
Bois de chêne (séché depuis 2 mois)....	Y	8. 68	61. 00	»	7. 027	
— Id. —	Z	9. 25	62. 00	»	6. 702	

Expériences sur les bois de M. Diot, préparés par son précédé.

Bois de chêne forestier................	I'	9. 81	55. 00	0. 204	5. 606	
— Id. —	I	9. 41	45. 00	0. 110	4. 782	Séché.
— Id. —	J'	9. 51	67. 00	0. 194	7. 045	
— Id. —	J	9. 21	57. 00	0. 206	6. 188	Séché.
Bois de chêne (séché depuis 2 mois)...		9. 02	66. 00	»	7. 317	

Expériences semblables pour des tringles en bois de pin du pays, injecté au sulfate de cuivre, d'après le procédé Boucherie.

Tringle prise près de la circonférence de l'arbre............................	L	10. 12	64. 00	0. 128	6. 324	Le bois avait un an d'injection.
Tringle (partie cœur et aubier).........	M	9. 90	84. 30	»	8. 515	La rupture a été instantanée et n'a pas permis de constater la flexion.

Pour rendre les résultats de ce tableau plus sensibles aux yeux, nous les avons représentés graphiquement, de manière à tracer une série de courbes indiquant les flexions successives du milieu de chaque tringle jusqu'à la rupture.

TABLEAU DES MESURES ET DES POIDS

POUR DE PETITS CUBES EN BOIS DE DIVERSES ESSENCES, ARTIFICIELLEMENT SÉCHÉ OU NON SÉCHÉ.

BOIS SÉCHÉS.			BOIS NON SÉCHÉS.			OBSERVATIONS.
DÉSIGNATION DES BOIS.	VOLUME en centimètres cubes.	POIDS.	DÉSIGNATION DES BOIS.	VOLUME en centimètres cubes.	POIDS.	
Expériences sur les bois de **M. Legé**, préparés par son procédé.						
Peuplier.......... A	964c/c233 / 1. 000	0k 497 / 0. 000515	Peuplier.......... A'	1013c/c055 / 1. 000	0k 587 / 0. 000579	Les lettres semblables indiquent les cubes pris avec les mêmes conditions, dans la même pièce de bois. On a mis au-dessous de chacun des poids constatés le poids ramené par le calcul au centimètre cube.
Pin.............. C	995. 995 / 1. 000	0. 641 / 0. 000643	Pin.............. C'	1001. 000 / 1. 000	0. 682 / 0. 000681	
Chêne forestier..... E	962. 188 / 1. 000	0. 839 / 0. 000871	Chêne forestier..... E'	1005. 984 / 1. 000	0. 900 / 0. 000894	
Chêne champêtre... X	943. 579 / 1. 000	0. 917 / 0. 000971	Chêne champêtre... X'	1012. 035 / 1. 000	0. 978 / 0. 000966	
Hêtre.............. G	959. 243 / 1. 000	0. 734 / 0. 000765	Hêtre.............. G'	984. 985 / 1. 000	0. 764 / 0. 000775	

Expériences sur les bois de M. Diot, préparés par son procédé.

Chêne forestier..... I	997.920 / 1.000	0.875 / 0.000876	Chêne forestier..... I'	1014.063 / 1.000	0.970 / 0.000956	
— Id. — ..... J	1000.963 / 1.000	0.884 / 0.000883	— Id. — ..... J'	1014.059 / 1.000	0.978 / 0.000964	

Tableau semblable pour les mêmes cubes après une immersion de deux heures.

BOIS DE M. LEGÉ.

Peuplier.......... A	967.095 / 1.000	0.578 / 0.000597	Peuplier.......... A'	1026.204 / 1.000	0.642 / 0.000625	Les lettres correspondent toutes à celles semblables du tableau analogue qui précède.
Pin.............. C	1104.394 / 1.000	0.700 / 0.000633	Pin.............. C'	1018.096 / 1.000	0.710 / 0.000697	
Chêne forestier..... E	976.025 / 1.000	0.857 / 0.000878	Chêne forestier..... E'	1004.967 / 1.000	0.907 / 0.000902	
Chêne champêtre... X	1028.726 / 1.000	0.937 / 0.000910	Chêne champêtre... X'	1024.189 / 1.000	0.989 / 0.000963	
Hêtre............. G	997.941 / 1.000	0.892 / 0.000893	Hêtre............. G'	1004.950 / 1.000	0.802 / 0.000798	

BOIS DE M. DIOT.

Chêne forestier.... I	999.963 / 1.000	0.894 / 0.000894	Chêne forestier..... I'	1013.055 / 1.000	0.980 / 0.000967
— Id. — .... J	1001.957 / 1.000	0.902 / 0.000900	— Id. — ..... J'	1017.091 / 1.000	0.994 / 0.000977

TABLEAU DES EXPÉRIENCES

PAR LA PERCUSSION AU MOYEN D'UN MOUTON DE 223 KILOG.

DÉSIGNATION DES ESSENCES DE BOIS.	HAUTEUR de la chute du mouton.	NOMBRE DE COUPS pour fendre les coins		OBSERVATIONS.
		en bois non séché	en bois séché.	
COINS DE M. LEGÉ				
(Modèle des chemins du Midi, long. 0ᵐ. 25).				
Bois de hêtre............	0 ᵐ. 50	30	7	Les coins étaient placés verticalement dans une entaille concentrique qui les enveloppait sur un peu plus de la moitié de leur hauteur.
Bois d'ormeau	0. 60	22	3	
Bois de chêne	0. 60	4	1	
Bois de hêtre........	0. 80	6	3	
Bois de pin du pays..	0. 80	2	1	
Bois d'ormeau	0. 80	2	2	
COINS DE M. DIOT.				
(Modèle du chemin de Tours au Mans, long. 0ᵐ. 28).				
Bois de chêne........	0. 60	2 / 3	2 / 2	

TABLEAU GRAPHIQUE

DES DIVERSES FLEXIONS CONSTATÉES JUSQU'A LA RUPTURE.

Expériences sur les bois de M. Legé, préparés par son procédé.

Dans les courbes ci-dessous indiquées, les longueurs expriment la charge subie par chaque tringle : les hauteurs, la flèche de courbure qu'elles ont atteinte sous chacune de ces charges successives.

Les lettres désignant les tringles correspondent à celles semblables portées dans le tableau numérique qui précède, et indiquent les diverses essences des bois soumis aux expériences.

Échelle de 0^m001 pour les longueurs $\left(\frac{1}{1000}\right)$.

Échelle de 0^m1 pour les hauteurs $\left(\frac{1}{10}\right)$.

PEUPLIER.

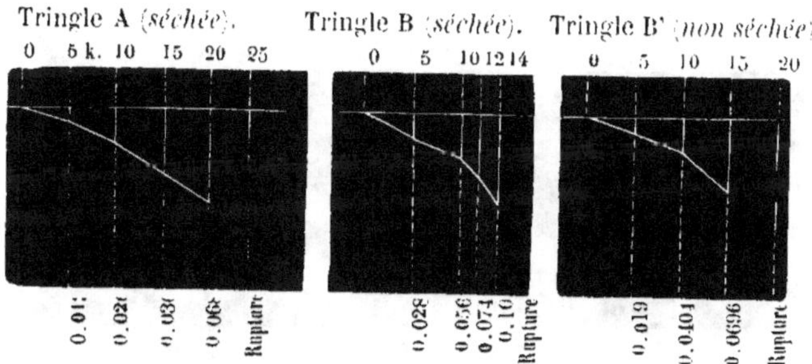

FIN DU PAYS.

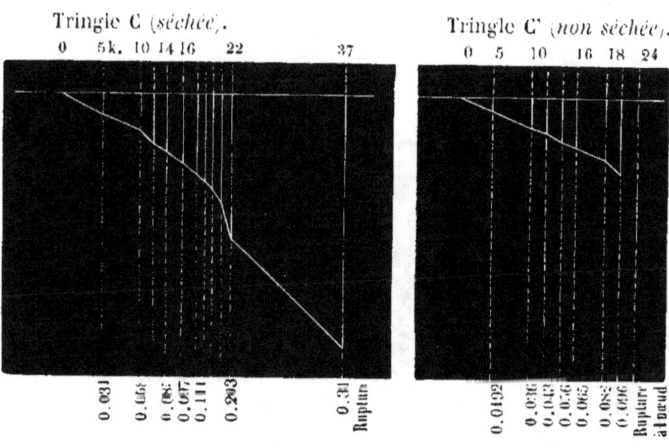

16

CHÊNE FORESTIER.

Tringle E *(séchée)*.

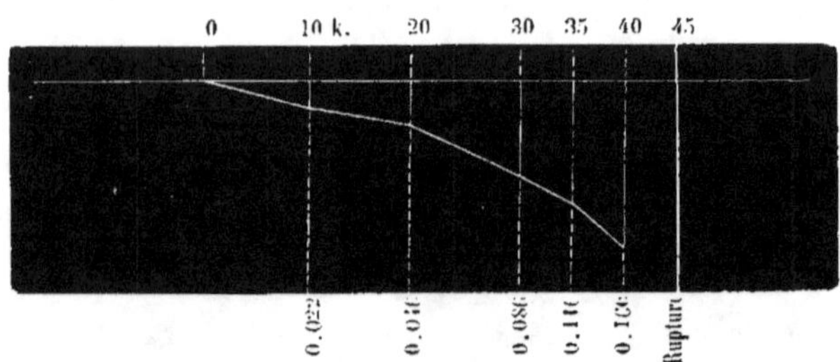

Tringle E' *(non séchée)*.

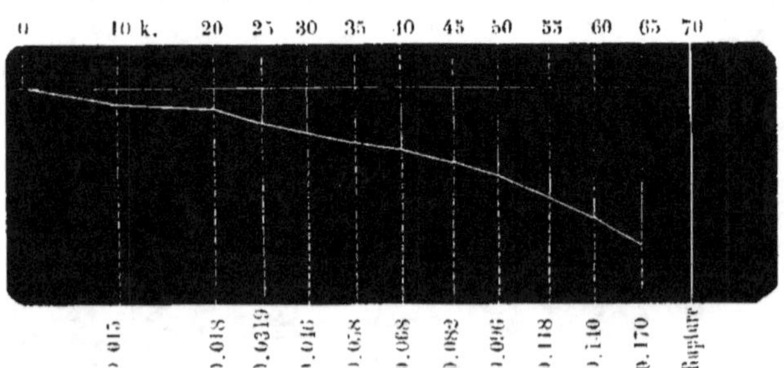

Tringle F *(séchée)*.

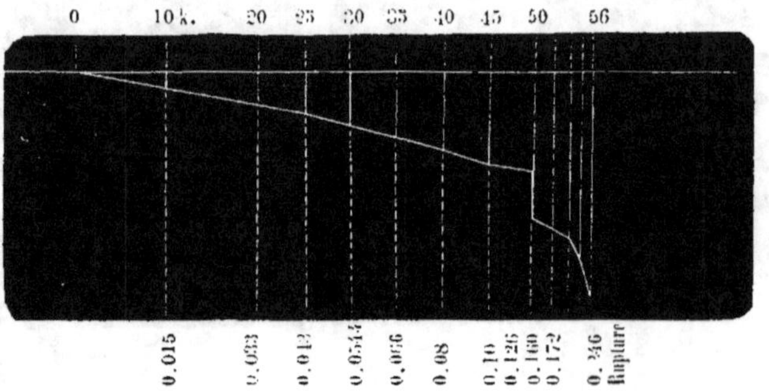

CHÊNE FORESTIER.

Tringle F' (*non séchée*).

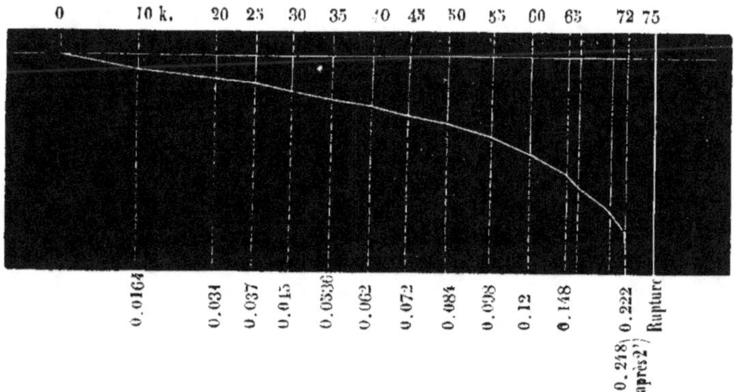

HÊTRE.

Tringle G (*séchée*).

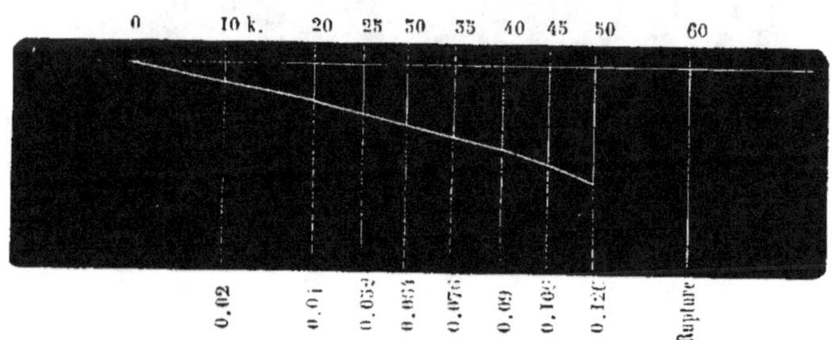

Tringle G' (*non séchée*).

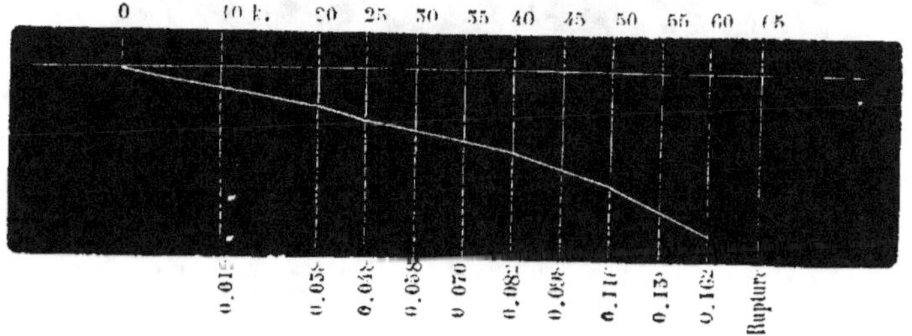

Expériences sur les bois de M. Diot, préparés par son procédé.

CHÊNE FORESTIER.

Tringle I (*séchée*).

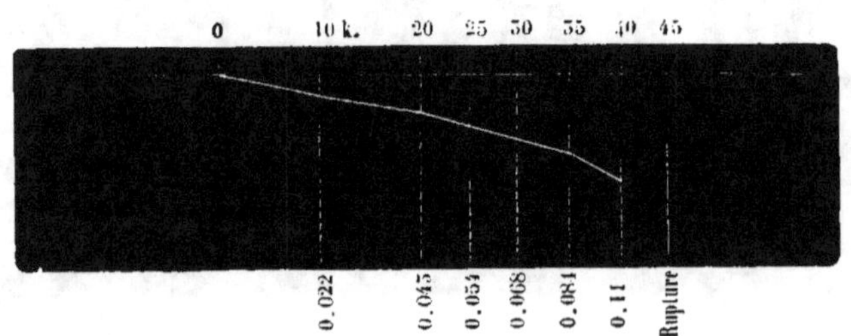

Tringle I' (*non séchée*).

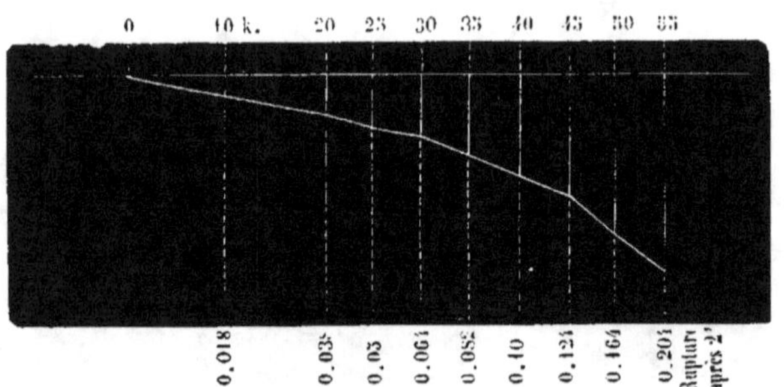

Tringle J (*séchée*).

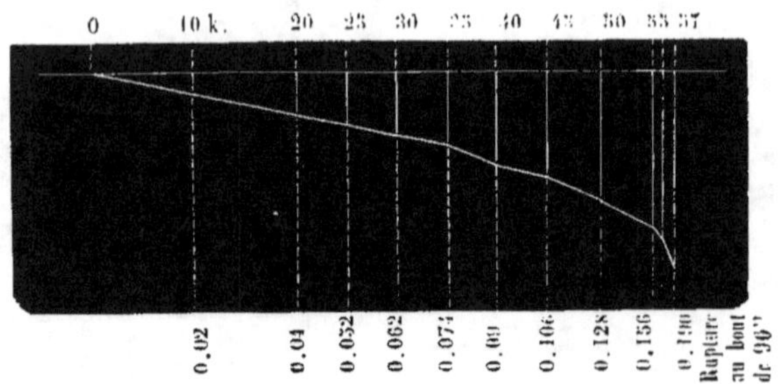

CHÊNE FORESTIER.

Tringle J' (*non séchée.*)

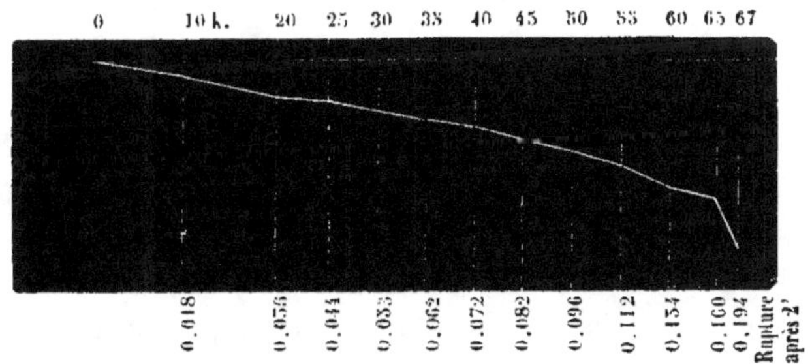

EXPÉRIENCES SUR UNE TRINGLE EN BOIS DE PIN DU PAYS INJECTÉ AU SULFATE DE CUIVRE PAR LE PROCÉDÉ BOUCHERIE.

Tringle L (*un an d'injection*).

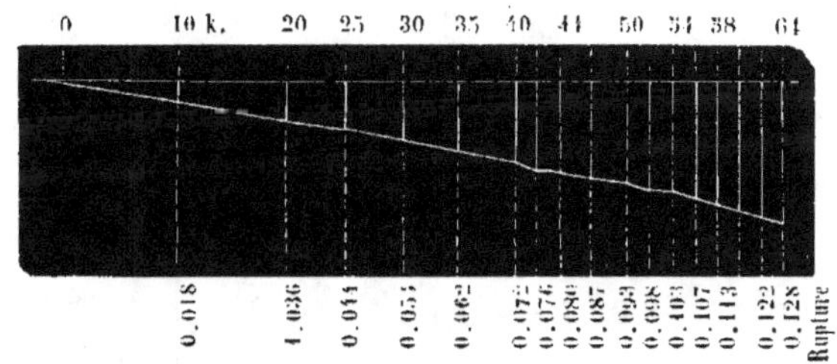

Nous nous hâterons de répéter ici ce que nous avons déjà dit dans le rapport de la sixième classe, ces divers résultats ne sont donnés qu'à titre de renseignement. Toutefois, sous la réserve qui précède, nous croyons que l'on peut conclure, des expériences rapportées ici, que : « Toutes les méthodes de « séchage artificiel des bois, connues jusqu'à ce jour, loin « d'augmenter la ténacité, doivent, au contraire, la diminuer « sensiblement. » Ceci se trouve, du reste, parfaitement d'accord avec ce qui a toujours été reçu, en ce qui touche les bois séchés artificiellement. Le départ lent et naturel de la séve peut, en effet, permettre au bois de se contracter successivement, de manière à refermer presque tous les petits canaux dans lesquels elle circule. Dans le séchage artificiel, au contraire, l'enlèvement de la séve ayant lieu très-brusquement, ces canaux restent sensiblement avec leur diamètre, et il doit se produire une sorte de désagrégation des fibres du bois.

Tout ce qu'on peut demander, c'est de produire rapidement ce que le temps seul nous donne avec les fosses pleines d'eau, courante ou non, dans laquelle on immerge les bois de la marine. On produit ainsi une espèce de lavage à froid et prolongé qui enlève probablement toutes les parties nuisibles de la séve, susceptibles de fermenter et de hâter la destruction des bois. A cet égard, il semblerait que le procédé de M. Diot peut agir d'une manière plus conforme à celle du système des ports, que nous venons de rappeler, et que le lessivage à l'eau chaude peut enlever très-vite ces parties spéciales de la séve.

Si l'on compare les bois séchés par les deux procédés, en prenant la même essence (le chène forestier) sous la forme de cubes, on voit que sous le même volume (un centimètre cube) les variations de poids constatés dans les diverses circonstances sont représentées comme il suit :

BOIS ET PROCÉDÉS EMPLOYÉS.	POIDS du centimètre cube non séché.	POIDS du centimètre cube séché.	NOUVEAUX POIDS du centimètre cube après une immersion de deux heures.	
			non séché préalablement.	séché préalablement.
Chène forestier de M. Legé....	0gr 894	0gr 871	0gr 902	0gr 878
Chène forestier de M. Diot.....	0 964	0 883	0 977	0 900

Ainsi, l'on voit qu'un centimètre cube de bois, séché par le procédé de M. Legé, perd de son poids 0 gr. 023, tandis que la même perte est de 0 gr. 081 si l'on emploie le procédé de M. Diot.

Par contre, ces bois qui ont été séchés reprennent une partie de ce poids perdu, lorsqu'ils sont restés immergés pendant deux heures, et c'est le bois traité par le procédé de M. Diot qui reprend le plus d'eau, puisqu'on a retrouvé 0 gr. 017, en plus, tandis que, pour le même cube, le bois traité par le procédé de M. Legé n'a repris que 0 gr. 007.

Une semblable immersion, faite pour le bois à l'état naturel, a constaté un accroissement de poids sensiblement égal : 0 gr. 008 avec les bois de M. Legé, et 0 gr. 013 avec ceux de M. Diot.

D'après ce qui précède, si les bois traités par le procédé de M. Legé perdent moins de leurs poids que ceux préparés par M. Diot, ils reprennent aussi bien moins d'eau lors de leur immersion.

Le tableau des expériences relatives à la flexion indique que partout et, pour les deux procédés, la rupture a toujours eu lieu, sous des poids moindres, pour les bois séchés artificiellement, que pour les bois laissés à l'état naturel.

Quant aux coins pour chemins de fer, nous déduirons des expériences faites une conséquence semblable pour la valeur relative de la résistance au choc, mais sans rien préciser pour la valeur absolue de cette résistance : ces expériences ne pouvant rien donner de positif à cet égard.

Nous croyons donc que si le séchage artificiel et prompt peut rendre des services, par exemple : pour les coins de chemins de fer, pour les frises de parquets, etc., il ne faut pas toutefois leur attribuer la propriété de rendre les bois plus durs, plus résistants ; et qu'il est indispensable de recourir à de nombreuses expériences avant d'assurer qu'il y aura même des services réellement rendus.

En ce qui touche les deux procédés mis en présence, et pour lesquels chacun des inventeurs a pris un brevet d'invention, nous ne pouvons attribuer à aucun d'eux une supériorité marquée sur l'autre, et le champ reste ouvert à ces deux honorables industriels, pour les perfectionner et poursuivre leurs études dans la voie qu'ils cherchent à suivre.

A la suite des expériences que nous venons de rapporter, nous devons appeler l'attention sur le résultat remarquable que nous avons été amenés à constater dans cette même journée. Nous voulons parler de la résistance constatée pour le bois de pin du pays injecté par le procédé Boucherie.

Ce bois, injecté au sulfate de cuivre depuis un an, a supporté avant la rupture jusqu'à 6 kg. 324 et 8 kg. 515 par centimètre carré, c'est-à-dire sensiblement autant que les bois de chêne non séchés, éprouvés en même temps.

L'inspection de la courbe des flexions montre en outre avec quelle régularité marchait la flexion et quelle élasticité le bois, ainsi préparé, avait conservée.

Quoique des résultats semblables aient sans doute été constatés ailleurs d'une manière générale et avec plus d'autorité, nous avons jugé important de signaler ce fait particulier comme très-digne d'attention et pouvant être avantageux pour notre département de la Sarthe, qui possède le bois de pin en assez grande abondance. Les procédés d'injection étant aujourd'hui d'une exécution facile, et augmentant ainsi la résistance en même temps que la durée, cela permettrait d'étendre notablement l'usage du bois de pin dans les constructions et surtout pour en retirer des traverses de chemins de fer et peut-être des coins.

Nous désirons vivement que de nouvelles études, appuyées d'expériences sérieuses et attentives, puissent confirmer nos espérances, et nous serons alors doublement heureux d'avoir signalé le petit fait que nous venons de rapporter.

DIVISION DES BEAUX-ARTS

EXPOSÉ.

Avant de faire connaître les divers jugements portés par le Jury sur les œuvres artistiques qui lui étaient soumises, nous croyons devoir rechercher à quels résultats possibles, probables ou réels, doit mener cette Exposition, et celles qui, espérons-le, la suivront.

Nous devons constater tout d'abord l'accueil bienveillant qu'a reçu du public celle de cette année ; le nombre des visiteurs nous le prouve : n'oublions pas de compter le nombreux public des dimanches, qui, sans être le plus éclairé, n'est pas celui qui sent le moins les beautés artistiques.

S'il juge sans notions acquises, du moins juge-t-il sans préventions. Nous n'en pourrions dire autant de quelques demi-connaisseurs qui, pour faire parade d'une science qu'ils n'ont point, trouvent tout mauvais. L'éloge est difficile ; comme il n'est guère sans restrictions, il suppose une critique ; la critique ne peut être faite qu'à l'aide de connaissances : le blâme dédaigneux est plus simple et plus commode.

Mais disons-le bien vite : s'il y a eu quelques zoïles, il y a eu plus d'aristarques, et ceux qui, ne pouvant jouer l'un des deux rôles ont eu assez de bon goût pour ne pas vouloir remplir l'autre (et c'est la grande majorité), se sont montrés franchement sympathiques aux efforts qui ont été faits.

Remercions donc le public; il a compris qu'une Exposition ouverte dans une province où les beaux-arts n'ont peut-être pas trouvé toujours l'accueil qui leur est dû et qui leur est fait dans la plupart des grandes villes de France, il a compris qu'une telle Exposition ne devait point être jugée avec une trop grande sévérité.

S'il y avait des objets d'une qualité et d'un goût douteux, tranchons le mot, mauvais, on doit se rappeler qu'aucune exclusion n'avait été faite. Tout a été reçu, et cependant nous avons trouvé que, sur environ 250 objets envoyés, une centaine étaient bons, ou très-bons.

Il est vrai que dans cette appréciation nous ne nous plaçons pas à un niveau aussi élevé que celui des Expositions de Paris; mais, dans cette ville même, n'est-on pas obligé de l'élever ou de l'abaisser dans certaines limites, suivant la valeur de l'ensemble des travaux?

Au reste, n'être pas d'une sévérité exagérée n'est-il pas le moyen de favoriser les efforts de ceux qui s'occupent d'art?

Ne voit-on pas combien les études qu'il nécessite sont à la fois nobles et utiles? combien elles élèvent l'âme, et combien leurs applications usuelles touchent de près à notre bien-être?

Et, en effet, qu'est-ce que l'art, pris dans son acception la plus synthétique? C'est une aspiration vers le *beau* et le *bon*. Celui-là seul est *artiste* qui s'en est approché aidé par son génie, et a cherché, par les moyens matériels qui sont à sa disposition, à faire comprendre au monde les divines choses qu'il a entrevues. Si nous ne pouvons arriver à être un de ces interprètes de l'art pur, efforçons-nous donc, par une instruction suffisante et de facile accès, de nous mettre à même de lire les immortelles pages qu'ils nous écrivent.

Si nous considérons les beaux-arts à un point de vue plus restreint, à celui de l'utilité, que de choses nous aurions à dire! Les arts industriels ne gagneraient-ils pas considérablement, le jour où les acheteurs, ayant un goût artistique plus épuré, exigeraient davantage des ouvriers qu'ils emploient? Ceux-ci

ne sentiraient-ils pas alors la nécessité d'étudier les chefs-d'œuvre qui les ont précédés? Si un chef d'atelier ne peut, comme
à Paris, payer à un prix élevé le dessin d'un meuble que lui
fera un habile artiste, ne trouvera-t-il donc pas dans le domaine
commun, dans les œuvres des siècles passés, des merveilles de
grâce et d'élégance? Si, assurément. Mais qu'une éducation
artistique insuffisante ne l'ait pas mis en état d'apprécier les
œuvres réellement belles, il ignorera que ces ressources existent, ou il ne saura distinguer ce qu'il lui faut prendre, ce qu'il
lui faut laisser.

Combien n'en voyons-nous pas à qui toute cette science manque, et qui, trop fiers d'une grande habileté de main, ne dai-
gnent pas regarder les œuvres des maîtres, et se trouvent, en
somme, réduits à l'impuissance!

Dans chaque nation, sa période d'apogée a toujours été
accompagnée d'un développement artistique extraordinaire, et
au moment de la chute des empires, ne voit-on pas, au contraire, le cachet du mauvais goût s'imprimer aux beaux-arts
comme à la littérature?

C'est à un culte constant pour les œuvres des maîtres, aux
emprunts continuels et intelligents que les arts industriels font
aux beaux-arts, que la France doit la réputation de bon goût
et de grâce qui suit ses produits jusque dans les nations les plus
éloignées.

C'est à cette même raison qu'il faut attribuer en grande
partie la supériorité de certaines productions de Paris sur celles
des provinces.

Dans notre capitale, des objets de la décoration la plus
usuelle, des papiers peints à bas prix de certaines maisons, sont
exécutés sur les dessins d'artistes de talent.

Il y a vingt-trois ans, il n'en était pas ainsi, et l'Exposition
industrielle de 1834 en fut la preuve. Les beaux-arts étaient
alors dans un moment de crise et de transformation. Le Jury
fut si frappé du mauvais goût de la plupart des productions aux
formes contournées et bizarres, qu'on projeta d'ouvrir, au Con-

servatoire des Arts et Métiers, des cours de *Dessin appliqué aux travaux industriels*. Ces louables tendances se sont généralisées, et chacun peut aujourd'hui comparer le style de 1834 au style de 1857.

Espérons donc que dans notre pays, si richement doté sous beaucoup de rapports, le goût des arts se développera encore.

Les Expositions publiques sont un des meilleurs moyens d'arriver à ce but ; elles encouragent, par l'espoir de la publicité, des récompenses et d'un gain légitime, les efforts des artistes ; elles forcent le public à s'occuper un peu de choses que ses travaux de chaque jour lui font trop négliger.

L'Exposition artistique qui vient de finir au Mans n'est qu'un premier pas. Le nombre des œuvres envoyées n'était pas assez grand pour qu'on pût constituer un jury d'admission. Et pourtant, pour que le public puisse se former le bon goût, il faut un peu le guider dans ses appréciations et ne lui offrir que des œuvres d'une certaine valeur. La distribution des récompenses doit servir à remplir ce but, puisqu'elle désigne quelles sont les œuvres saillantes. Cette année, les récompenses ont dû être accordées d'une manière assez large, car nous avons beaucoup d'œuvres d'une valeur à peu près égale, en même temps que d'espèces très-différentes ; il fallait dès lors ou se restreindre à deux ou trois médailles, ou en fixer le nombre au chiffre que nous indiquons plus bas.

Le Jury, appréciant donc dans ce sens, a décerné des récompenses aux œuvres que nous allons désigner, et que nous répartissons en cinq catégories :

La peinture. — Les aquarelles et dessins. — Les vitraux, émaux, peinture sur porcelaine. — La sculpture. — La photographie.

Avant d'entrer dans l'examen détaillé de ces diverses catégories, nous mentionnons d'abord les Exposants qui, par leur position de membres du Jury, ne peuvent prétendre aux récompenses : et dans l'ordre de désignation des artistes, pour une médaille de même valeur, nous suivrons, autant que possible, l'ordre du mérite, en ayant, de plus, égard à l'importance du genre.

Parmi les membres du Jury qui ne peuvent dès lors, à notre grand regret, prendre part à la distribution des récompenses, nous signalerons d'abord M. CHATEL. Cet artiste a envoyé une aquarelle de grande dimension (n° 23), reproduisant, avec la plus grande exactitude et un grand sentiment de l'art, les peintures retrouvées par M. Delarue à la voûte de la chapelle de la Vierge, à la Cathédrale du Mans. Cette œuvre est très-remarquable à tous les points de vue, par son exécution d'une grande difficulté, et par sa précision. Elle est d'un ton très-harmonieux et très-juste, peinte avec une largeur qui n'exclut nullement la perfection et la fidélité des détails.

M. Châtel a aussi exposé de charmants dessins des sculptures de l'église de Solesmes, et un carton de vitrail d'un sentiment très-distingué, très-religieux, et d'une heureuse composition ;

De plus, un fort joli dessin d'un des plus gracieux anges de la voûte de la chapelle de la Vierge, et un harmonieux petit vitrail contenant trois sujets.

M. DUGASSEAU, conservateur du Musée du Mans, aussi membre du Jury, nous a envoyé trois charmantes études de fleurs et de fruits, dans lesquelles la précision du dessin, l'harmonie et l'éclat de la couleur s'allient à une facture large. L'un d'eux surtout, portant le n° 64, et représentant des fruits, des fleurs et des draperies, est peint, malgré l'exiguïté de ses proportions, avec une hardiesse de touche qui lui donne la valeur d'un grand tableau et fait reconnaître le peintre d'histoire.

M. DARCY, également par sa position de membre du Jury, se trouve hors de concours. Le Jury a été unanime pour exprimer les plus vifs regrets de ne pouvoir récompenser, autrement que par des éloges, le beau travail que cet architecte nous a envoyé. Ce travail est un projet de restauration de l'église du Pré. Comme œuvre d'architecture, il est des plus remarquables et d'un goût très-pur ; comme exécution de dessin et de luxe, il est d'une très-grande habileté et d'une parfaite exactitude. Donnons donc à M. Darcy, qui a fait ce travail en vue de notre Exposition, la part de remerciements et d'éloges sans restriction qui lui sont si justement dus.

M. Hucher, qui se trouve dans les mêmes conditions que les artistes que nous venons de citer, nous a envoyé deux lithographies, inscrites sous les n°s 97 et 98. Elles font partie d'un grand ouvrage intitulé *Calques des Vitraux peints de la Cathédrale du Mans*, qui est en cours de publication. Ces magnifiques planches sont précieuses parce qu'elles reproduisent, avec une exactitude mathématique, des verrières qu'un accident pourrait détruire, et qu'elles facilitent aux artistes l'étude d'œuvres fort intéressantes. Inutile de faire ressortir combien un travail aussi considérable exige de soins, de temps et de dévouement artistique.

M. Hucher a aussi exposé des planches gravées à l'eau forte, d'une fort bonne exécution, représentant 27 jetons inédits et antérieurs à François Ier. C'est un travail très-remarquable, au point de vue archéologique et artistique.

M. Verdier a exposé deux tableaux de fruits et fleurs qui, entre autres qualités, se recommandent particulièrement par un faire large et facile, une couleur belle, solide et harmonieuse.

Félicitons vivement M. Verdier de trouver le moyen de cultiver les beaux-arts avec une réussite aussi avancée, au milieu des études sérieuses et ardues qu'exige la carrière de la médecine, à laquelle il s'est consacré.

M. de Bastines, sans faire partie du Jury, s'est chargé de la partie la plus ennuyeuse et la plus assujettissante des travaux dont la division des Beaux-Arts eût à s'occuper. Le Jury tient à exprimer ici à M. de Bastines ses sentiments de gratitude pour le concours utile et constant qu'il lui a si gracieusement prêté.

PEINTURE.

Dans la section de peinture, nous trouvons :

M. Suan, du Mans, qui nous a envoyé deux pastels. L'un (sous le n° 160 *bis*) est un portrait de l'auteur, très-largement touché, bien dessiné, et d'une grande hardiesse de parti pris. Toutes les difficultés que l'artiste s'était proposées, dans une œuvre ainsi conçue, sont heureusement vaincues et tournent à l'avantage de l'effet général. Une couleur d'une harmonie un peu plus brillante serait seulement à désirer. Cette critique peut s'appliquer au second tableau, qui représente des attributs de chasse, et est classé sous le n° 160. Il est d'une très-grande habileté comme exécution, et reproduit la nature avec une exactitude minutieuse. On pourrait reprocher à l'artiste de n'avoir pas employé une si remarquable adresse de main à un sujet plus intéressant. Le Jury accorde à M. Suan une médaille d'argent.

Il accorde la même récompense à l'exposition de M. de Latouche, de La Flèche. Nous signalerons plus spécialement son tableau de *l'Aumône à la porte d'un Couvent* (103 *bis*), œuvre de sentiment, d'une couleur harmonieuse quoique un peu terne ; et celui du *Nouveau Décoré*, dont la figure principale est traitée avec verve et esprit ; les personnages du fond laissent plus à désirer, et le ton général est moins harmonieux que dans le précédent.

Signalons M. Paul Cellier, de Paris, qui, n'appartenant point à notre région, n'a droit qu'à nos regrets et à nos éloges, quand ses travaux lui auraient donné droit à une récompense pareille à celle attribuée aux deux artistes précédents. M. Paul Cellier nous a envoyé quatre toiles, dont deux ne sont guère que des études de couleur. L'une d'elles, sous le n° 21, a des qualités de ton fort remarquables. Nous signalerons tout spécialement le portrait de M. V***, très-largement peint, où l'on trouve, joints à de grandes qualités de couleur, un beau senti-ment d'expression et une ressemblance parfaite.

Mêmes regrets à M. Wachmuth, de Versailles, qui a exposé une jolie marine, inscrite sous le n° 194.

Le Jury accorde une médaille d'argent à M. d'Andiran, de Nantes, pour son exposition de cinq tableaux, offrant tous de sérieuses qualités. Nous mentionnons particulièrement *un Site de Clisson* (n° 1), d'une très-bonne composition et d'une non moins bonne exécution, et *les Marais de la Verrière*, où l'on rencontre un beau sentiment et une couleur harmonieuse : nous reprocherons cependant à ces toiles un aspect général un peu froid.

M. Massonneau, de Nantes, nous a envoyé deux paysages d'une bonne facture. L'un surtout, *le Chemin dans les lagunes*, est très-bien traité. Les premiers plans manquent un peu d'intérêt, mais les fonds et les plans intermédiaires sont d'un beau ton et d'une bonne exécution. C'est, en somme, de la peinture sérieusement faite et habile. Le Jury accorde à cet artiste une médaille d'argent.

Une semblable récompense est aussi décernée à M. Ulysse, de Blois, qui a envoyé trois tableaux. Deux surtout, *le Moine et les Soldats* (n° 182), et *Germain Pilon* (n° 181), dénotent, malgré quelques traces d'inexpérience, beaucoup de goût et un sentiment vrai de la couleur.

M. Queroy (de Vendôme) a exposé plusieurs tableaux, dont deux ont semblé au Jury mériter aussi la médaille d'argent. Ce sont *une Gardeuse de Dindons*, d'un effet très-frais, d'une jolie couleur, d'un joli sentiment, et des *Pêcheurs de warecks*.

Certaines parties de ce dernier tableau sont très-bien traitées. La plage, la mer et le ciel du fond sont bien réussis, ainsi que certaines parties des rochers du premier plan. Nous reprocherons seulement au sujet d'être un peu trop simple pour la dimension de la toile, qu'il ne remplit pas assez, et, tout en louant M. Queroy d'étudier les maîtres, nous l'engageons à tâcher de ne pas autant copier leur manière.

Enfin, M. Tom Drake, d'Angers, nous a envoyé une assez grande quantité de travaux, entre autres un joli tableau représentant la *Halle d'Auray* (n° 165). Nous reprocherons seulement à cette œuvre d'avoir quelques rapports d'aspect avec une lithographie teintée, et de présenter une sécheresse qu'on retrouve dans les dessins de l'auteur, très-habilement exécutés, du reste. Le Jury décerne une médaille d'argent à M. Tom Drake.

Le Jury accorde une médaille de bronze aux artistes dont les noms suivent :

M. Lachaise, à La Flèche, nous a envoyé entre autres choses une nature morte dans un paysage (sous le n° 100). Certaines parties sont bien traitées ; d'autres, le paysage surtout, laissent à désirer. Ce tableau est d'une couleur brillante, mais les tons sont trop entiers et manquent un peu d'harmonie.

Mme Belœuf, de La Flèche, a exposé trois tableaux, dont une copie d'après Van Spaendonck.

Nous remarquerons une fleur de pavot (n° 10), peinte avec un détail peut-être excessif, mais d'une ressemblance extrême, d'un ton juste, harmonieux, et d'un effet bien compris. Un autre tableau (n° 9), fleurs et fruits, a aussi quelques parties bien traitées, à côté d'autres un peu faibles.

M. Gueyrard, de La Flèche, nous a envoyé des paysages. Nous signalerons sa *Vue du Château de Bazouges*. Un dessin précis, une bonne composition, une grande vérité de reproduction, sont les qualités de ce tableau qui a un aspect un peu froid. La nature a été copiée trop exactement et n'a pas été interprétée avec tout le sentiment désirable.

Quant à M. Blin, nous ferons à son paysage portant le n° 13 les éloges et les reproches complétement opposés. Beaucoup de sentiment et une grande habileté de main font remarquer ce tableau, où l'on regrette de ne pas trouver une étude plus sérieuse de la nature.

M. de Montzey, de la Flèche, a exposé des miniatures. Deux sont d'un joli dessin et bien exécutées ; elles portent les n°s 130 et 131. Le même artiste a exposé un médaillon en plâtre (sous le n° 125), représentant les *trois frères Eudes*. Ce médaillon, d'une bonne exécution, a été offert par M. de Montzey au Musée de notre ville.

Enfin, le Jury accorde des mentions honorables à M. Croneau, maire de Challes, pour ses copies, surtout pour celle du *Parmesan*, et à M. Martin (Jules) du Mans, pour quelquesunes de ses petites études d'après nature. Les études auxquelles cette mention est accordée auraient peut-être gagné à être seules exposées.

AQUARELLES ET DESSINS.

Nous nous contenterons de rappeler ici ce que nous avons dit des remarquables travaux en ce genre de MM. Chatel, Darcy, Hucher, membres du Jury.

Le Jury décerne une médaille d'argent à M. Messager, de Laval, pour de fort bons dessins au fusain et au crayon lithographique. Ces derniers sont en général bien composés, d'un bon effet, et habilement exécutés.

Nous mentionnerons seulement ici les dessins de M. Drake, pour lequel, à la section de peinture, une médaille d'argent a été accordée.

Le Jury décerne à M. Danloux, lieutenant au 2ᵉ chasseurs, une médaille de bronze pour deux jolies aquarelles qu'il a exposées, et dans lesquelles à un peu d'inexpérience se joignent beaucoup d'adresse, une grande facilité et beaucoup de sentiment artistique.

N'oublions pas que M. Danloux fait tourner son talent au profit de la charité, et qu'il a eu la pensée d'une bonne œuvre qui lui vaut et la reconnaissance des pauvres et la sympathie de tous.

Une médaille de bronze est accordée à M. Motet, qui a exposé des dessins d'ornementation (137), d'une bonne exécution, et surtout des dessins d'architecture et d'industrie (132-133-134), qui dénotent beaucoup d'habileté. M. Motet nous montre, dans le dessin de la rosace de la Cathédrale du Mans, avec quelle adresse il sait se servir du compas. Ce genre de travail est de ceux qu'on ne saurait trop encourager, car il répond directement aux besoins industriels et est l'intermédiaire obligé entre ceux-ci et les beaux-arts.

Une mention honorable est accordée à M. LEBRETON, architecte paysagiste, pour des dessins de parcs et de jardins.

La même récompense est accordée à M. CORNILLET (à Paris). Les deux gravures qu'il nous a envoyées représentent, l'une *Rubens peignant le Chapeau de paille* ; l'autre, les *Adieux de Van-Dick*. Ces deux gravures sont d'une remarquable exécution, vigoureuses sans être noires, d'une grande fermeté sans arriver à la dureté.

M. JAZET, graveur à Paris, nous a envoyé une aquatinta, d'après un tableau de M. Delatouche. C'est aussi une œuvre de mérite.

M. Jazet, ainsi que M. Cornillet, n'appartenant pas à la région, ne peuvent obtenir qu'une mention honorable, que le Jury leur accorde, en leur exprimant ses regrets de ne pouvoir leur donner une récompense plus élevée.

VITRAUX. —ÉMAUX. —PEINTURE SUR PORCELAINE.

Nous signalerons tout d'abord, comme œuvre capitale, un vitrail envoyé par les DAMES CARMÉLITES du Mans, et inscrit sous le n° 18. Ce vitrail, exécuté d'après un très-beau carton de M. de Rohden, par MM. Karl et Frédéric Kuchelbecker, est remarquablement réussi. Il est d'un grand style, brillant et harmonieux, malgré les difficultés que présentait le ton général des vêtements. L'architecture et l'ornementation, du meilleur goût, appartiennent à MM. Kuchelbecker. Les têtes ont été peintes par M. Desgranges. — Le Jury, en raison de l'importance et de la beauté de cette œuvre, leur a décerné une médaille de vermeil.

Mme de SAINT-ALBIN a exposé une table en porcelaine peinte représentant des fleurs et des fruits (n° 158). Cette œuvre fort remarquable à beaucoup de titres, d'une très-grande habileté d'exécution, mérite une médaille d'argent, qui sera pour l'auteur comme le rappel de succès obtenus aux Expositions de Paris.

Le Jury décerne la même récompense à M. Avisseau, de Tours, pour de fort beaux plats émaillés. Un surtout, inscrit sous le n° 7, est d'une charmante finesse de détail. Nous trouverons peut-être moins de délicatesse dans un autre du même genre, mais nous y rencontrerons une plus grande harmonie de couleur. Remarquons aussi un plat de poissons, n° 8, d'une harmonie et d'un dessin charmants.

Nous signalerons une jolie fenêtre en décoration mosaïque, faite chez M. Chatel, par MM. Leblond et Defas, pour laquelle le Jury accorde une médaille de bronze. — Une récompense semblable est attribuée à M. Fialeix, de Mayet.

PHOTOGRAPHIE.

Parmi les photographes, nous distinguerons les travaux de M. Berthaut, d'Angers, dont les portraits, celui surtout de M. Ch..., et la vue du château d'Angers, sont des œuvres d'un vrai mérite ;

Et de M. Gaumé, du Mans, qui nous a envoyé, entre autres choses fort intéressantes, deux paysages et une vue de la Préfecture. Cette dernière est surtout remarquable par la réussite des arbres de premier plan (difficulté très-grande) et son harmonie.

Le Jury décerne à chacun de ces artistes une médaille de bronze.

SCULPTURE.

Dans la sculpture, nous remarquerons les œuvres de M. Damiens, parmi lesquelles nous signalerons une statuette de Vierge d'un style très-pur ; un buste de M. F..., sous le n° 41 ; un autre sous le n° 43, celui de Mlle Aymardine de N..., c'est une œuvre pleine de finesse, de grâce et de jeunesse : elle est interprétée avec un profond sentiment de l'art ; un buste d'enfant, sous le n° 44 ; quelques réminiscenses d'une œuvre bien connue pourraient seulement être reprochées à ce joli portrait ; enfin, le portrait de M. D. ., médaillon. — Le Jury accorde à M. Damiens une médaille d'argent.

Il décerne la même récompense à M. GOURDEL, de Rennes, pour de petits sujets sculptés en terre. Presque tous sont traités avec beaucoup d'esprit et de finesse.

Nous mentionnerons M. PAPIN, à Mayet, pour de petites bordures de glaces sculptées en bois ; nous désirerions trouver l'habileté de main de cet artiste au service d'un goût plus épuré. Nous mentionnerons également M. LEMAY, pour des restaurations très-intelligentes de vieux meubles.

TABLE ALPHABÉTIQUE

DES MATIÈRES

	Pages.
AGRICULTURE et MACHINES..	53
ALBERT-HAVARD. La Flèche (Sarthe). V. (Mention honorable).	35, 200
ALLAIN. Rennes (Ille-et-Vilaine). VI. (Mention honorable).	38, 214
ALLIAGES ET TRAVAIL DES MÉTAUX.	141
ALLIAGES DE CUIVRE.	148
APPAREILS DESTINÉS A L'ENSEIGNEMENT.	160
APPAREILS POUR LA MEUNERIE.	72
AQUARELLES.	258
ARDOISES.	127
ARTS CHIMIQUES.	155
ARTS MÉTALLURGIQUES.	115
ARTS DE PRÉCISION.	155
AUTREUX (Coopérateur). Sarthe. II. (Médaille de 2e classe).	29, 144
AVISSEAU fils. Tours (Indre-et-Loire). B. Arts. (Méd. de 1re cl.	39, 260
BACHMANN. Tours et Angers. VI. (Médaille d'honneur).	35, 228
BAILLARGEON. Rennes (Ille-et-Vilaine). I. (Méd. de 1re classe).	24, 73
BALIGAND. Le Mans (Sarthe). III. (Mention honorable).	32, 167
BALIGAND jeune et LORY. Le Mans (Sarthe). III. (Méd. de 2e cl.	31, 167
BANCE. Mortagne (Orne). IV. (Médaille de 2e classe).	33, 191
BARASSÉ. Angers (Maine-et-Loire). VI. (Mention honorable).	38, 224
BARATTES.	79
BARDET. Le Mans (Sarthe). VI. (Mention honorable).	38, 85
BARDET. La Flèche (Sarthe). I. (Médaille de 2e classe).	25, 85
BAROUILLE (Coopérateur). (Sarthe). VI. (Mention honorable).	39, 232
BARRABE et DORET. Rennes (Ille-et-Vilaine). V. (Méd. de 2e cl.).	34, 199
BARY jeune et Cie. Le Mans (Sarthe). IV. (Médaille d'honneur).	33, 189
BASILE. Chateaubriand (Loire-Inférieure). V. (Mention hon.).	35, 200
BATAILLE. Chartres (Eure-et-Loir). I. (Médaille de 2e classe).	25, 75
BEAUX-ARTS (Division des).	250
BEDEAU. Le Mans (Sarthe). III. (Mention honorable).	32, 157
BELLANGER. Pontlieue (Sarthe). V. (Mention honorable).	35, 200
BELIN. Le Mans (Sarthe). VI. (Médaille de 2e classe).	36, 220
BELŒUF. La Flèche (Sarthe). B. Arts. (Médaille de 2e classe).	40, 257
BERANGER A. Le Mans (Sarthe). IV. (Médaille de 2e classe).	33, 196

Pages.

BERTHAUT. Angers. (Maine-et-Loire). B. Arts. (Méd. de 2e cl.). . 40, 260
BERTIN-LAMARE. Le Mans (Sarthe). VI. (Médaille de 1re classe). . 36, 213
BESNARD. Saint-Branches (Indre-et-Loire). I. (Méd. de 1re cl.). 24, 66, 67
BESNIER. Le Mans (Sarthe). III. (Médaille de 2e classe) 31, 174
BIÉ. Le Mans (Sarthe). VI. (Médaille de 2e classe). 36, 221
BIENVENU frères. Connerré (Sarthe). II. (Médaille de 1re classe). . 26, 150
BIGOT. Le Mans (Sarthe). VI. (Médaille de 2e classe). 36, 219
BITUMES. 119
BLANCHARD. Sillé (Sarthe). IV. (Médaille de 2e classe). 33, 191
BLANCHARD. Nantes (Loire-Inférieure). III. (Médaille d'hon.). . . 30, 183
BLANCHOUIN (Coopérateur). (Sarthe). II. (Mention honorable). . . 30, 126
BLIN. Le Mans (Sarthe). B. Arts. (Médaille de 2e classe). 40, 257
BODEAU. Massilly-sur-Marne. (Indre-et-Loire). V. (Méd. de 1re cl.). 34, 201
BODIN. Rennes (Ille-et-Vilaine). I. (Médaille d'honneur). 23,54,55,57,59
BOETEAU. Le Mans (Sarthe). III. Médaille de 1re classe). 31, 155
BOISARD Lucien (Coopérateur). (Sarthe). II. (Médaille de 2e cl.). . 29, 141
BOLLÉE. Le Mans (Sarthe). 13, 20, 85, 142
BONNEJENT. Le Mans (Sarthe). IV. (Mention honorable). 33, 191
BOULONS. 151
BOURDELOIS. Le Mans (Sarthe). VI. (Médaille de 2e classe). . . . 36, 216
BOURBON. Argentan (Orne). V. (Mention honorable). · 35, 200
BOUTTEVIN. Mayet (Sarthe). IV. (Mention honorable). 33, 191
BOUTTIER. Pontlieue (Sarthe). IV. (Mention honorable). 34, 197
BOUTTIER François-René (Coopérateur). (Sarthe). VI. (Méd. 2e cl.). 37, 232
BRAITEAU. Pontlieue (Sarthe). II. (Mention honorable). 28, 148
BRESLAY. Ysseau (Deux-Sèvres). IV. (Mention honorable). . . . 34, 196
BRESSEAU et GILLET. Angers (Maine-et-Loire). VI. (Méd. 2e cl.). . 37, 227
BRESSLER fils. Nantes (Loire-Inférieure). VI. (Ment. honorable). 38, 227
BRETHON. Tours (Indre-et-Loire). I. (Médaille d'honneur). 23, 81
BRIQUES. 181
BRISON P. Rennes (Ille-et-Vilaine). V. (Médaille de 2e classe). . . 34, 199
BRISGAULT frères. Cinq-Mars-la-Pile (Ind.-et-Loire). II. (Méd.2e cl.). 27, 132
BRUNEAU et HEURTEBISE. Le Mans (Sarthe). IV. (Méd. de 2e cl.). . 33, 191
BUDAN. Tours (Indre-et-Loire). I. (Mention honorable). 26, 86
BUISNEAU. La Flèche (Sarthe). II. (Mention honorable). 28, 153
BUSSON-LAGROIE. Soulitré (Sarthe). III. (Médaille de 2e classe). . 31, 181
BUTTOIRS. 62

CADOR-BÉATRIX. Malicorne (Sarthe). III. (Mention honorable). 32, 181
CADOR et LAUMONIER. Malicorne (Sarthe). III. (Méd. de 2e cl.). 31,80,182
CARÈME. Saint-Pavin (Sarthe). III. (Médaille de 2e classe). 31, 164
CARREAU. Angers (Maine-et-Loire). I. (Médaille de 2e cl., rappel). 25, 107
CARRE. Le Mans (Sarthe). V. (Mention honorable). 35, 200
CARROSSERIE. 198
CARTONS. 184
CELLIER. Paris (Seine). B. Arts. (Mention honorable). 40, 256

	Pages.
Chaloigne (Veuve). Le Mans (Sarthe). III. (Médaille de 2e classe).	31, 184
Chalopin. Briosnes (Sarthe). VI. (Médaille de 2e classe)	37, 230
Charbons coagulés.	115
Charlot. Le Mans (Sarthe). I. (Médaille de 2e classe).	25, 56
Charrues.	54
Chatel, peintre. Le Mans.	14, 20
Chaudière Stanley.	79
Chaussures.	200
Chauvellier. Angers (Maine-et-Loire). V. (Mention honorable).	35, 203
Chauvellier. La Flèche (Sarthe). I. (Mention honorable). . . .	26, 80
Chaux et Ciments.	180
Chazelle et Cie. Tours (Indre-et-Loire). V. (Médaille de 2e cl.).	34, 200
Chemin (Veuve). Le Mans (Sarthe). II. (Mention honorable). . .	28, 153
Chemin Constant (Coopérateur). (Sarthe). II. (Mention honorable).	30, 154
Chevallier. Le Mans (Sarthe). III. (Médaille de 1re classe). . .	31, 174
Choplain. Le Mans (Sarthe). VI. (Mention honorable).	37, 208
Cire.	184
Clénet. Mayenne (Mayenne). III. (Mention honorable). . .	32, 163
Cloches, machines d'ateliers.	142
Cocu et Benoist. Le Mans (Sarthe). I. (Médaille de 2e classe). .	24, 84
Cohin. Le Mans. 20, 30, 187
Colonie de Mettray (Indre-et-Loire). I. (Méd. d'hon.). . 23, 54, 75, 77, 78
Colophane.	185
Combier-Destre. Saumur (Maine-et-Loire). III. (Méd. de 2e cl.).	31, 170
Combustibles, minéraux, houille, anthracite.	115
Compagnie marbrière et industrielle du Maine. Paris (Seine). III. (Médaille de 2e classe).	31, 116, 122
Concasseurs et lave-racines.	78
Confection des articles de vêtements, etc.	217
Constructions civiles.	205
Cordages.	193
Cornillet. Paris (Seine). B. Arts. (Mention honorable).	40, 259
Cornilleau aîné. Le Mans (Sarthe). IV. (Médaille d'honneur). .	33, 188
Corniquel. Vannes (Morbihan). V. (Médaille de 2e classe). . . .	34, 199
Cornevin. La Flèche (Sarthe). VI. (Médaille d'honneur).	35, 210
Cornu. Chemiré-en-Charnie (Sarthe). II. (Mention honorable).	28, 110, 140
Cossé Julien (Coopérateur). Mayenne. II. (Médaille de 2e cl.). .	29, 140
Conon et Borel. Nogent (Eure-et-Loir). IV. (Méd. de 1re cl.). . .	33, 194
Cottereau Louis (Coopérateur). Sarthe. VI. (Mention hon.). .	38, 232
Coupe-racines.	76
Courvasier François (Coopérateur). Sarthe. II. (Mention hon.).	30, 141
Coutellerie.	153
Cransac. Tours (Indre-et-Loir). IV. (Mention honorable). . . .	34, 197
Crins.	196
Crinière. Villaines-la-Gonais (Sarthe). II. (Médaille de 2e classe).	27, 132
Croneau. Challes (Sarthe). B. Arts. (Mention honorable).	40, 258

Pages.

CRUCIER Louis (Coopérateur). (Sarthe). II. (Médaille de 2e classe). 29, 119
CUIRS. 198

DAGUET François (Coopérateur). (Sarthe). VI. (Méd. de 2e classe). 37, 231
DAMIENS. Paris (Seine). B. Arts. (Médaille de 1re classe). 39, 260
DANLOUX. Le Mans (Sarthe). B. Arts. (Médaille de 2e classe). . . 40, 258
DARCY. Le Mans (Sarthe). 14, 20
D'AUDIRAN. Nantes (Loire-Inférieure). B. Arts. (Méd. de 1re cl.).. 39, 256
DAVID-LUCET. Le Mans (Sarthe). II. (Mention honorable). . . . 28, 149
DAVOUST. Alençon (Orne). VI. (Médaille de 2e classe). 37, 229
DEGAIGNÉ et Cie. Angers (Maine-et-Loire). IV. (Méd. de 2e cl.). . 33, 195
DE LATOUCHE. La Flèche (Sarthe). B. Arts. (Méd. de 1re classe). 39, 256
DE MONTZEY. La Flèche (Sarthe). B. Arts. 40, 257
DENEAU-LAGROIE. Le Mans (Sarthe). VI. (Médaille de 2e classe).. 37, 226
DENIS-MORIN. Le Mans (Sarthe). II. (Mention honorable). . . . 28, 153
DENTELLES. 193
DERRIEN. Chantenay (Loire-Inférieure). I. (Méd. de 1re cl., rappel). 24, 57
DESBOIS-RICHARD. Angers (Maine-et-Loire). IV. (Ment. hon.). . . 34, 196
DESSINS. 258
DINOCHEAU. La Ferté-Bernard (Sarthe). I. (Mention honorable). 25, 80
DIOT-GILMAT. Le Mans (Sarthe). VI. (Médaille de 1re classe). . 35, 20, 233
DORÉ. Le Mans (Sarthe). 7, 13, 20, 135
DROUAULT. Lésigny (Vienne). II. (Mention honorable). 28, 133
DUBAS-GUYET. Saint-Léonard (Sarthe). III. (Mention honorable). 32, 181
DUCHESNE. Le Mans (Sarthe). VI. (Mention honorable). 38, 229
DUGASSEAU. Le Mans. 14, 20
DUMERGUE. Le Mans (Sarthe). VI. (Mention honorable). 38, 230
DUNIAL. Le Mans (Sarthe). III. (Médaille de 2e classe). 31, 158
DUPERRAY et DEMAY. Le Mans (Sarthe). VI. (Mention honorable). 38, 224
DUPERRAY. Fontevrault (Maine-et-Loire). III. (Mention honorable). 32, 162
DUVAL. Paris (Seine). I. (Médaille de 2e classe). 25, 81

EBÉNISTERIE. 210
EMAUX. 259
ENGRAIS. 176
EXPLOITATION DES SUBSTANCES MINÉRALES. 115
EXPOSÉ (Division des beaux-arts). 250
EXPOSÉ GÉNÉRAL. 41
EXPOSÉ (Classe I. Agriculture et Machines). 53
EXPÉRIENCES SUR LA RÉSISTANCE DES BOIS. 233

FAIVRE et FILS. Nantes (Loire-Inférieure). II. (Méd. de 2e classe). 27, 146
FAYON. Rennes (Ille-et-Vilaine). III. (Médaille de 2e classe). . . . 31, 167
FERS A REPASSER. 152
FIALEIX. Mayet (Sarthe). B. Arts. (Médaille de 2e classe). 40, 260
FILS DE FER. 152
FILS DE CHANVRE, écrus et blanchis. 192

Pages.

FONTAINE et BRAULT. Chartres (Eure-et-Loir). I. (Méd. de 1re cl.). 24, 84
FONTES ET FERS. 133
FONTAINERIE. 144
FOUCAULT. Le Mans (Sarthe). I. (Mention honorable). 26, 82
FOUCHER aîné. Rennes (Ille-et-Vilaine). IV. (Mention honorable). 34, 196
FOURÉ-BUON. Vibraye (Sarthe). II. (Médaille de 1re classe). . . . 26, 139
FOURNIER-BOUTTEVIN. Mayet (Sarthe). IV. (Mention honorable). . 34, 195
FOURNIER. La Flèche (Sarthe). VI. (Mention honorable). 37, 214
FOURRURES. 201
FUSELIER. Montreuil-Bellay (Maine-et-Loire). I. (Méd. de 1re cl.). 23, 68

GADOIS Constant (Coopérateur). (Sarthe). II. (Méd. de 2e classe). 29, 141
GALOT aîné. Le Mans (Sarthe). VI. (Médaille de 2e classe). . . . 37, 221
GARNIER Adolphe (Coopérateur). (Sarthe). VI. (Méd. de 2e classe). 37, 231
GAUDRAY. Sablé (Sarthe). VI. (Mention honorable). 37, 213
GAUMÉ. Le Mans (Sarthe). B. Arts. (Médaille de 2e classe). . . . 40, 260
GENAUZEAU. Fontenay-le-Comte (Vendée). VI. (Méd. de 2e classe). 36, 207
GORSKI. Le Mans (Sarthe). VI. (Médaille de 2e classe). 36, 219
GOUBIN. Daoulas (Finistère). III. (Médaille de 1re classe). 31, 182
GOURDIN père et fils. Mayet (Sarthe). III. (Méd. d'honneur). . 30, 155, 164
GOURDEL. Rennes (Ille-et-Vilaine). B. Arts, (Méd. de 1re cl.). . . . 39, 261
GRÊLÉ et THOURY. Yvré-l'Evêque (Sarthe). IV. (Méd. de 1re cl.). 33, 192
GUEYRARD. La Flèche (Sarthe). B. Arts. (Médaille de 2e classe). . 40, 257
GUICHARD. Rennes (Ille-et-Vilaine). VI. (Médaille de 2e classe). . 37, 221
GUILLER. Le Mans (Sarthe). III. (Mention honorable). 32, 176, 184
GUILLER. St.-Denis-les-Ponts (Eure-et-Loir). IV. (Méd. de 2e cl.). . 33, 195
GUILLET. Rennes (Ille-et-Vilaine). II. (Médaille de 1re classe). . . 27, 151
GUILORY. La Flèche (Sarthe). VI. (Mention honorable). 38, 224

HACHE-PAILLES. 76
HARDY frères. La Flèche (Sarthe). V. (Mention honorable). 35, 200
HAREL. Le Mans (Sarthe). III. (Mention honorable). 32, 180
HARNAIS. 201
HERMANT. Rennes (Ille-et-Vilaine). VI. (Médaille de 1re classe). . 36, 216
HERSES. 57
HERVÉ Ad. Le Mans (Sarthe). I. (Médaille de 2e classe, rappel). . 25, 86
HORLOGERIE D'ALLEMAGNE. 148
HOUDEMON. La Flèche (Sarthe). VI. (Médaille de 1re classe). . . . 36, 217
HOUILLES, ANTHRACITE. 115
HOUSSAYE. Pont-Levoy (Loir-et-Cher). I. (Mention honorable). . 25, 80
HOUES A CHEVAL. 60
HUBERT. Le Mans (Sarthe). VI. (Médaille de 1re classe, rappel). . 36, 211
HUBERT. Le Mans (Sarthe). IV. (Mention honorable). 34, 197
HUCHER. Le Mans. 13, 20
HUSSON-LABICHE. Chartres (Eure-et-Loir). IV. (Méd. de 2e cl.). . 33, 195

IMPRIMERIE. 222

	Pages.
Industrie (Division de l').	53
Instruments de mesure.	155
Instruments pour l'emploi économique de la chaleur.	161
Instruments de musique.	226
Instruments employés pour la fabrication des fils et tissus.	197
Instruments et Appareils divers.	164

Jaffré. Lorient (Morbihan), VI. (Médaille de 2ᵉ classe). — 36, 213
Jalodin et Cⁱᵉ. Le Mans (Sarthe). II. (Mention honorable). — 28, 127
Jazet. Paris (Seine). B. Arts. (Mention honorable). — 40, 259
Joniaux Armand. Le Mans (Sarthe). III. (Mention honorable). — 32, 160
Jouanneaux Gustave. Coëmont (Sarthe). IV. (Méd. de 1ʳᵉ classe). — 33, 194
Jouet-Dubois. Parigné (Sarthe). IV. (Médaille de 2ᵉ classe). — 33, 190
Jourdain. Le Mans (Sarthe). VI. (Mention honorable). — 38, 219
Julien, Lasnier, Cosnard et Cⁱᵉ. Le Mans (Sarthe). VI. (Méd. 1ʳᵉ cl.). — 36, 222

Kuchelbecker (Karl et Frédéric). Le Mans (Sarthe). B. Arts. (Médaille d'honneur). — 39, 259
K'vella fils. Rennes (Ille-et-Vilaine). VI. (Mention honorable). — 38, 217

Lachaise. La Flèche (Sarthe). B. Arts. (Médaille de 2ᵉ classe). — 40, 257
Landeau, Noyers et Cⁱᵉ. Sablé (Sarthe). II. (Méd. de 1ʳᵉ classe). — 26, 122
Langlois. Le Mans (Sarthe). III. (Mention honorable). — 32, 175
Lebattteux (Mᵐᵉ). Le Mans (Sarthe). VI. (Mention honorable). — 38, 218
Lebled et Brouhard. Angers (Maine-et-L.). I. (Méd. 1ʳᵉ cl., rappel). — 24, 69
Leblond et Defas. Le Mans (Sarthe). B. Arts. (Méd. de 2ᵉ cl.). — 40, 260
Lebreton. Paris (Seine). B. Arts. (Mention honorable). — 40, 259
Lecomte frères. Nuillé (Sarthe). IV. (Mention honorable). — 34, 197
Lecomte fils. Le Breil (Sarthe). IV. (Mention honorable). — 34, 197
Lecomte. Le Mans (Sarthe). IV. (Mention honorable). — 34, 197
Leconte et Cⁱᵉ. St.-Léonard-des-Bois (Sarthe). II. (Ment. hon.). — 28, 130
Legé. Le Mans (Sarthe). VI. (Médaille de 1ʳᵉ classe). — 35, 205
Legoué Charles. Le Mans (Sarthe). V. (Méd. de 1ʳᵉ classe). — 34, 199
Legrand. Le Mans (Sarthe). II. (Médaille de 2ᵉ classe). — 27, 126
Legris. Le Mans (Sarthe). I. (Médaille de 1ʳᵉ classe). — 24, 62
Leguay. Nantes (Loire-Inférieure). VI. (Médaille de 2ᵉ classe). — 36, 212
Lelong. Cré-sur-le-Loir (Loir-et-Cher). III. (Méd. de 2ᵉ classe). — 31, 167
Lemay. Le Mans (Sarthe). B. Arts. (Mention honorable). — 40, 261
Lenormand. Nogent-le-Rotrou (Eure-et-Loir). VI. (Ment. hon.). — 38, 230
Le Pellec. St.-Brieuc (Côtes-du-Nord). I. (Méd. de 1ʳᵉ cl., rappel). — 24, 80
Le Pontois. Lorient (Morbihan). I. (Mention honorable). — 25, 59
Leprout-Vérité. Le Mans (Sarthe). V. (Médaille de 1ʳᵉ classe). — 34, 199
Leroux E. Rennes (Ille-et-Vilaine). V. (Médaille de 1ʳᵉ classe). — 34, 199
Lesiourd et Maillard. Alençon (Orne). IV. (Mention honorable). — 34, 192
Letessier. Laval (Mayenne). I. (Médaille de 1ʳᵉ classe, rappel). — 24, 56
Leveau-Baudry. Villaines-la-Gonais (Sarthe). II. (Méd. de 2ᵉ cl.). — 27, 132
Levêque. Alençon (Orne). I. (Médaille de 2ᵉ classe). — 24, 82

	Pages.
Liger. Rouez-en-Champagne (Sarthe). I. (Mention honorable). .	26, 73
Limes et Rapes.	152
Lithographie.	222
Loefler. Le Mans (Sarthe). II. (Médaille de 1re classe).	27, 148
Lotz aîné. Nantes (Loire-Infér.). I. (Méd. d'h., rappel).	23, 66, 68, 74, 91, 93
Machines a moissonner.	62
Machines a battre.	63
Machines a égrener le trèfle.	68
Machines a tuyaux et outils de drainage.	81
Machines a vapeur.	83
Machines mues par l'eau.	84
Machines mues par le vent.	84
Machines a élever l'eau.	85
Machines d'atelier.	142
Mahoudeau. St.-Epain (Indre-et-Loire). I. (Méd. de 2e cl.). . . .	25, 61, 79
Maillet (Mme). Le Mans (Sarthe). VI. (Mention honorable). . . .	38, 219
Malapert. Poitiers (Vienne). III. (Mention honorable). . . .	32, 175, 183
Malet Pierre (Coopérateur). (Sarthe). II. (Mention honorable). .	30, 144
Marbres.	121
Mariette. Le Mans (Sarthe). VI. (Mention honorable).	37, 209
Mary (Dlle). Alençon (Orne). IV. (Médaille de 1re classe). . .	33, 193
Martin Jules. Le Mans (Sarthe). B. Arts. (Mention honorable). .	40, 258
Massonneau. Nantes (Loire-Infér.). B. Arts. (Médaille de 1re cl.).	39, 256
Mauclair Louis (Coopérateur). (Sarthe). VI. (Mention honorable).	39, 232
Mauduit. Le Mans (Sarthe). VI. (Mention honorable).	38, 214
Mauzaize. Chartres (Eure-et-Loir). I. (Médaille de 1re classe). .	24, 72
Memin. Le Mans (Sarthe). V. (Mention honorable).	35, 200
Messager. Laval (Mayenne). B. Arts. (Médaille de 1re classe). .	39, 258
Métais et Décourt. Le Mans (Sarthe). IV. (Mention honorable).	33, 193
Meubles en fer.	153
Meubles et ébénisterie.	210
Meules.	130
Michardiére et Martin. Le Mans (Sarthe). I. (Méd. de 2e classe).	25, 80
Michel et Cie. Sablé (Sarthe). II. (Médaille de 2e classe). . .	27, 126
Michel. Rennes (Ille-et-Vilaine). III. (Méd. de 2e classe, rappel).	32, 163
Millanvois. Le Mans (Sarthe). VI. (Médaille de 1re classe). . . .	36, 216
Molina. Le Mans (Sarthe). III. (Mention honorable).	32, 174
Monnoyer. Le Mans (Sarthe). VI. (Médaille de 1re classe). . . .	36, 223
Moriceau. Le Mans (Sarthe). II. (Médaille de 2e classe). . . .	27, 119
Morin. Le Mans (Sarthe). III. (Médaille de 2e classe).	31, 185
Morin. Le Mans (Sarthe). III. (Mention honorable).	32, 163
Morin. Le Mans (Sarthe). IV. (Médaille de 2e classe).	33, 193
Motet. Paris (Seine). B. Arts. (Médaille de 2e classe).	40, 258
Moulins a farine.	70

Pages.

Neveu. Le Mans (Sarthe). II. (Mention honorable). 28, 152
Nouet. Le Mans (Sarthe). V. (Médaille de 2ᵉ classe). 34, 203
Nourry et Diot. Flers (Orne). IV. (Médaille de 2ᵉ classe). . . . 33, 194

Objets de décoration et d'ameublement. 205
Objets divers. 80
Orfévrerie d'église. . . . . . . · 153
Ouvrages en zinc. 153

Paisant. Pont-l'Abbé (Finistère). III. (Médaille de 2ᵉ classe). . . 32, 175
Papin. Mayet (Sarthe). B. Arts. (Mention honorable). 40, 261
Papiers. 183
Papiers peints. 215
Pavés ou carreaux. 181
Pasquier. St.-Calais (Sarthe). I. (Méd. de 1ʳᵉ cl., rappel). . . . 24, 63, 76
Passedoit. Saumur (Maine-et-Loire). I. (Médaille de 2ᵉ classe). . 24, 106
Passin-Mauxion. Sainte-Colombe (Sarthe). III. (Ment. hon.). . . 32, 176
Paturel. Le Mans (Sarthe). I. (Médaille de 2ᵉ classe). 24, 71
Peaux. 198
Peinture. 256
Peinture sur porcelaine. 259
Pellier Ed. Yvré-le-Polin (Sarthe). I. (Méd. de 2ᵉ cl.). 24,55,57,61,62,77,79
Pellier frères. Le Mans. 7,13,20,172
Petit et Ruer. Tours (Indre-et-Loire). I. (Méd. de 1ʳᵉ cl.). . 24,68,77, 78
Picard et Cie. Rennes (Ille-et-Vilaine). VI. (Mention honorable). 38, 221
Pigoury père et fils. L'Aigle (Orne). II. (Mention honorable). . . 28, 152
Pineau. Le Mans (Sarthe). III. (Mention honorable). 32, 167
Pineau. Laval (Mayenne). I. (Médaille de 2ᵉ classe, rappel). . . . 25, 105
Pinet. Alby (Indre-et-Loire). I. (Médaille d'honneur). 23,66,67,70,74,85
Pinot-Barrier. Le Mans (Sarthe). VI. (Médaille de 1ʳᵉ classe). . 36, 225
Pioger Pierre (Coopérateur). (Sarthe). II. (Médaille de 2ᵉ classe). 29, 140
Pioger Joseph (Coopérateur). (Sarthe). II. (Médaille de 2ᵉ classe). 29, 140
Pirard (Veuve). Matheflond (Maine-et-Loire). II. (Méd. de 2ᵉ cl.). 27, 152
Photographie. 260
Poilvilain. Le Lude (Sarthe). III. (Mention honorable). 32, 167
Poirier. Le Mans (Sarthe). II. (Mention honorable). 28, 137
Poirier René. La Flèche (Sarthe). V. (Mention honorable). . . . 35, 203
Pompes. (Voir Machines à élever l'eau). 85
Poterie proprement dite. 181
Pottier Louis-Jean (Coopérateur). (Sarthe). VI. (Ment. hon.). . 38, 232
Pouriau fils. Le Mans (Sarthe). V. (Médaille d'honneur). 34, 201
Pouteau. St.-Berthevin-les-Laval (Mayenne). I. (Méd. de 1ʳᵉ cl.). 24, 59
Préel-Raux. Le Mans (Sarthe). II. (Mention honorable). . . . 29, 153
Produits chimiques. 174
Produits divers. . . . . · 182
Produits agricoles. 80

Pages.

QUENTIN (Veuve). Bessé (Sarthe). IV. (Médaille de 1re classe)... 33, 194
QUÉRU. Torcé (Sarthe). I. (Médaille de 2e classe)......... 25, 56
QUEROY. Vendôme (Loir-et-Cher). B. Arts. (Méd. de 1re classe).. 39, 256
QUETIN-BEZARD. Poncé (Sarthe). III. (Médaille de 1re classe)... 31, 183
QUINCAILLERIE.............................. 148

RELIGIEUSES (LES) DE L'OUVROIR DU PRÉ. Le Mans (Sarthe). IV.
   (Médaille de 2e classe)...................... 31, 193
RELIURES.................................. 33
RENAUCOURT (De). Nantes (Loire-Infér.). III. (Mention hon.)... 32, 167
RENAUD et LOTZ. Nantes (Loire-Infér.). I. (Méd. d'h.). 23,65,67, 75,83,92
RENARD-GAYET. Fresnay (Sarthe). IV. (Médaille de 1re classe).. 33, 190
RENOU. La Guétrie (Maine-et-Loire). III. (Médaille de 2e classe). 32, 18
RÉSINE................................... 185
RICHARD. Etilleuls (Eure-et-Loir). I. (Mention honorable)..... 26, 62
RICHER-LEVÊQUE et TERRY. Alençon (Orne). IV. (Méd. d'h.).. 33,190,192
RIMBERT. Cenon (Vienne). I. (Médaille de 2e classe, rappel).... 25
ROULEAUX................................ 58
ROUSSEAU Paul. Fresnay (Sarthe). IV. (Méd. de 1re cl., rappel).. 33, 190
ROUSSEL. Orthe (Mayenne). II. (Médaille d'honneur)....... 26, 137

SUBSTANCES MINÉRALES...................... 115
SAILLANT Isidore (Coopérateur). (Sarthe). II. (Mention hon.)... 30, 141
SAINT-ALBIN (Mme de). Paris (Seine). B. Arts. (Méd. de 1re cl.).. 39, 259
SALUDEN. Landerneau (Finistère). I. (Méd. de 1re cl., rappel)... 24, 80
SCULPTURE................................ 260
SECARD. La Flèche (Sarthe). I. (Médaille de 2e classe)...... 25, 85
SEMOIRS................................. 58
SENNEQUIN Jacques. (Coopérateur). (Mayenne). II. (Ment. hon.). 30, 141
SIMIER. Yvré-l'Evêque (Sarthe). VI. (Médaille de 1re classe).. 36, 224
SOCIÉTÉ ANONYME DES ARDOISIÈRES DE CHATTEMOUE-EN-JAVRON
   (Mayenne). II. (Médaille de 1re classe)............. 26, 123
SOCIÉTÉ MARBRIÈRE ET INDUSTRIELLE DU MAINE. Le Mans (Sarthe).
   II. (Médaille de 1re classe).................... 26, 116
SOUCHÉ. Cherré (Sarthe). I. (Mention honorable)........ 25, 74
STÉARINE................................. 184
SVAN. Le Mans (Sarthe). B. Arts. (Médaille de 1re classe)..... 39, 255
SUBSTANCES ALIMENTAIRES.................... 165
SUIFS.................................... 184
SURMONT. Le Mans (Sarthe)............... 12, 20, 141

TAILLANDERIE............................. 152
TARARES ET CRIBLES........................ 74
TERRAULT Michel (Coopérateur). (Sarthe). VI. (Méd. de 2e cl.)... 27, 232
TERRES FAÇONNÉES.......................... 181
TESSIER Louis (Coopérateur). (Sarthe). II. (Mention honorable).. 30, 141
THEVENIN. Le Mans (Sarthe). VI. (Mention honorable)....... 38, 220

Pages.

Thibault-Boilesve. Cinq-Mars-la-Pile (Indre-et-Loire). II. (Mention honorable). 28, 133
Thouin Th. Le Mans (Sarthe). V. (Médaille de 2ᵉ classe). 34, 201
Tissus imperméables. 195
Tissus métalliques. 150
Tissus de laine. 194
Tissus de coton. 194
Tissus. 186
Toiles de lin et de chanvre, écrues et blanchies. 187
Tom-Drake. Angers (Maine-et-Loire). B. Arts. (Méd. de 1ʳᵉ cl.). . 39, 256
Tonnelier. La Flèche (Sarthe). III. (Médaille de 1ʳᵉ classe). . 31, 164, 183
Tourbe. 116
Trollier Joseph (Coopérateur). Sarthe. V. (Méd. de 2ᵉ classe). 35, 202
Trottier frères, Schweppé et Cⁱᵉ. Angers (Maine-et-Loire). VI.
    (Médaille de 2ᵉ classe). 36, 208
Tulasne. Le Mans (Sarthe). III. (Médaille de 2ᵉ classe). 32, 176
Turqué. Doix (Vendée). III. (Mention honorable). 32, 170
Tuyaux de drainage. 181

Ulysse. Blois (Loir-et-Cher). B. Arts. (Médaille de 1ʳᵉ classe). . 39, 256

Vaidye. Le Mans (Sarthe). II. (Médaille de 2ᵉ classe). 28, 153
Van-Bœchstal. Cuissay (Orne). I. (Médaille de 2ᵉ classe). . . . 25, 71
Vannier Alphonse. Le Mans (Sarthe). VI. (Mention honorable). 35, 200
Venot. Le Mans (Sarthe). III. (Mention honorable). 32, 185
Verdier. Le Mans (Sarthe). 14, 20
Verdier Henri. Fresnay (Sarthe). IV. (Médaille de 1ʳᵉ classe). . . 33, 190
Vétillart. Le Mans (Sarthe). 7, 13, 20, 117, 189
Vitraux. 259
Voitures. 202

Wachmuth. Versailles (Seine-et-Oise). B. Arts. (Ment. hon.). 40, 256

FIN DE LA TABLE.